Série Recursos Humanos

ADMINISTRAÇÃO DE RECURSOS HUMANOS

Fundamentos básicos

8ª edição
Revisada e atualizada

Série Recursos Humanos

ADMINISTRAÇÃO DE RECURSOS HUMANOS

Fundamentos básicos

8ª edição
Revisada e atualizada

Idalberto Chiavenato

Mestre e Doutor em Administração de Empresas
pela City University Los Angeles

Consultor de Empresas

Manole

Editor gestor: Walter Luiz Coutinho
Editora: Karin Gutz Inglez
Produção editorial: Juliana Morais, Cristiana Gonzaga S. Corrêa, Thamires Araujo
Capa: Rafael Zemantauskas
Projeto gráfico: Departamento Editorial da Editora Manole
Editoração eletrônica: Luargraf M.E.

Dados Internacionais de Catalogação na Publicação (CIP)
(Câmara Brasileira do Livro, SP, Brasil)

Chiavenato, Idalberto, 1936
Administração de recursos humanos: fundamentos básicos / Idalberto Chiavenato. –
8. ed. rev. e atual. – Barueri, SP: Manole, 2016. – (Série recursos humanos)

Bibliografia
ISBN 978-85-204-4552-5

1. Administração de pessoal I. Título
II. Série.

15-10294 CDD-658.3

Índices para catálogo sistemático:
1. Administração de pessoal: Administração de empresas 658.3
2. Administração de recursos humanos: Administração de empresas 658.3

7ª edição – 2009
1ª reimpressão da 7ª edição – 2010
2ª reimpressão da 7ª edição – 2012
3ª reimpressão da 7ª edição – 2013
8ª edição – 2016

Direitos adquiridos pela:
Editora Manole Ltda.
Av. Ceci, 672 – Tamboré
06460-120 – Barueri – SP – Brasil
Tel.: (11) 4196-6000 – Fax: (11) 4196-6021
www.manole.com.br / info@manole.com.br

Impresso no Brasil / *Printed in Brazil*

Este livro contempla as regras do Acordo Ortográfico da Língua Portuguesa de 1990, que entrou em vigor no Brasil em 2009.

São de responsabilidade do autor as informações contidas nesta obra.

À Rita,

minha esposa,
minha musa inspiradora,
meu mundo encantado,
dedico este livro com todo amor.

Sobre o autor

Idalberto Chiavenato é presidente do Instituto Chiavenato e conselheiro do Conselho Federal de Administração. É reconhecido e prestigiado pela excelência de seus trabalhos em Administração e em Recursos Humanos, não só pela sua produção e contribuição literária, mas principalmente pela influência na definição e aplicação de modernos e inovadores conceitos administrativos às organizações bem-sucedidas. É um dos autores nacionais mais conhecidos e respeitados na área de Administração de Empresas e Recursos Humanos. Doutor e Mestre em Administração pela City University Los Angeles, Califórnia, EUA, especialista em Administração de Empresas pela Escola de Administração de Empresas de São Paulo da Fundação Getulio Vargas (EAESP-FGV), graduado em Filosofia e Pedagogia, com especialização em Psicologia Educacional, pela Universidade de São Paulo (USP), e em Direito pela Universidade Presbiteriana Mackenzie.

Foi professor da EAESP-FGV e é professor honorário de várias universidades no exterior. Ocupa uma cátedra imortal na Academia Brasileira de Ciências da Administração.

Sua extensa bibliografia abrange quase 40 livros de grande destaque no mercado, além de uma infinidade de artigos em revistas especializadas. Publicou 17 livros sobre Administração e Recursos Humanos traduzidos para a língua espanhola.

Recebeu vários prêmios e distinções (como três títulos de Doutor *Honoris Causa* por universidades estrangeiras) pela sua contribuição à Administração Geral e de Recursos Humanos.

www.manoleeducacao.com.br/chiavenato

Prefácio

As organizações não funcionam sem pessoas e as pessoas não vivem sem as organizações. Afinal, estamos vivendo em uma sociedade de organizações. Organizações e pessoas convivem em um contexto que é, a cada dia, diferente e mutável. Cada organização tem suas características próprias, enquanto a variabilidade humana é infinita e prodigiosa. Por todas essas razões, a Administração de Recursos Humanos (ARH) é uma área extremamente contingencial e situacional. É muito sensível aos diferentes fatores que envolvem organizações e pessoas e depende da mentalidade que predomina nas organizações, além de sua cultura, estrutura organizacional adotada e estilo de gestão. Depende igualmente das características do contexto ambiental, do negócio da organização, das características internas, das suas competências, de suas funções e processos e de uma grande quantidade de outras variáveis importantes. Tudo isso deve ser levado em conta quando se trata da ARH. Focar um ou outro aspecto isoladamente não conduz a nada. O importante é ter uma visão abrangente e sistêmica de todas essas variáveis que se inter-relacionam de maneira contínua e insistentemente. A visão do conjunto e da totalidade é indispensável no estudo e apreciação da ARH.

Para alcançar seus objetivos da maneira mais eficiente e eficaz, cada organização se concentra com maior ênfase naqueles recursos que lhe são mais problemáticos, difíceis e escassos em detrimento da preocupação e atenção dada aos recursos mais fáceis e abundantes. Talentos humanos são fundamentais para o sucesso organizacional. A competitividade da empresa depende basicamente deles. Há uma verdadeira guerra para conquistar e reter talentos.

Há algum tempo, os recursos humanos constituíam o exemplo típico de recursos fáceis e abundantes. Era muito comum encontrar nas portarias das fábricas e construções um contingente enorme de assíduos candidatos que aguardavam penosa e longamente a sua vez de atendimento. Até aquela época, os recursos humanos disponíveis eram mais do que suficientes para as necessidades das organizações. Em uma situação de oferta abundante de candidatos, as organizações podiam se despreocupar tranquilamente em fazer investimentos na área. Os executivos de Recursos Humanos – os chefes de pessoal – eram solicitados apenas para cuidar de problemas de curta perspectiva temporal e de complexidade elementar relacionados com a simples manutenção vegetativa e com o controle austero e rígido dos recursos disponíveis. O horizonte da área era limitado a decisões de mera rotina ou a prescrições de ordem legal e trabalhista. Em um país egresso de uma economia francamente agrícola, baseada na monocultura, o baixo nível tecnológico das poucas e incipientes indústrias existentes solicitava apenas o emprego de uma mão de obra braçal e pouco qualificada.

Com o rápido surto de industrialização do país, ao lado de um enorme esforço de obtenção de capital e tecnologia, e de um programa intenso de erradicação do analfabetismo, a situação sofreu formidável reviravolta. Subitamente, o mercado de trabalho tornou-se sofisticado, ao mesmo tempo em que se colocou em situação de oferta. O profissional de Recursos Humanos (RH), pouco habituado a essa nova conjuntura e despreparado para enfrentar a situação, teve desesperadamente de improvisar meios de suprir sua organização dos insumos humanos necessários às suas operações. Quase ao mesmo tempo, teve de encontrar soluções para desenvolver os recursos humanos disponíveis a fim de adequá-los à tecnologia em desenvolvimento e encontrar condições para retê-los em sua organização. Posteriormente, teve de criar e estimular mudanças na organização para adequá-la à nova consciência, adquirida mediante a formação e o desenvolvimento das pessoas. Uma coisa realimentava a outra: à medida que fazia investimentos em formação e em desenvolvimento, os recursos humanos adquiriam novas expectativas, que exigiam melhores condições gerais de trabalho e de aplicação de suas novas habilidades adquiridas. Hoje, o panorama de desafios que a área de RH oferece é esplêndido. O profissional de RH passou a ser solicitado a atuar em termos organizacionais, e não simplesmente dentro de uma visão microscópica e departamental. Suas estratégias de trabalho tendem a se situar em nível molar, global, organizacional, sistêmico, e não simplesmente em detalhes moleculares ou em planos isolados, circunstanciais, independentes e efêmeros. Hoje, é preciso ser estratégico, e não simplesmente operacional.

A ARH está passando por grandes mudanças e inovações. Sobretudo agora, no terceiro milênio, com a crescente globalização dos negócios e a gradativa exposição à forte concorrência mundial, quando as palavras de ordem passaram a ser produtividade, qualidade e competitividade. Nesse novo contexto, as pessoas deixam de ser o problema das organizações para serem a sua solução. Deixam de ser um desafio para se tornarem uma vantagem competitiva daquelas organizações que sabem como lidar com gente. Mais ainda: as pessoas deixam de ser o recurso organizacional mais importante para se tornarem o principal parceiro do negócio aquele que lhe dá dinâmica, vigor e inteligência.

Este livro – que faz parte da *Série Recursos Humanos* – é uma modesta contribuição para que os estudantes de administração em geral e os estudiosos de recursos humanos em particular – seja em psicologia, sociologia, serviço social, consultoria organizacional – tenham uma visão mais humana e estratégica da área de ARH em nossas organizações.

Idalberto Chiavenato

Sumário

PARTE I

INTERAÇÃO ENTRE PESSOAS E ORGANIZAÇÕES

Fenômeno que vem ocorrendo no mundo inteiro e na vida de todas as pessoas, que passam a maior parte de seu tempo atuando ou trabalhando dentro de organizações. Quanto mais desenvolvida é a sociedade, mais numerosas e complexas se tornam as organizações, que passam a criar um tremendo e duradouro impacto sobre as vidas das pessoas e sua qualidade. As pessoas nascem, crescem, são educadas, trabalham e divertem-se dentro de organizações. Sejam quais forem os seus objetivos – lucrativos, educacionais, religiosos, políticos, sociais, filantrópicos, econômicos –, as organizações envolvem tentacularmente as pessoas, que se tornam mais e mais incluídas na atividade organizacional. Assim, à medida que as organizações crescem e se multiplicam, maior se torna a complexidade dos recursos e competências necessários à sua sobrevivência e ao seu crescimento e competitividade.

Basicamente, as organizações são constituídas por pessoas. Não há como negar. Por outro lado, as organizações constituem, para as pessoas, um meio de alcançar muitos e variados objetivos com um mínimo de custo, tempo, esforço e de conflito, os quais jamais poderiam ser alcançados apenas pelo esforço individual e solitário.

Sem as organizações e sem as pessoas que nelas atuam não haveria administração de recursos humanos. Contudo, pessoas são pessoas, e não recursos. A expressão "recursos humanos" refere-se às pessoas que participam das organizações e que nelas desempenham determinados papéis. As pessoas passam grande parte de seu tempo trabalhando em organizações. As organizações requerem pessoas para suas atividades e operações da mesma forma que requerem recursos financeiros, materiais e tecnológicos. Daí a denominação Recursos Humanos para descrever quem trabalha nas organizações. No mundo industrializado e globalizado, a produção de bens e serviços não pode mais ser desenvolvida por pessoas que trabalham individualmente. O artesanato pertence à história medieval. Na realidade, é difícil separar pessoas de organizações, e vice-versa. Não existem fronteiras muito definidas entre o que é e o que não é uma organização, bem como não se pode exatamente traçar os limites da influência de cada pessoa em uma organização e virse-versa. Para facilitar tanto o estudo do relacionamento entre indivíduos e organizações como o próprio estudo da Administração de Recursos Humanos (ARH), abordaremos as organizações, grupos e pessoas como classes de sistemas abertos em contínua interação com seus respectivos ambientes.

O contexto em que funciona a ARH é representado pelas organizações e pelas pessoas que delas participam. As organizações são constituídas por pessoas e dependem delas para atingir seus objetivos e cumprir suas missões. Para as pessoas, as organizações são um meio pelo qual elas podem alcançar vários objetivos pessoais com um mínimo de tempo, de esforço e de conflito. Muitos dos objetivos pessoais jamais poderiam ser alcançados apenas por meio do esforço pessoal isolado. As organizações surgem exatamente para aproveitar a sinergia dos esforços de várias pessoas que trabalham coordenadamente e em conjunto.

Uma pequena história da ARH

A ARH é uma especialidade que surgiu a partir do crescimento e da complexidade das tarefas organizacionais. Suas origens remontam ao início do século XX, após o forte impacto da Revolução Industrial, com a denominação de Relações Industriais, como uma atividade mediadora entre as organizações e as pessoas, para abrandar ou reduzir o conflito industrial entre os objetivos organizacionais e os objetivos individuais das pessoas, até então considerados incompatíveis e irreconciliáveis. Era como se as pessoas e as organizações, embora estreitamente inter-relacionadas, vivessem em compartimentos separados, com fronteiras fechadas e trincheiras abertas, requerendo um interlocutor estranho a ambas para poderem se entender ou, pelo menos, reduzirem suas diferenças. Esse interlocutor era um órgão que recebia o nome de Relações Industriais e que tentava articular o capital e o trabalho, ambos interdependentes, mas conflitantes. O conceito de Relações Industriais mudou radicalmente. Com o passar do tempo, sofreu uma formidável ampliação. Por volta da década de 1950, passou a ser denominado Administração de Pessoal. Já não se tratava apenas de intermediar as desavenças e reduzir os conflitos, mas sobretudo administrar as pessoas de acordo com a legislação trabalhista vigente e administrar os conflitos que surgiam continuamente em função da ação sindical. Pouco mais adiante, por volta da década de 1960, o conceito teve nova ampliação. A legislação trabalhista permaneceu inalterada e tornou-se gradativamente obsoleta, enquanto os desafios das organizações cresceram desproporcionalmente. As pessoas passaram a ser consideradas os recursos fundamentais para o sucesso organizacional. Aliás, os únicos recursos vivos e inteligentes que as organizações dispõem para enfrentar os desafios pela frente.

Assim, a partir da década de 1970, surgiu o conceito de Administração de Recursos Humanos (ARH), no entanto, ainda sofrendo da velha miopia que enxergava as pessoas como recursos produtivos ou meros agentes passivos, cujas atividades devem ser planejadas e controladas a partir das necessidades da organização. Embora a ARH envolva todos os processos de gestão de pessoas que hoje conhecemos, ela parte do princípio de que as pessoas devem ser administradas pela organização ou por um órgão central de ARH. Com as novas características do terceiro milênio – globalização da economia, forte competitividade no mundo dos negócios, mudanças rápidas e imprevisíveis e o dinamismo do ambiente –, as organizações bem-sucedidas não mais administram recursos humanos ou pessoas, pois isso significa tratá-las como agentes passivos e dependentes, mas sobretudo administram com as pessoas. Isso corresponde a tratá-las como agentes ativos e proativos dotados de inteligência e criatividade, iniciativa e decisão, habilidades e competências, e não apenas de capacidades manuais, físicas, musculares ou artesanais. As pessoas não são recursos que a organização consome e utiliza e que produzem custos e benefícios. Ao contrário, são um poderoso ativo que impulsiona a competitividade organizacional. Assim, parece-nos melhor falar em Administração de Pessoas para ressaltar a administração com as pessoas como parceiras, e não como meros recursos.

Este livro será tratado dentro desse novo conceito, embora prefiramos manter a denominação ARH por causa da adoção mundial do termo. Sem organizações e sem pessoas, certamente não haveria ARH.

Para que se possa entender adequadamente a moderna ARH, é necessário compreender as bases sobre as quais ela trabalha: as organizações e as pessoas. Esta primeira parte tratará da convivência mútua e da interação entre pessoas e organizações. Se não houvesse organizações e pessoas, certamente não haveria administração de pessoas.

O contexto da moderna ARH é, ao mesmo tempo, complexo e mutável. A primeira característica desse contexto é a complexidade. A maneira como pessoas e organizações se relacionam para levar adiante uma tarefa organizacional também complexa varia de uma organização para outra. Algumas organizações se caracterizam pela visão futurística, democrática e aberta na maneira de tratar as pessoas, enquanto outras ainda se mostram paradas no tempo e no espaço, adotando políticas ultrapassadas, humilhantes e retrógradas. A segunda característica é a mudança. O mundo está passando por grandes mudanças e transformações nos aspectos econômicos, sociais, tecnológicos, culturais, legais e demográficos. Essas mudanças ocorrem de modo cada vez mais veloz e imprevisível. Essa velocidade, cada vez maior, não é nem de longe acompanhada pelas organizações, que tardam muito a incorporá-las no seu comportamento e na sua estrutura organizacional. O problema é que muitas organizações não têm a menor ideia de que o mundo mudou bastante e elas se esqueceram de mudar.

Enfoque sistêmico

Para facilitar o estudo do relacionamento entre pessoas e organizações – como o próprio estudo da ARH –, abordaremos as organizações, grupos e pessoas como classes de sistemas abertos em contínua interação com seus respectivos ambientes. O conceito de sistema aberto tem sua origem na Biologia, em vista do estudo dos seres vivos e de sua dependência e adaptabilidade ao meio ambiente, tendo invadido rapidamente outras disciplinas científicas, como Psicologia, Sociologia, e chegado à Administração. O sistema aberto descreve as ações e interações de um organismo vivo dentro de um ambiente circundante. Assim, em Biologia, o desenvolvimento e o crescimento de um organismo iniciam-se com a fertilização da célula, que depois se reproduz, por intermédio da nutrição, sempre por meio de ações e interações com seu ambiente.

Utilizamos o conceito de sistemas porque nos permite uma maneira mais abrangente e contingente de abordar a complexidade das organizações e a administração de seus recursos. Esse conceito é útil para visualizar não somente os fatores ambientais internos e externos como um todo integrado, mas também o lugar e as funções dos subsistemas que o compõem. Apesar de as organizações serem complexas, esse conceito favorece uma maneira de pensar que ajuda a ultrapassar a complexidade e a reconhecer a natureza dos complicados problemas.

A teoria de sistemas permite:

1) Abordagem tanto analítica como sintética de uma organização em seu complexo e dinâmico ambiente.
2) Abordagem das partes como subsistemas e seus relacionamentos em um suprassistema.
3) Consideração dos aspectos sinérgicos[1] do sistema total.
4) Consideração dos indivíduos, da dinâmica dos pequenos grupos e dos fenômenos dos grandes grupos.
5) Consideração de todos os aspectos anteriores, dentro das restrições de um sistema ambiental externo.[2]

---

[1] Sinergia: efeito por meio do qual o todo é maior (ou, no mínimo, é diferente) do que a soma das partes. Sinergia significa um efeito multiplicador provocado pela interação das partes, que se ajudam mutuamente. Assim, a aritmética de um sistema dotado de sinergia pode ser 1 + 1 + 1 = 4, 6 ou 10, isto é, sempre maior do que a soma das partes.

[2] KAST, Fremont E.; ROSENZWEIG, James E. *Organization and management*: a systems approach. Nova York: McGraw-Hill, 1970, p.22.

O enfoque sistêmico em ARH pode ser desdobrado em três níveis de análise, descendo a categorias de sistemas mais limitados:

1) *Comportamento social (a sociedade como um macrossistema)*: permite a visualização da complexa e intrincada sociedade de organizações e da trama de interações entre as organizações. O nível social pode ser visto como uma categoria ambiental no estudo do comportamento organizacional e individual.
2) *Comportamento organizacional (a organização como um sistema)*: permite que se visualize a organização como uma totalidade que interage com seu ambiente e dentro da qual interagem seus componentes entre si e com as partes relevantes do ambiente. O nível organizacional pode ser visto como categoria ambiental do comportamento individual.
3) *Comportamento individual (o indivíduo como um microssistema)*: permite uma síntese feliz de vários conceitos sobre comportamento, motivação, aprendizagem, etc., e melhor compreensão da natureza humana.

Esses três níveis podem sobrepor-se em alguns aspectos, pois envolvem abrangências de aspectos comuns a todos eles. O importante é que os modelos de sistemas para o estudo da sociedade, da organização e do indivíduo vieram substituir com enormes vantagens as concepções convencionais em termos de comportamento de processos e funções, de estrutura de poder e autoridade e de aplicação de princípios gerais de administração rígidos e mecanicistas.

Um sistema é:[3]

- Um *conjunto de elementos* (partes ou órgãos componentes do sistema), isto é, os subsistemas:
  - *dinamicamente inter-relacionados* (isto é, em interação e interdependência), formando uma rede de comunicações e relações em função da dependência recíproca.

[3] CHIAVENATO, Idalberto. *Introdução à teoria geral da administração.* Barueri: Editora Manole, 2014.

- *desenvolvendo uma atividade ou função* (operação ou atividade ou processo do sistema).
- *para atingir um ou mais objetivos ou propósitos* (que constituem a própria finalidade para a qual o sistema foi criado).

Em função dessas quatro características, o sistema funciona como um todo organizado logicamente. Esse aspecto de totalidade e de integridade é o fundamento de um sistema. Quando falamos em natureza sistêmica, geralmente queremos nos referir a esse funcionamento global, total e integrado, no qual o todo é maior (ou diferente) do que a soma de suas partes, que é o efeito sinergístico.

Parâmetros dos sistemas

Para funcionar, todo sistema apresenta os seguintes parâmetros:

a) *Entradas ou insumos (inputs)*: todo sistema recebe ou importa do ambiente externo insumos de que necessita para operar. Nenhum sistema é autossuficiente ou autônomo. Esses insumos podem entrar na forma de recursos, energia ou informação.

b) *Operação ou processamento*: todo sistema processa ou converte suas entradas por meio dos seus subsistemas. Cada tipo de entrada (recursos materiais, como máquinas e equipamentos ou materiais; recursos humanos, como mão de obra; recursos financeiros, como dinheiro e créditos) é processado por subsistemas específicos, ou seja, especializado no processamento daquele tipo de entrada.

c) *Saídas ou resultados (outputs)*: todo sistema coloca no ambiente externo as saídas ou resultados de suas operações ou processamento. As entradas devidamente processadas e convertidas em resultados são exportadas de novo ao ambiente. As saídas – na forma de produtos ou serviços prestados, ou na forma de energia ou informação – são decorrentes das operações ou processamento realizados pelos diversos subsistemas em conjunto.

d) *Retroação ou realimentação (feedback)*: reentrada ou retorno no sistema de parte de suas saídas ou resultados, que passam a influenciar o seu funcionamento. A retroação é, geralmente, uma informação ou energia de retorno que volta ao sistema para realimentá-lo ou para alterar o seu funcionamento em função dos seus resultados ou saídas. A retroação é, basicamente, um mecanismo sensor que permite ao sistema orientar-se em relação ao ambiente externo e verificar os desvios que devem ser corrigidos, a fim de que possa alcançar seu objetivo. Há dois tipos de retroação:

1) *Retroação positiva*: estimula a entrada de insumos no sistema para agilizar ou incrementar as suas operações e, consequentemente, produzir mais saídas ou resultados.
2) *Retroação negativa*: se a ação do sistema foi exagerada ou mais do que o suficiente, a retroação negativa atua no sentido de inibir ou restringir a entrada de insumos para frear ou reduzir as suas operações e, consequentemente, produzir menos saídas ou resultados.

   Com a retroação – positiva ou negativa – o sistema alcança equilíbrio e estabilidade no seu funcionamento. Esse equilíbrio é dinâmico e, nos sistemas vivos, é chamado *homeostasia;* é o caso da temperatura, nos organismos vivos, que se mantém estável apesar de suas variações no meio ambiente externo.

e) *Entropia*: corresponde à 2ª lei da Termodinâmica. É o processo pelo qual o sistema tende a desintegração, deterioração, desorganização e perda de energia quando os seus subsistemas ou partes não estão adequadamente inter-relacionados.

Tipos de sistemas

Os sistemas podem ser fechados ou abertos, dependendo de duas circunstâncias:

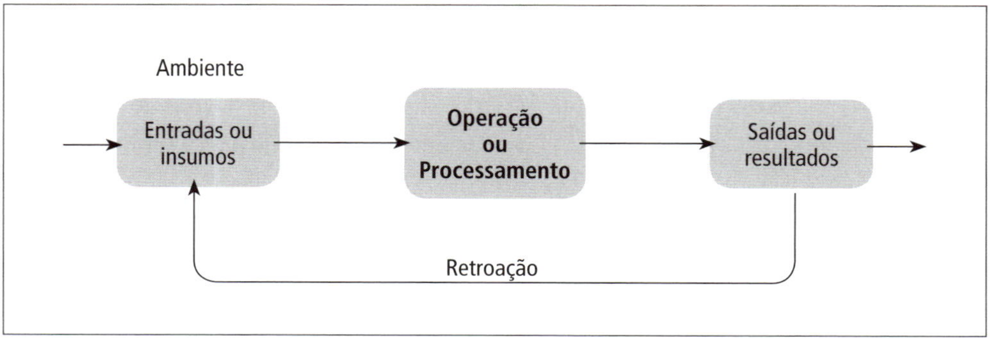

Figura I.1 – Sistema de retroação.

a) *Permeabilidade*: ou abertura de suas fronteiras ou limites. Quanto maior a permeabilidade, maior o intercâmbio entre o sistema e o ambiente que o envolve externamente. O sistema é fechado quando tem pouquíssimas entradas ou saídas em relação ao ambiente, e é aberto quando tem muitas entradas e saídas em relação ao ambiente.

b) Além disso, os *sistemas fechados* – embora nunca haja um sistema absolutamente fechado ou hermético – são aqueles em que as entradas ou saídas são limitadas e perfeitamente previsíveis, guardando entre si uma relação de causa e efeito que pode ser conhecida. São os sistemas *mecânicos* ou *determinísticos*. Os *sistemas abertos* possuem uma enorme variedade de entradas e de saídas, nem sempre bem conhecidas graças ao seu intenso intercâmbio com o meio ambiente. São os *sistemas vivos* ou *orgânicos*, mais complexos e de difícil caracterização.

Cada sistema é constituído por vários subsistemas, os quais podem ser desdobrados em outros subsistemas componentes, e assim por diante. Por outro lado, cada sistema é parte de um sistema maior, que constitui o seu ambiente externo.

Para se estudar ou analisar um sistema, utilizam-se modelos. Modelo é a representação de um sistema. Essa representação é geralmente simbólica e pode ser:

a) *Representação gráfica*: o modelo gráfico representa a estrutura básica de um sistema, como é o caso do organograma, o qual representa a estrutura empresarial; da planta, que representa a estrutura de um prédio ou edifício; e de um mapa, que representa uma cidade ou país, etc.

b) *Representação matemática*: o modelo matemático representa o funcionamento de um sistema por uma equação matemática.

c) *Representação descritiva*: o modelo descritivo representa um sistema por meio de uma minuciosa descrição ou explicação da sua composição ou funcionamento. É o caso de um conto literário, que pode descrever um fato ou acontecimento.

Abordagem de sistema aberto

A abordagem de sistema aberto concebe um sistema que tem entradas e saídas com seu ambiente. Dentro dessa abordagem, a organização é visualizada em um dinâmico relacionamento com seu ambiente, recebendo vários insumos (entradas), transformando-os de diversas maneiras (processamento ou conversão) e exportando os resultados na forma de produtos ou serviços (saídas). O sistema recebe insumos na forma de recursos e fornece resultados na forma de produtos ou serviços, evitando o processo de entropia,[4] de desgaste e de desintegração, típico dos sistemas fechados. O sistema não é somente aberto em relação ao seu meio ambiente, mas também em relação a si mesmo ou "internamente", o que faz com que as interações entre componentes afetem o sistema como um todo. O sistema aberto adapta-se ao seu ambiente mudando a estrutura e os processos de seus componentes internos.[5]

O sistema aberto está em contínua interação com seu ambiente e adquire um estado firme ou um equilíbrio dinâmico enquanto mantém sua capacidade de transformação de energia ou trabalho. A sobrevivência do sistema jamais seria possível sem esse contínuo fluxo de entrada, transformação e fluxo de saída. Assim, um sistema social ou biológico é basicamente um contínuo processo de reciclagem de material, energia ou informação. O sistema deve receber entrada suficiente de recursos para manter suas operações e, também, para exportar os recursos transformados ao ambiente em suficiente quantidade para continuar o ciclo. Assim, os sistemas *abertos* trocam matéria e energia regularmente com o meio ambiente e são fundamentalmente adaptativos, pois para sobreviver precisam reajustar-se continuamente às condições mutáveis do meio. Essa adaptabilidade é um processo contínuo de aprendizagem e de auto-organização do sistema aberto.

Da mesma forma, as organizações são sistemas sociais com objetivos próprios e focadas econômica ou "monetariamente", recebem insumos da

---

[4] Entropia é a segunda lei da termodinâmica, aplicável aos sistemas físicos. Significa a tendência que o sistema fechado tem para mover-se em direção a um estado caótico e de desintegração, em que perde todo o potencial para a transformação de energia ou trabalho. Assim, a aritmética de um sistema com entropia pode ser 1 + 1 + 1 = 1, 0 ou -5.

5 BUCKLEY, Walter. "Society as a complex adaptative system". In: _______. (Org.). *Modern systems research for the behavioral scientist.* Chicago: Aldine, 1968, p.490-491.

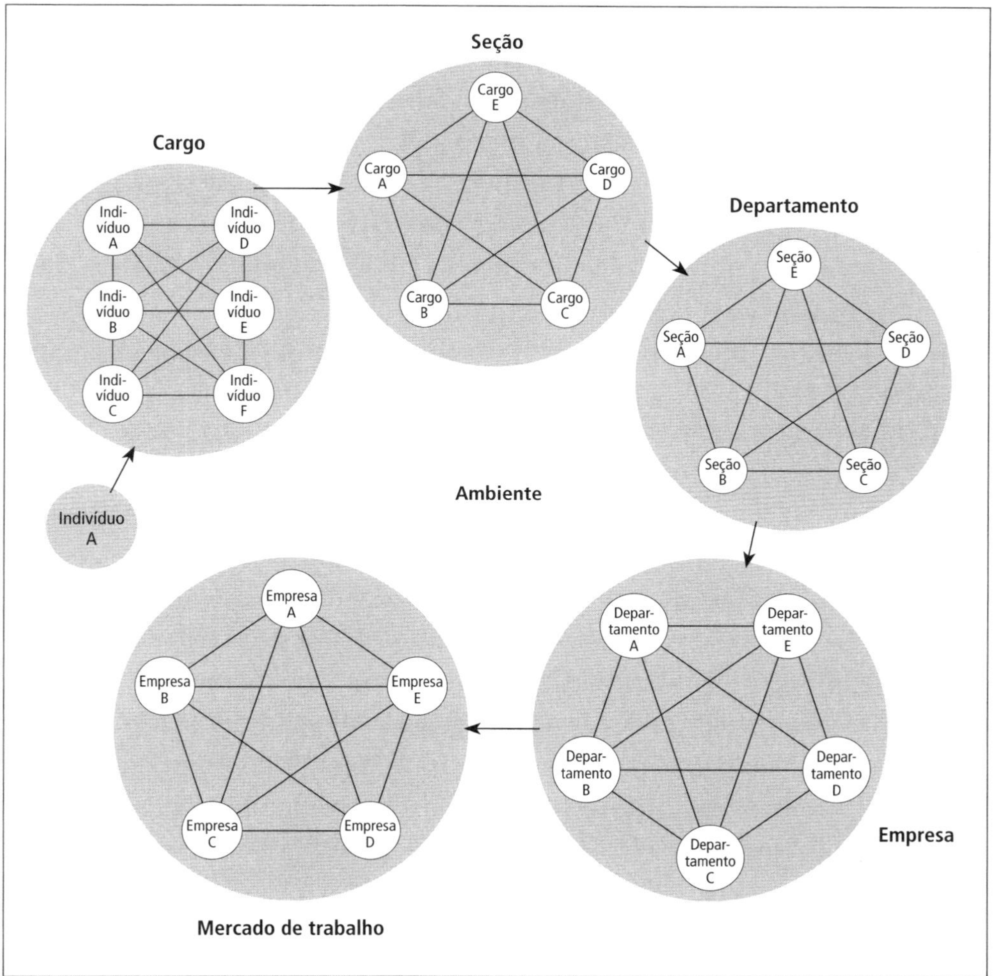

Figura I.2 – Exemplos de sistemas e subsistemas.

sociedade em forma de pessoas, materiais, dinheiro e informação e transformam esses recursos em saídas de produtos, serviços e recompensas aos membros da organização suficientemente grandes para manter sua participação. O dinheiro e o mercado constituem o mecanismo de reciclagem de recursos entre a organização e o ambiente.

Se as organizações são sistemas sociais, as pessoas são microssistemas com objetivos individuais próprios e motivadas diferentemente. As pessoas também recebem insumos da organização – na forma de alicientes, recompensas ou punições e informações –, percebem e processam esses aspectos e produzem comportamentos e atitudes, desempenhando suas tarefas dentro de organizações.

A integração entre esses dois tipos de sistemas – as organizações e as pessoas – é o assunto deste livro.

Contexto da ARH

O contexto em que funciona a Administração de Recursos Humanos (ARH) é representado pelas organizações e pelas pessoas que delas participam. As organizações são constituídas por pessoas e dependem delas para atingir os seus objetivos e cumprir as suas missões. Para as pessoas, as organizações são um meio pelo qual elas podem alcançar vários objetivos, com menor tempo de esforço e conflito. Muitos desses objetivos jamais poderiam ser alcançados por meio apenas do esforço pessoal isolado. As organizações surgem exatamente para aproveitar a sinergia dos esforços de vários indivíduos que trabalham em conjunto. As pessoas não são recursos que a organização consome, utiliza e que produzem custos. Ao contrário, as pessoas constituem fator de competitividade, da mesma forma que o mercado e a tecnologia. Assim, parece-nos melhor falar em gestão de pessoas para ressaltar a administração com as pessoas (isto é, com a ajuda das pessoas) como parceiras – e não sobre as pessoas –, como meros recursos organizacionais.

Nesse novo conceito, ressaltam-se três aspectos fundamentais:

a) *Pessoas como seres humanos*, profundamente diferentes entre si e dotados de personalidades próprias, com uma história particular e diferenciada, possuidores de habilidades e conhecimentos, destrezas e capacidades indispensáveis à adequada gestão dos recursos organizacionais. Pessoas como pessoas, e não como meros recursos da organização.

b) *Pessoas não como meros recursos (humanos) organizacionais*, mas sobretudo como elementos impulsionadores da organização e capazes de dotá-la de inteligência, talento e aprendizagem indispensáveis à sua constante renovação e competitividade em um mundo pleno de mudanças e desafios. As pessoas possuem um incrível dom de crescimento e desenvolvimento pessoal. Pessoas como fonte de impulso próprio, e não como agentes inertes ou estáticos.

c) *Pessoas como parceiros da organização* e capazes de conduzi-la à excelência e ao sucesso. Como parceiros, as pessoas fazem investimentos na organização – como esforço, dedicação, responsabilidade, comprometimento, etc. – na expectativa de colherem retornos desses investimentos – como salários, incentivos, crescimento profissional, carreira, etc. Qualquer investimento somente se justifica quando traz algum retorno interessante. À medida que o retorno é bom e sustentável, a tendência certamente será o aumento do investimento. Daí o caráter de reciprocidade nessa interação entre pessoas e organizações. E também o caráter de atividade e autonomia, e não mais de passividade e inércia das pessoas. Pessoas como parceiros da organização, e não como meros sujeitos passivos dela.

Este livro será tratado dentro desse novo conceito. Preferimos manter a denominação ARH, por uma única razão: ainda é a mais comumente encontrada nas organizações.

Capítulo 1

As organizações

Tópicos deste capítulo

- Conceito de organização
- A complexidade das organizações
- Diferentes eras das organizações
- Organizações como sistemas sociais
- Organizações como sistemas abertos
- Missão organizacional
- Objetivos organizacionais
- Níveis organizacionais
- Organizações e ambiente
- Competências organizacionais
- Estratégia organizacional
- Tópicos principais
- Resumo
- Método do caso
- Caso nº 1

A ARH atua em um contexto de organizações e de pessoas. Administrar pessoas significa lidar com quem participa de organizações. Mais do que isso, significa administrar com as pessoas – não como meros sujeitos passivos – mas como sujeitos ativos da atividade organizacional. Fazer de cada pessoa um verdadeiro administrador de suas próprias tarefas dentro da organização, em qualquer nível em que esteja situada ou em qualquer atividade que deva executar. Assim, organizações e pessoas são a base fundamental na qual funciona a ARH.

Conceito de organização

O ser humano não vive isoladamente, mas em contínua interação com seus semelhantes. As interações entre as pessoas diferem profundamente das que existem entre objetos meramente físicos e não biológicos. Nas interações humanas, ambas as partes envolvem-se mutuamente, uma influenciando a atitude que a outra irá tomar e vice-versa. Em face das suas limitações individuais, os seres humanos são obrigados a cooperarem uns com os outros para alcançar certos objetivos que a ação individual isolada não conseguiria alcançar. Para Barnard,[1] uma organização é um sistema de atividades conscientemente coordenadas de duas ou mais pessoas. A cooperação entre elas é essencial para a existência da organização. Uma organização somente existe quando:

- Há pessoas capazes de se comunicarem;
  - dispostas a contribuir com ação.
  - a fim de cumprirem um propósito comum.

A disposição de contribuir com ação significa a disposição para sacrificar o controle da própria conduta em benefício da coordenação. Essa disposição de se confiar à organização varia e flutua de indivíduo para indivíduo e mesmo no próprio indivíduo, com o passar do tempo. Isso significa que o sistema total de contribuições é instável, pois é resultado das satisfações e insatisfações obtidas realmente ou percebidas imaginariamente pelos indivíduos. As contribuições de cada participante na organização variam enormemente em função não somente das diferenças individuais existentes entre eles, mas também do sistema de recompensas e contribuições aplicado pela organização.

---

[1] BARNARD, Chester I. *As funções do executivo*. São Paulo: Atlas, 1971.

Barnard define as limitações dos indivíduos em dois tipos: (1) as capacidades biológicas do indivíduo; ou (2) os fatores do ambiente em que o indivíduo está situado. Ambas as limitações estão diretamente relacionadas uma com a outra. Para ilustrar essas limitações, Barnard cita a situação de uma pessoa que quer sozinha mover uma enorme pedra. A limitação pode ser colocada de duas formas: (1) a pedra é muito grande para a pessoa; ou (2) a pessoa é muito pequena para a pedra. A primeira colocação expressa uma limitação em termos de ambiente físico, enquanto a segunda, uma limitação em termos de pessoa. Durante milhares de anos, provavelmente, as primitivas organizações humanas tenham sido formadas para ultrapassar as limitações do ambiente físico; como mover pedras, matar feras, proteger-se contra o frio, etc. Quando duas ou mais pessoas trabalham juntas, para mover uma pedra, estão aumentando as suas forças individuais por uni-las deliberadamente, e passam a formar uma organização. Assim, as organizações são formadas por pessoas para sobreporem suas limitações individuais: com as organizações, a limitação final para alcançar muitos objetivos humanos não é mais a capacidade intelectual ou de força, mas a habilidade de trabalhar eficazmente com outros.

A COMPLEXIDADE DAS ORGANIZAÇÕES

Há uma enorme variedade de organizações: empresas industriais, comerciais, organizações de serviços (bancos, hospitais, universidades, tráfego urbano, rodoviário, aéreo, etc.), organizações militares, públicas (repartições), etc. Podem estar voltadas tanto para a produção de bens ou produtos (artigos de consumo, máquinas e equipamentos, etc.), como para a produção ou prestação de serviços (atividades especializadas como manuseio de dinheiro, medicina, divulgação ou conhecimento, planejamento, etc.). Assim, existem organizações industriais, econômicas, comerciais, religiosas, militares, educacionais, sociais, políticas, etc. A influência das organizações sobre a vida das pessoas é fundamental: a maneira como as pessoas vivem, compram, trabalham, alimentam-se, vestem-se, seus sistemas de valores, expectativas e convicções são profundamente influenciados pelas organizações e vice-versa. As organizações também são influenciadas pelos modos de pensar, sentir e agir das pessoas.

A sociedade moderna é uma sociedade de organizações.[2] As organizações são sistemas extremamente complexos compostos por atividades humanas em diversos níveis de análise. Personalidades, pequenos grupos, intergrupos, normas, valores, atitudes, tudo isso existe sob um padrão com-

[2] BOULDING, Kenneth E. *The organizational revolution*. Chicago: Quadrangle, 1968, p.3-32.

plexo e multidimensional. Essa dificuldade compromete a compreensão dos fenômenos organizacionais.[3]

Dicas **Características das organizações complexas**

As grandes organizações são chamadas organizações complexas por possuírem as seguintes características:[4]

1) *Complexidade:* as organizações são distintas dos grupos e sociedades em termos de complexidade estrutural. A complexidade estrutural refere-se à diferenciação horizontal e vertical. À medida que ocorre divisão do trabalho, o número de áreas e departamentos aumenta a complexidade horizontal da organização e, à medida que novos níveis verticais surgem com o desdobramento de níveis hierárquicos, aumenta a complexidade vertical. Assim, existem organizações altas (com muitos níveis hierárquicos) e organizações chatas (com poucos). Enquanto nos pequenos grupos os membros se relacionam face a face, as grandes organizações dependem de níveis intermediários para coordenar e integrar as atividades das pessoas. A interação passa a ser indireta.
2) *Anonimato:* a ênfase é colocada sobre as tarefas ou operações, e não sobre as pessoas. O importante é que a operação seja executada, não importa por quem.
3) *Rotinas padronizadas para operar procedimentos e canais de comunicação.* Apesar da atmosfera impessoal, as organizações apresentam a tendência de desenvolver grupos informais face a face dentro delas.
4) *Estruturas personalizadas e não oficiais:* os grupos sociais passam a ser uma organização informal que funciona em paralelo com a organização formal.
5) *Tendência à especialização e à proliferação de funções:* tende a separar as pessoas.
6) *Tamanho:* o porte da organização é um elemento final e intrínseco ao número de participantes e de órgãos que formam sua estrutura organizacional.

As organizações constituem uma das mais admiráveis instituições sociais que a criatividade e a engenhosidade humana já construíram. A maravilhosa invenção da humanidade. As organizações de hoje são diferentes das de ontem e, provavelmente, no futuro ostentarão diferenças ainda maiores. Não existem duas organizações semelhantes; elas podem assumir diferentes tamanhos e estruturas organizacionais.

---

[3] ARGYRIS, Chris. *A integração indivíduo-organização*. São Paulo: Atlas, 1975.

[4] ROME, Beatrice K.; ROME, Sidney C. "Leviathan: an experimental study of large organizations with the aid of computers". In: BOWERS, Raymond V. (Org.). *Studies on behavior in organizations*: a research symposium. Athens: University of Georgia Press, 1966, p.257-258.

As organizações permitem satisfazer diferentes necessidades das pessoas, como econômicas, intelectuais, emocionais, espirituais, etc. As organizações – sejam elas grupos empresariais, empresas industriais, bancos ou financeiras, escolas ou universidades, lojas ou supermercados, oficinas mecânicas ou concessionárias de automóveis, hospitais ou igrejas, empresas de rádio ou televisão, organizações filantrópicas, jornais ou revistas, postos de gasolina ou padarias, restaurantes ou cinemas – são extremamente variadas e heterogêneas. A sua natureza varia enormemente, como também o seu tamanho e localização. Vivemos em um mundo de organizações, porque é nelas que o homem moderno busca a satisfação de quase todas as suas necessidades pessoais: trabalho, divertimento, comida, compras, instrução e capacitação pessoal, roupas, dinheiro, saúde, religião, informação, gasolina, etc. Dificilmente o homem moderno escapa dos tentáculos e do envolvimento das organizações. Mesmo quando tira férias e procura fugir deles para renovar a sua tranquilidade pessoal, precisa enfrentar o trânsito, o posto de gasolina, o restaurante, o cinema, a televisão, a fila do banco e coisas assim.

Quadro 1.1 – Exemplos de organizações

- Empresas industriais
- Bancos e financeiras
- Escolas e universidades
- Lojas e comércio
- Igreja
- Hospitais e laboratórios
- Rádio e televisão
- Empresas jornalísticas
- Empresas de consultoria e auditoria
- Cinema e teatro
- Empresas de propaganda
- Clínicas médicas
- Restaurantes
- Shopping centers

Diferentes eras das organizações

As organizações estão passando por mudanças e transformações a cada dia. Seja introduzindo novas e diferentes tecnologias, seja modificando os seus produtos ou serviços, alterando o comportamento das pessoas ou mudando os seus processos internos, as organizações estão sempre mostrando diferentes características na sua estrutura e nos seus processos. Essas alterações provocam constantes impactos na sociedade e na vida das pessoas, acelerando cada vez mais as mudanças ambientais que veremos a seguir.

A partir do século XX, as organizações passaram por três fases distintas: a era de industrialização clássica, a de industrialização neoclássica e a era da informação.

Era da Industrialização Clássica

Cobriu o período entre 1900 e 1950. Representa um período de meio século de intensificação do fenômeno da industrialização que se iniciou com a Revolução Industrial. Nesse período, a estrutura organizacional típica caracterizou-se pelo formato piramidal e centralizador, departamentalização funcional, modelo burocrático, centralização das decisões no topo, estabelecimento de regras e regulamentos internos para disciplinar e padronizar o comportamento dos participantes.

A cultura organizacional predominante era voltada para o passado e para a conservação das tradições e valores ao longo do tempo. As pessoas eram consideradas recursos de produção, juntamente com outros recursos organizacionais, como máquinas, equipamentos e capital, dentro da concepção dos três fatores tradicionais de produção: natureza, capital e trabalho. Dentro dessa concepção, a administração das pessoas era tradicionalmente denominada *Relações Industriais.* Tudo para servir à tecnologia. O homem ainda era considerado um apêndice da máquina. O mundo estava mudando, embora ainda devagar: as mudanças eram relativamente lentas, suaves, progressivas, paulatinas, previsíveis. O mundo estava mudando, mas as mudanças ainda eram vagarosas.

Era da Industrialização Neoclássica

Durou de 1950 a 1990. Teve o seu início com o final da segunda grande guerra mundial. Foi quando o mundo começou a mudar mais intensamente. As mudanças passaram a ser mais rápidas, intensas e pouco previsíveis. A velocidade da mudança começou a aumentar. As transações comerciais passaram da amplitude local para regional, de regional para internacional e se tornaram gradativamente mais intensas. A competição entre as empresas ficou mais acentuada. O velho modelo burocrático e funcional, centralizador e piramidal, utilizado para formatar as estruturas organizacionais tornou-se inflexível e vagaroso demais para acompanhar as mudanças que ocorriam no ambiente. As organizações tentaram novos modelos de estrutura que pudessem proporcionar-lhes mais inovação e melhor ajustamento às novas condições. Surgiu a estrutura matricial como uma espécie de quebra-galhos para consertar e reavivar a velha e tradicional organização funcional. Com a abordagem matricial, adicionou-se à organização funcional um esquema lateral de departamentalização por produtos/serviços para agilizar e funcionar como um turbo capaz de proporcionar uma estrutura com características de inovação e dinamismo e alcançar maior competitividade. De fato, a organização matricial promoveu uma melhoria necessária na arquitetura, mas não o suficiente, pois não removia o emperramento da estrutura funcional. Contudo, as suas vantagens foram aproveitadas por meio da fragmentação das grandes organizações em unidades estratégicas de negócios para torná-las melhor administráveis e mais ágeis. A cultura organizacional deixou de privilegiar as tradições passadas e passou a concentrar-se no presente, enquanto o conservantismo cedeu lugar à inovação. A velha concepção de Relações Industriais foi substituída por uma nova visão de Administração de Recursos Humanos. As pessoas como recursos vivos, e não como fatores inermes de produção. A tecnologia passou por incrível e intenso desenvolvimento e começou a influenciar poderosamente a vida dentro das organizações e as pessoas que delas participavam. O mundo continuava mudando. E as mudanças já eram bem mais velozes.

Era da Informação

Teve seu início no final da década de 1990. Sua característica principal reside nas mudanças que se tornaram rápidas, imprevistas e inesperadas. Drucker[5] foi o arauto que anteviu essa poderosa transformação mundial. A tecnologia trouxe desdobramentos completamente imprevistos e transformou o mundo em uma aldeia global. A informação passou a cruzar o planeta em milésimos de segundo. A tecnologia da informação provocou o surgimento da globalização da economia: a economia internacional trans-

---

[5] DRUCKER, Peter F. *Uma era de descontinuidade*: administrando em tempos de grandes mudanças. São Paulo: Pioneira, 1995; Idem. *Sociedade pós-capitalista.* São Paulo: Pioneira, 1993.

formou-se em economia mundial e global. A competitividade tornou-se mais intensa entre as organizações. O mercado de capitais passou a migrar de modo volátil de um continente para outro em segundos à procura de novas oportunidades de investimentos, ainda que transitórias. A estrutura organizacional em matriz tornou-se insuficiente para dotar as organizações da agilidade, mobilidade, inovação e mudança necessárias para suportar as novas ameaças e oportunidades dentro de um ambiente de intensa mudança e turbulência. Os processos organizacionais tornaram-se mais importantes do que os órgãos que constituem a organização. Os órgãos (sejam departamentos ou divisões) tornaram-se provisórios e não definitivos, os cargos e funções passaram a ser constantemente definidos e redefinidos em razão das mudanças no ambiente e na tecnologia e os produtos e serviços, continuamente ajustados às demandas e necessidades do cliente, agora dotado de hábitos mutáveis e exigentes. Em organizações mais expostas às mudanças ambientais, a estrutura predominante passou a ser fundamentada não mais em órgãos estáveis, mas em equipes multifuncionais de trabalho com atividades provisórias voltadas para missões específicas e com objetivos definidos.

A organização do futuro vai funcionar sem limites de tempo, espaço ou distância. O uso do espaço físico será totalmente diferente; escritórios com salas particulares darão lugar a locais coletivos de trabalho, enquanto funções de retaguarda serão realizadas na casa dos funcionários. A organização virtual será interligada eletronicamente e sem papelórios, trabalhando melhor, de maneira mais inteligente e mais próxima do cliente. O recurso mais importante deixou de ser o capital financeiro e passou a ser o conhecimento. O dinheiro continua a ser importante, mas ainda mais importante é o conhecimento sobre como usá-lo e aplicá-lo rentavelmente. O emprego começou a migrar intensamente do setor industrial para o setor de serviços, o trabalho manual foi substituído pelo trabalho intelectual, indicando o caminho para a era da pós-industrialização fundamentada no conhecimento e no setor terciário. As pessoas – e seus conhecimentos e habilidades intelectuais – passaram a ser a principal base da nova organização. A antiga Administração de Recursos Humanos cedeu lugar a uma nova abordagem: a Gestão de Pessoas. A cultura organizacional sofreu forte impacto do mundo exterior e passou a privilegiar a mudança e a inovação voltadas para o futuro e para o destino da organização. As mudanças passaram a ser rápidas, sem continuidade com o passado, trazendo um contexto ambiental de turbulência e imprevisibilidade.

Quadro 1.2 – Etapas das organizações no decorrer do século XX

	Industrialização Clássica	**Industrialização Neoclássica**	**Era da Informação**
Período	1900-1950	1950-1990	Após 1990
Estrutura organizacional predominante	Funcional, burocrática, piramidal, centralizadora, rígida e inflexível. Ênfase nos órgãos	Matricial, enfatizando departamentalização por produtos/serviços ou unidades estratégicas	Fluida e flexível, totalmente descentralizada, redes de equipes multifuncionais
Cultura organizacional	Teoria X. Foco no passado, nas tradições e nos valores. Ênfase na manutenção do *status quo*. Valor à experiência anterior	Transição. Foco no presente e no atual. Ênfase na adaptação ao ambiente	Teoria Y. Foco no futuro e no destino. Ênfase na mudança e na inovação. Valor ao conhecimento e à criatividade
Ambiente organizacional	Estático, previsível, poucas e gradativas mudanças. Poucos desafios ambientais	Intensificação das mudanças e maior velocidade	Mutável, imprevisível, turbulento, com grandes e intensas mudanças
Modo de lidar com as pessoas	Pessoas como fatores de produção inertes e estáticos, sujeitos a regras e a regulamentos rígidos para serem controlados	Pessoas como recursos organizacionais que precisam ser administrados	Pessoas como seres humanos proativos dotados de inteligência e habilidades e que devem ser impulsionados
Denominação	Relações Industriais	Administração de Recursos Humanos	Administração de Pessoas

É dentro desse mundo em contínua mudança e transformação que tentaremos abordar o intercâmbio entre pessoas e organizações. Assim, a gestão de pessoas representa a maneira pela qual as organizações procuram lidar com as pessoas trabalhando em conjunto em plena era da informação. Não mais como recursos organizacionais que precisam ser passivamente administrados, mas como seres inteligentes e proativos, capazes de responsabilidade e de iniciativa e dotados de habilidades e conhecimentos que ajudam a administrar os demais recursos organizacionais inertes e sem vida própria. Não se trata mais de administrar pessoas, mas de administrar com as pessoas. Esse é o novo espírito, a nova concepção. A massa cinzenta será a riqueza do amanhã. A moeda do futuro não vai ser financeira, mas intelectual. O elemento mais importante da organização – o capital intelectual – não pode e nem deve ser tratado como mero recurso de produção. Ele não é físico e nem tangível.

Organizações como sistemas sociais

Na moderna sociedade em que vivemos quase todo o processo produtivo é realizado por meio das organizações. Assim, a sociedade moderna e industrializada caracteriza-se por ser uma sociedade composta por organizações.

As organizações são sistemas sociais porque são compostas por pessoas e funcionam graças às suas atividades e interações. Embora sejam conjuntos de vários recursos – humanos, tecnológicos, financeiros, materiais, etc. – reunidos para obter efeitos multiplicadores - efeitos sinergísticos –, as organizações são dinamizadas por pessoas. Todos os demais recursos são amorfos e inertes e dependem das decisões pessoais e da inteligência humana para serem colocados em ação da melhor maneira possível. A sinergia representa o efeito multiplicador – e não apenas um elemento aditivo ou cumulativo – dos esforços humanos que interagem entre si provocando uma poderosa alavancagem de resultados. A sinergia faz com que as pessoas, em conjunto, produzam um resultado maior do que tomadas isoladamente. É por meio da sinergia que uma empresa produz resultados maiores do que os recursos adquiridos. O emergente sistêmico produzido – seja chamado de lucro ou rentabilidade – resulta da sinergia que a empresa utiliza para reunir recursos e alavancar resultados. É isso que gera riqueza e cria valor.

Dentro de uma abordagem mais ampla, as organizações são unidades sociais (ou agrupamentos humanos) intencionalmente construídas e reconstruídas, a fim de atingir objetivos específicos, o que significa que as organizações são construídas de maneira planejada e elaboradas para atingir determinados objetivos. Elas também são reconstruídas, isto é, reestruturadas e redefinidas, à medida que os objetivos são atingidos ou que se descobrem meios melhores com menor custo e menor esforço. Uma organização nunca é uma unidade pronta e acabada, mas um organismo social vivo e sujeito a constantes mudanças e em contínua mutação e desenvolvimento. Tudo na organização deve ser visto dessa maneira: algo como o vir a ser, e não apenas o que já é. O atual e o potencial.

Dá-se o nome de organizações formais às organizações caracterizadas por regras e regulamentos formalizados por escrito e por estruturas de posições e hierarquia que ordenam as relações entre os indivíduos ou órgãos componentes. Por meio da organização formal, procura-se remover algumas incertezas e limitações da situação humana, tirar vantagens da especialização de atividades, facilitar o processo de tomada de decisões e assegurar o cumprimento e execução dessas decisões pelos indivíduos participantes. Assim, a organização formal "tenta regular o comportamento humano para o alcance eficiente dos objetivos explícitos, tornando-se um caso de estudo especial".[6] De um modo geral, as organizações formais são altamente burocratizadas e caracterizam a forma organizacional dominante em nossa sociedade atual e a mais viva manifestação de uma sociedade altamente especializada e interdependente, capaz de proporcionar especialização profissional e crescente melhoria do padrão de vida dos seus participantes.

Dentre as organizações, existem aquelas moldadas explicitamente para atingir objetivos de lucro, como forma de se autossustentarem por meio do excedente de resultados financeiros e de proporcionarem retorno de investimentos ou de capital, como também existem organizações que não incluem obrigatoriamente o lucro como um de seus objetivos principais. Assim, as organizações podem perseguir objetivos lucrativos ou não lucrativos. As empresas são exemplos típicos de organizações lucrativas. Qualquer definição de empresa deve considerar necessariamente o objetivo de lucro. Empresa é todo empreendimento humano que procura reunir e integrar recursos humanos e não humanos (como recursos financeiros, físicos, tecnológicos,

---

[6] CARZO JR., Rocco; YANOUZAS, John N. *Formal organizations*: a systems approach. Homewood: Richard D. Irwin and The Dorsey Press, 1971, p.12.

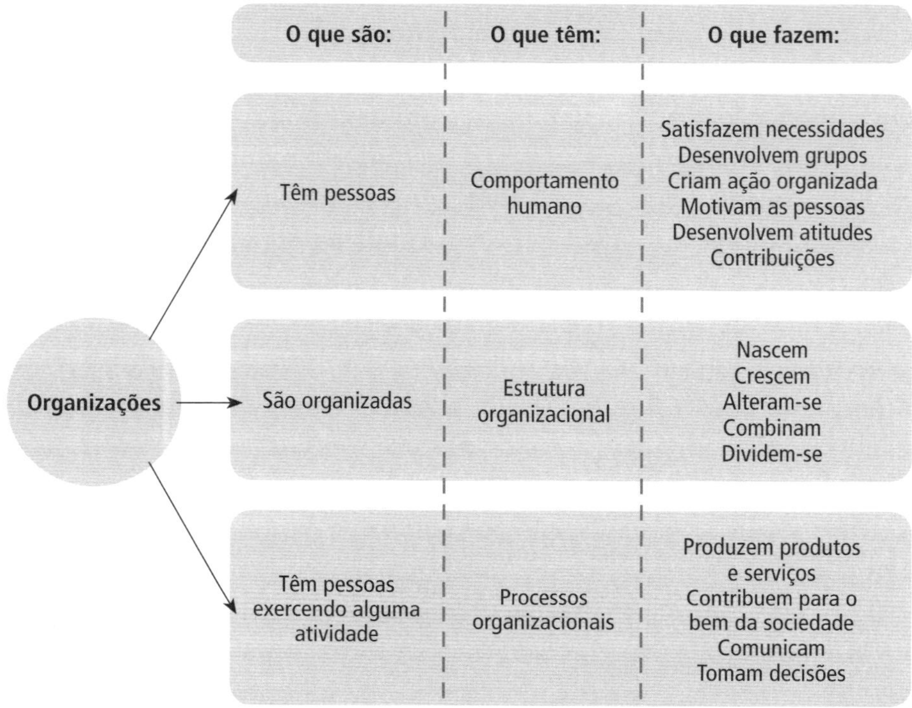

Figura 1.1 – Do que são formadas as organizações.
Fonte: CHIAVENATO, Idalberto. *Comportamento organizacional*: a dinâmica do sucesso das organizações. Barueri: Editora Manole, 2014, p.23.

Flash **Organizações lucrativas e não lucrativas**

As organizações podem perseguir objetivos lucrativos ou não lucrativos. Existem aquelas moldadas explicitamente para atingir objetivos de lucro como forma de se autossustentar por meio do excedente de resultados financeiros e de proporcionar retorno de investimentos ou de capital, como também aquelas que não incluem obrigatoriamente o lucro como um de seus objetivos principais. As empresas são exemplos típicos de organizações lucrativas, pois qualquer definição de empresa deve considerar necessariamente o objetivo de lucro.

mercadológicos, etc.) no sentido de alcançar objetivos de autossustentação e de lucratividade, pela produção e comercialização de bens ou de serviços. A autossustentação é um objetivo óbvio, pois se trata de dar continuidade e permanência ao empreendimento. A lucratividade representa a remuneração do empreendimento em si. É o estímulo básico capaz de assegurar a livre iniciativa de manter ou de aumentar o empreendimento.

Haas e Drabek consideram a organização como "um sistema discernível de interação relativamente permanente e relativamente complexo".[7] As organizações podem ser observadas como série de interações padronizadas entre atores. Mais do que a coleção de atores, o que interessa são as interações que ocorrem entre eles: as organizações são algo mais do que simplesmente a soma de suas partes individuais. A definição de Haas e Drabek requer alguns esclarecimentos maiores:

1) As organizações são sistemas de interações relativamente permanentes. Embora envolvam estabilidade no tempo, o grau de estabilidade requerido é relativo. Todos os sistemas de interação estão em um estado constante de fluxo.
2) Como sistemas de interação, as organizações apresentam características como:
   a) A interação refere-se a processos de influência mútua e recíproca entre duas ou mais pessoas. Existe também a interação simbólica: "O homem é um manipulador de símbolos, o único animal que manipula símbolos e o único animal de cujos grupos sociais depende e é permeável a complexos processos simbólicos.[8] A interação pode ser verbal, não verbal, falada, escrita, etc. Nos sistemas tecnológicos mais complexos existem interações indiretas. Nas linhas de montagem, o homem é um sistema de interação, mesmo quando ele não pode se comunicar com os colegas verbalmente. Interação é um termo amplo que inclui conjuntos altamente padronizados de eventos.
   b) As organizações são mais do que simples somas de suas partes.[9] Embora pareça uma ideia simples, suas implicações são muito complexas. Nas organizações, as relações entre as partes são interdependentes e dependem das

[7] HAAS, J. Eugene; DRABECK, Thomas E. *Complex organizations*: a sociological perspective. Nova York: Macmillan, 1973, p.8.

[8] LINDESMITH, Alfred R.; STRAUSS, Anselm L. *Social psychology*. Nova York: Holt, Rinehart and Winston, 1968, p.7.

[9] Daí decorre o conceito de sinergia (do grego: *syn* = com e *ergos* = trabalho), que significa literalmente trabalho conjunto. Existe sinergia quando duas ou mais causas produzem atuando conjuntamente um efeito maior do que a soma dos efeitos que produziriam atuando individualmente. É o caso da aspirina, um antitérmico, e da cafeína. Ambas as substâncias, quando atuam simultaneamente, produzem um efeito antitérmico multiplicado.

características do funcionamento do todo e das relações entre o todo e seu ambiente.

c) Em todos os sistemas – sejam sociais, tecnológicos, astronômicos –, o critério de maior importância é o da interdependência. Os componentes de um sistema estão inter-relacionados de tal modo que uma mudança em um deles provoca mudanças de vários tipos nos outros. Além disso, nem a intensidade nem o tipo de mudanças causadas são uniformes, e muitas das mudanças podem ser indiretas.

d) As organizações são diferentes dos grupos e sociedades em termos de complexidade estrutural. A complexidade estrutural refere-se à diferenciação horizontal e vertical existente. À medida que ocorre maior divisão do trabalho, aumenta a complexidade horizontal da organização. Quando novos níveis verticais surgem como hierarquia para melhor processo de controle e regulação, aumenta a complexidade vertical. Assim, surgem as organizações "altas" e as organizações "chatas", quando possuem, respectivamente, muitos ou poucos níveis verticais.

e) O tamanho absoluto (número de membros) serve de critério para distinguir grupos e organizações.[10] As evidências empíricas sugerem que o tamanho nem sempre é correlacionado com a complexidade das organizações.[11] Algumas organizações possuem imenso número de membros e apresentam estruturas relativamente simples (como a Igreja), enquanto outras pequenas organizações são muito complexas em sua estrutura (como algumas pequenas estações de televisão ou hospitais).

f) A presença ou ausência de interação "face a face" ou "um a um" é outro critério utilizado para distinguir grupos e organizações. As comunicações podem ser caracterizadas como uma variável em um *continuum* entre presença e ausência de interação direta: os grupos e as organizações ocupam as extremidades desse *continuum*. Nas organizações, as comunicações caracterizam-se pela permanência e pela complexidade.

---

[10] CAPLOW, Theodore. *Principles of organization*. Nova York: Harcourt Brace Jovanovich, 1964, p.25-28.

[11] HALL, Richard H.; HAAS, J. Eugene; JOHNSON, Norman J. "Organizational size, complexity and formalization". *American Sociological Review*, v.32, dez. 1967, p.903-12.

É importante levar em conta todas essas características das organizações.

Organizações como sistemas abertos

As organizações são sistemas abertos. Sistema é um conjunto de elementos dinamicamente relacionados entre si que desenvolvem uma atividade para atingir determinado objetivo ou propósito. Todo sistema opera a partir de matéria, energia ou informação obtidas no ambiente e que constituem os insumos ou entradas (*inputs*) de recursos necessários para que o sistema possa operar. Esses recursos são processados pelas diversas partes do sistema (subsistemas) e transformados em saídas ou resultados (*outputs*) para serem devolvidos ao ambiente. Contudo, além de recursos, as organizações precisam de competências.

O sistema aberto – em contraposição ao sistema fechado – possui enorme variedade de entradas e de saídas com relação ao ambiente externo. Essas entradas e saídas não são bem conhecidas e as suas relações de causa e efeito são indeterminadas. Por essa razão, os sistemas abertos são chamados sistemas orgânicos. As organizações em geral e as empresas em particular, todos os sistemas vivos e, principalmente, o homem são exemplos de sistemas abertos. As fronteiras do sistema aberto são permeáveis para permitir transações ou intercâmbios com o ambiente. O sistema é aberto na medida em que apresenta grande interdependência e interações com o seu meio ambiente. Essa interdependência e interações não obedecem às leis determinísticas da física. Uma das características do sistema aberto é a *sinergia*, que significa a ação conjunta e simultânea de suas partes resultando em um efeito multiplicador, e não simplesmente uma somatória de resultados. O efeito sinergístico permite alavancar o resultado ou saída de um sistema, tornando-o maior do que o insumo ou entrada por meio da criação de valor.

Nos sistemas abertos, na medida em que ocorrem, as saídas provocam uma retroinfluência sobre as entradas a fim de balancear ou equilibrar o funcionamento do sistema. A retroação (*feedback*) ou retroalimentação é uma influência de retorno. Existe retroação positiva quando a saída (por ser maior que a entrada) estimula e amplifica a entrada para aumentar a operação do sistema. Existe retroação negativa quando a saída (por ser menor que a entrada) inibe e reduz a entrada para diminuir a operação do sistema. Na prática, a retroação visa a manter o sistema funcionando dentro de determinados parâmetros ou limites, para manter o seu equilíbrio entre entradas e saídas. Quando o sistema não alcança tais limites, ocorre a retroação positiva para incrementar as suas operações; quando o sistema ultrapassa tais limites, ocorre a retroação negativa para reduzir as suas operações. A retroação permite ao sistema alcançar equilíbrio e estabilidade no seu funcionamento. Esse equilíbrio é dinâmico e, nos sistemas vivos e orgânicos, recebe o nome de homeostasia (do grego, *homo* = igual, *stasis* = equilíbrio). É o caso da temperatura dos seres vivos, que se mantém estável apesar das variações no meio ambiente que os circunda.

A organização social é um modelo genérico de sistema aberto em dinâmico relacionamento como o seu ambiente, do qual recebe vários insumos, que os processa e transforma de várias maneiras e que exporta na forma de saídas ou resultados novamente para o ambiente. O sistema não é somente aberto em relação ao seu meio ambiente, mas também em relação aos seus próprios elementos ou partes (subsistemas), o que faz com que as interações entre os componentes afetem o sistema como um todo. As interações promovem a comunicação que proporciona um estado firme ou equilíbrio dinâmico do sistema e permite manter o incessante fluxo de entradas, transformação e saídas do sistema. Esse estado firme ou equilíbrio dinâmico assegura a integração das partes (subsistemas) e evita o estado entrópico, mantendo o sistema regulado e estável apesar das diferentes condições ambientais: é a chamada *homeostasia*. Um sistema social ou biológico é o contínuo processo de reciclagem de matéria, energia ou informação. O sistema precisa receber insumos suficientes de recursos para manter as suas operações e, também, para exportar os recursos transformados em saídas ao ambiente em quantidade suficiente para continuar o ciclo de operações. Além desse contínuo processo de importação-transformação-exportação, o sistema aberto se caracteriza pela *equifinalidade*, isto é, a possibilidade de alcançar o mesmo resultado final por diferentes meios. Essa é a razão pela qual algumas organizações se sobressaem mais do que outras que produzem os mesmos produtos ou serviços.

Miller e Rice definem que "toda empresa pode ser vista como um sistema aberto que apresenta características em comum com o organis-

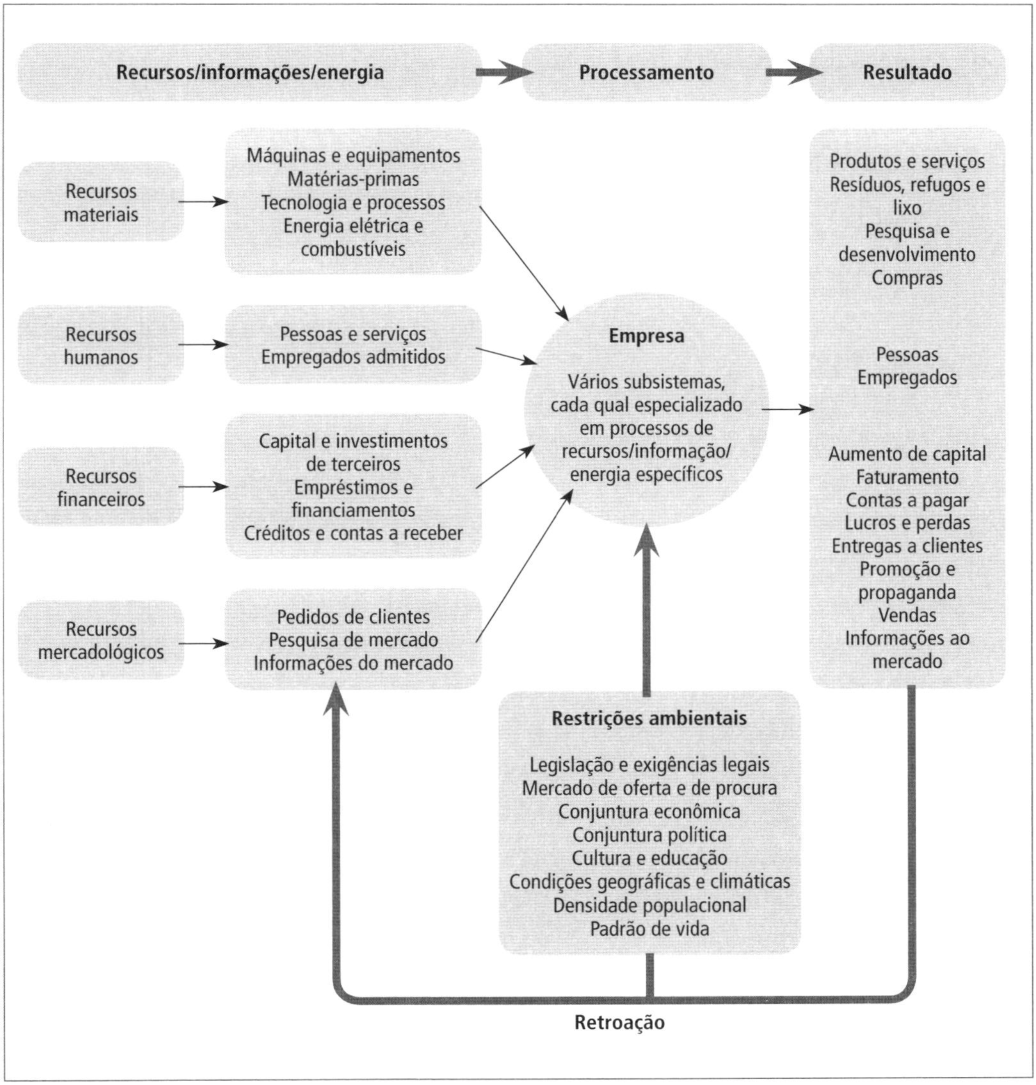

Figura 1.2 – A empresa como um sistema aberto: fluxo de recursos/informações/energia.

mo biológico. Um sistema aberto existe, e somente pode existir, pelo intercâmbio de materiais com seu ambiente. Ele importa materiais, transforma-os por meio de processos de conversão, consome parte dos produtos da conversão para sua manutenção interna e exporta o restante. Direta ou indiretamente, ele intercambia seus resultados (saídas) para obter novos insumos (entradas), incluindo recursos adicionais para se manter. Esses processos de importação-conversão-exportação constituem o trabalho que a empresa tem de fazer para viver".[12]

Flash **Organização como um sistema aberto**

A ideia de tratar a organização como um sistema aberto não é nova. Herbert Spencer afirmava que "um organismo social assemelha-se a um organismo individual em traços essenciais:

- No crescimento.
- No fato de tornar-se mais complexo à medida que cresce.
- No fato de que, tornando-se mais complexo, suas partes exigem uma crescente interdependência mútua.
- Porque sua vida tem imensa extensão comparada com a vida de suas unidades componentes.
- Porque, em ambos os casos, há crescente integração acompanhada por crescente heterogeneidade".[13]

A teoria dos sistemas oferece um esquema conceitual que permite, ao mesmo tempo, a análise e a síntese da organização em um ambiente complexo e dinâmico. As partes da organização são vistas como subsistemas inter-relacionados dentro de um suprassistema. Esses inter-relacionamentos provocam uma integração sinergística do sistema total, de tal modo que o todo é maior do que a soma das partes ou, pelo menos, diferente dela. Por outro lado, a organização é um sistema aberto que interage dinamicamente com o ambiente.

McGregor, em 1957,[14] já apresentava as características de uma organização ao escrever que "uma organização industrial é um sistema aberto". Ele se engaja em transações com um sistema maior: a sociedade. Existem entradas na forma de pessoas, materiais e dinheiro, e na forma de forças políticas e econômicas vindas do sistema maior. Existem saídas na forma de produtos, serviços e recompensas aos seus membros. Similarmente, nos subsistemas

---

[12] SPENCER, Herbert. *Autobiography*. Nova York: MacMillan, v.2, 1904, p.56.

[13] MILLER, E.J.; RICE, A.K. "System of an organization". *Management Review*, jul. 1957, p.80.

[14] McGREGOR, Douglas M. "Characteristics of an organization". *Management Review*, jul. 1957, p.80.

dentro da organização, os indivíduos são sistemas abertos. Uma organização industrial é um sistema orgânico e adaptativo, no sentido de que muda sua natureza como resultado das mudanças no sistema externo que o envolve. A adaptação, todavia, não é passiva; o sistema afeta o sistema maior e é afetado por ele. Ele coopera com o ambiente, assim como o indivíduo coopera com ele. Ele é dinâmico, no sentido de que suporta constantes mudanças como resultado da interação entre os subsistemas e o sistema ambiental maior. Finalmente, uma organização industrial é um sistema sociotécnico. Não é meramente uma montagem de prédios, força de trabalho, dinheiro, máquinas e processos. O sistema consiste na organização de pessoas envolvendo várias tecnologias. Isso significa, entre outras coisas, que relações humanas não são características opcionais de uma organização, são uma propriedade intrínseca. O sistema existe em virtude do comportamento motivado das pessoas. Essas relações e o comportamento determinam as entradas, as transformações e as saídas do sistema."[15]

A organização formal (seja uma empresa comercial ou uma repartição do governo) visualizada como um sistema apresenta as seguintes características:

1) "Um sistema de recursos humanos no espaço e no tempo.
2) Um sistema aberto, com várias transações entre ele e seu meio ambiente.
3) Caracterizada não só por relações internas e externas de conflito, mas também de cooperação.
4) Um sistema para desenvolver e usar o poder, com graus variados de autoridade e responsabilidade, tanto no interior da organização como no ambiente externo.
5) Um sistema de 'realimentação' (retroação) com as informações sobre os resultados do desempenho passado, fornecendo, por meio de canais múltiplos, realimentação que venha a influir no desempenho futuro.
6) Mutável, com conceitos estáticos derivados de conceitos dinâmicos, mais do que servindo de preliminares para eles.
7) Complexa, por conter numerosos subsistemas, sendo contida em sistemas mais amplos e sendo atravessada por sistemas superpostos.

[15] *Idem*. In: DAVIS, Keith. *Organizational behavior*: a book of readings. Nova York: McGraw-Hill, 1974, p.221-222.

8) Frouxa, com numerosos componentes que podem apresentar-se imperfeitamente coordenados, parcialmente autônomos, e controláveis apenas em parte.
9) Passível de conhecimento apenas em parte, com muitas áreas de incerteza, com 'regiões misteriosas' e 'caixas pretas' e com muitas variáveis que não podem ser claramente definidas e precisam ser apresentadas em termos qualitativos.
10) Sujeita a considerável incerteza no tocante às informações presentes às futuras condições ambientais e às consequências dos seus próprios atos."[16]

Assim, "as organizações humanas são sistemas abertos em virtude de quatro fenômenos que acontecem dentro dos limites organizacionais:

1) *Entradas e saídas*: transformam os estranhos em membros e membros em estranhos.
2) *Atividades*: resultam em compromissos dos membros com grupos de fora.
3) *Intercâmbio de recursos*: envolve absorção de insumos no processo produtivo e escoamento da produção.
4) *Influência mútua ou recíproca*: tanto da parte de membros como da de estranhos".[17]

Abordagem de Katz e Kahn

Katz e Kahn desenvolveram um modelo de organização mais amplo e complexo,[18] por meio da aplicação da teoria dos sistemas à teoria das organizações. Segundo o modelo proposto por ambos, a organização apresenta as seguintes características típicas de um sistema aberto:

1) *Importação-transformação-exportação de energia*: a organização recebe insumos do ambiente e necessita de suprimentos renovados de energia de outras instituições ou de pessoas ou do meio ambiente. Nenhuma estrutura social é autossuficiente ou autocontida. Após a importação (entrada ou *input*), os sistemas abertos trans-

[16] GROSS, Bertram M. "What are your organization's objectives?" *Human Relations*, ago. 1965, p.197.

[17] Idem. *As empresas e sua administração*: um enfoque sistêmico. Petrópolis: Vozes, 1973, p.135.

[18] KATZ, Daniel; KAHN, Robert L. *Psicologia social das organizações*. São Paulo: Atlas, 1970.

formam ou processam seus insumos em produtos acabados, serviços prestados, mão de obra treinada, etc. e exportam (saída ou *output*) certos produtos ou resultados para o meio ambiente. O ciclo importação-processamento-exportação é a base do sistema aberto em sua interação com o meio ambiente.

2) *Sistemas como ciclos de eventos*: toda troca de energia tem caráter cíclico. O produto que a organização exporta para o ambiente supre as fontes de energia para a repetição das atividades do ciclo. Assim, a energia colocada no ambiente retorna à organização para a repetição de seus ciclos de eventos.
São os eventos, mais do que as coisas, que se acham estruturadas, de modo que a estrutura social é um conceito mais dinâmico do que estático.
"O funcionamento de qualquer sistema consiste em ciclos recorrentes de entradas, de transformações e de saídas. Desses três processos sistêmicos básicos, entradas e saídas são transações que envolvem o sistema e certos setores de seu ambiente imediato; a transformação ou processamento é um processo contido dentro do próprio sistema. Localizar um sistema, especificar suas funções e compreendê-las requer, portanto, que esse processo energético cíclico seja identificado e rastreado."[19]

3) *Entropia negativa*: a entropia é o processo pelo qual todas as formas organizadas tendem à exaustão, à desorganização, à desintegração e, finalmente, à morte. Para sobreviver, os sistemas abertos precisam mover-se para deter o processo entrópico e reabastecer-se de energia, mantendo indefinidamente sua estrutura organizacional. A esse processo reativo de obtenção de reservas de energia dá-se o nome de entropia negativa ou negentropia.

4) *Informação como insumo, retroinformação negativa e processo de codificação*: os sistemas vivos recebem, como insumos, materiais que contêm energia e que são transformados ou alterados pelo trabalho feito. No entanto, recebem também *inputs* de caráter informativo e que proporcionam sinais à estrutura sobre o ambiente e sobre seu próprio funcionamento em relação a ele.
O tipo mais simples de entrada (*input*) de informação é a *retroinformação negativa* (*negative feedback*), que permite ao sistema corrigir seus desvios da linha certa. As partes do sistema enviam de volta informação sobre os efeitos de sua operação a algum mecanismo central ou subsistema, o qual atua sobre tal informação e

---

[19] Ibid, p.508.

permite que o sistema se mantenha no curso certo sem absorver excesso de energia ou gastar demasiada.

Por outro lado, o processo de codificação permite ao sistema reagir seletivamente apenas em relação aos sinais de informação para os quais esteja sintonizado. A codificação é um sistema de seleção de entradas (*inputs*), por meio da qual os materiais são rejeitados ou aceitos e traduzidos para a estrutura. A confusão do ambiente é simplificada para o sistema em algumas categorias significativas.

Em geral, as organizações são seletivas quanto à retroalimentação que "ouvem" ou sobre a qual baseiam suas ações. A retroalimentação é o retorno da informação necessária para assegurar a adaptação e as mudanças do sistema em relação ao ambiente. Uma organização deve ser suficientemente aberta, isto é, suficientemente sensível para detectar que suas saídas não são adequadas às necessidades do ambiente ou das outras organizações. Ela deverá ter, então, a capacidade de mudar ou adaptar suas saídas, no sentido de que elas se tornem desejadas.

5) *Estado firme e homeostase dinâmica*: o sistema aberto procura manter certa constância no intercâmbio de energia importada e exportada do ambiente, assegurando o seu caráter organizacional e evitando o processo entrópico. Assim, os sistemas abertos caracterizam-se por um estado firme: existe um influxo contínuo de energia do ambiente exterior e uma exportação contínua dos produtos do sistema, porém o quociente de intercâmbios de energia e as relações entre as partes continuam os mesmos. O estado firme é observado no processo homeostático que regula a temperatura do corpo: as condições externas de temperatura e umidade podem variar, mas a temperatura do corpo permanece a mesma. No entanto, apesar de a tendência mais simples do estado firme ser a homeostase, seu princípio básico é a preservação do caráter do sistema: o *equilíbrio quase estacionário* proposto por Kurt Lewin. Segundo esse conceito, os sistemas reagem à mudança ou antecipam-na por intermédio do crescimento que assimila as novas entradas (*inputs*) de energia na natureza de suas estruturas. Os altos e baixos desse ajustamento contínuo nem sempre trazem o sistema de volta ao seu nível primitivo. Assim, os sistemas vivos apresentam um crescimento, ou expansão, no qual maximizam seu caráter básico, importando mais energia do que a necessária para sua saída (*output*) a fim de garantir sua sobrevivência e obter alguma margem de segurança além do nível imediato de existência.

6) *Diferenciação*: a organização, como todo sistema aberto, tende à diferenciação, isto é, à multiplicação e à elaboração de funções, o que lhe traz, também, multiplicação de papéis e diferenciação interna. Os padrões difusos e globais são substi-

tuídos por funções mais especializadas, hierarquizadas e altamente diferenciadas. A diferenciação é uma tendência para a elaboração da estrutura.

7) *Equifinalidade*: os sistemas abertos são caracterizados pelo princípio da equifinalidade proposto por von Bertalanffy: um sistema pode alcançar, por uma variedade de caminhos, o mesmo estado final, partindo de diferentes condições iniciais. À medida que os sistemas abertos desenvolvem mecanismos regulatórios (homeostase) para regular suas operações, a quantidade de eqüifinalidade pode ser reduzida. No entanto, a equifinalidade permanece: existe mais de um modo de o sistema produzir determinado resultado, ou seja, existe mais de um método para a consecução de um objetivo. O estado estável do sistema pode ser atingido a partir de condições iniciais diferentes e por intermédio de meios diferentes.
8) *Limites ou fronteiras*: sendo um sistema aberto, a organização apresenta limites ou fronteiras, isto é, barreiras entre o sistema e o ambiente. Os limites ou fronteiras definem não só a esfera de ação do sistema, mas também o seu grau de abertura (receptividade de insumos) em relação ao ambiente.

Assim, as organizações constituem uma classe de sistemas sociais enquanto estes constituem uma classe de sistemas abertos. Os sistemas sociais, ao contrário das demais estruturas básicas, não têm limitação de amplitude. As organizações sociais não são encontradas em um vácuo físico: estão vinculadas a um mundo concreto de seres humanos, de recursos materiais, de fábricas e de outros artefatos; porém, esses elementos não se encontram em qualquer interação natural. O sistema social é independente de qualquer parte física determinada, podendo alijá-la ou substituí-la. É a estruturação de eventos ou acontecimentos e não a estruturação de partes físicas. Por conseguinte, não tem estrutura, independente de seu funcionamento. Enquanto os sistemas físicos ou biológicos têm estruturas anatômicas que podem ser identificadas (como os automóveis ou organismos), mesmo que não estejam em funcionamento, os sistemas sociais não podem ser representados por meio de modelos físicos. Há uma enorme diferença entre a estrutura socialmente planejada do sistema social e a estrutura física da máquina ou do organismo humano do sistema físico ou biológico, pois a organização não possui estrutura nem autonomia física identificável e permanente. Sua estrutura só pode ser identificada como ciclos de eventos, ou seja, é inseparável de seu funcionamento.

Todos os sistemas sociais, inclusive as organizações, consistem em atividades padronizadas de uma quantidade de indivíduos. Essas atividades padronizadas são complementares ou interdependentes em relação a alguma saída (*output*) ou resultado comum. Elas são repetidas, relativamente duradouras e ligadas em espaço e tempo. A estabilidade, ou recorrência, de atividades existe em relação à entrada (*input*) de energia no sistema, em relação à transformação de energias dentro do sistema e em relação ao produto resultante ou saída (*output*) de energia. Manter essa atividade padronizada requer renovação contínua do influxo de energia, o que, nos sistemas sociais, é garantido pelo retorno de energia do produto ou resultado. O sistema aberto não se esgota porque pode importar energia do mundo que o rodeia; por isso, a operação da entropia é contrariada pela importação de energia, e o sistema vivo caracteriza-se mais pela entropia negativa do que pela positiva. É o que os autores chamam de negentropia.

Além disso, as organizações sociais apresentam as seguintes características:[20]

1) Sistemas sociais têm sua natureza planejada, isto é, são sistemas essencialmente inventados, feitos pelo homem e imperfeitos. Firmam-se em atitudes, percepções, crenças, motivações, hábitos e expectativas dos seres humanos. Apesar do giro (rotatividade ou *turnover*) do pessoal, apresentam constância nos padrões de relações. Os sistemas sociais apresentam maior variabilidade que os sistemas biológicos. Assim, precisam utilizar forças de controle para reduzir a variabilidade e a instabilidade das ações humanas, situando-as em padrões uniformes e dignos de confiança. Há três tipos de forças que reduzem a variabilidade humana:
   a) Pressões do ambiente ou da tarefa em relação às necessidades.
   b) Exigências dos valores e das expectativas compartilhadas.
   c) Imposição de regras por parte da organização, cuja violação sugere alguma penalidade ou sanção negativa.
2) Funções, normas e valores são os principais componentes do sistema social. Assim:
   a) "As funções descrevem formas específicas de comportamento associado a determinadas tarefas. Originalmente, as funções desenvolvem-se a partir dos requisitos da tarefa. Dentro da organização, constituem formas padronizadas

[20] Ibid. p.46-89.

de comportamento, requeridas de todas as pessoas que desempenham uma parte em dada relação funcional, sem que se considerem os desejos pessoais ou as obrigações interpessoais, que são irrelevantes a tal relação".[21]

b) "As normas são expectativas gerais com caráter de exigência, atingindo a todos os incumbidos de desempenho de função, em um sistema ou subsistema".[22]

c) "Valores são as justificações e aspirações ideológicas mais generalizadas."[23]

Dessa maneira, os comportamentos de função dos membros, as normas que prescrevem e sancionam esses comportamentos e os valores em que as normas se acham implantadas são as bases sociopsicológicas dos sistemas sociais, e fornecem as bases para sua integração.

3) Organizações sociais constituem um sistema formalizado de funções, no qual "as regras que definem o comportamento independente esperado dos incumbidos de posições no sistema são explicitamente formuladas. Para a imposição das regras, existem as sanções".[24]

4) Katz e Kahn referem-se ao conceito de inclusão parcial desenvolvido por E. H. Allport[25] para referir-se ao envolvimento segmentário das pessoas em grupamentos sociais. O indivíduo não está totalmente incluído como membro de sua organização, pois esta não requer nem solicita a pessoa inteiramente. As pessoas pertencem a muitas organizações e um único ambiente organizacional é incapaz de obter o pleno empenho de suas personalidades. Elas se incluem apenas parcialmente nas organizações.

5) A organização em relação ao seu meio ambiente. O funcionamento organizacional deve ser estudado em relação às transações contínuas com o meio que o envolve. Nesse aspectos é importante visualizar:

a) *Sistemas, subsistemas* e *supersistemas*: "os sistemas sociais, como sistemas abertos, dependem de outros sistemas sociais; sua caracterização como subsistemas, sistemas ou supersistemas é relativa ao seu grau de autonomia na execução de suas funções e aos interesses particulares do investigador. Do ponto de vista societário, a organização é um subsistema de um ou mais sis-

---

21 Ibid. p.53-54.
22 Ibid. p.51.
23 Ibid. p.54.
24 Ibid. p.67.
25 Ibid. p.68.

temas maiores e sua vinculação ou integração com eles afeta seu modo de operação e seu nível de atividade".[26]

b) *Abertura de sistema*: refere-se ao grau em que o sistema é receptivo a todos os tipos de entradas (*inputs*). Os sistemas variam enormemente quanto à faixa geral de entrada (*inputs*) em que podem ser absorvidos e quanto à abertura a determinados tipos de entradas (*inputs*). Podem também variar seu grau de abertura ou fechamento de acordo com as entradas (*inputs*) interessantes ou não.

c) *Fronteiras de sistema*: linhas de demarcação ou condições de barreira entre o sistema e seu meio, o que ocasiona graus de abertura de sistema. Em teoria de sistema, define-se *fronteira* como a área em que ocorre menor intercâmbio de energia ou de informação do que no sistema em si.

d) *Codificação de sistema*: principal maneira de agir com o objetivo de assegurar especificações para tomada de informação e de energia, descrevendo às barreiras o seu funcionamento real para separar o sistema de seu meio ambiente. Os sistemas sociais desenvolvem mecanismos para bloquear certos tipos de influência alheia e para transformar o que é recebido de acordo com uma série de categorias de código. O conceito de código é tanto aplicado na seleção e na transformação de todos os tipos de entradas (*inputs*) como também no processamento de informações.

e) *Espaço organizacional*: local exato das várias atividades organizacionais e as distâncias de comportamento entre os membros no desempenho de suas tarefas relacionadas com a organização. O espaço organizacional é diferente do espaço físico, apesar de este ser um de seus componentes. Os membros de uma organização podem estar submetidos a quatro tipos de separação no espaço organizacional:

   i) *Separação geográfica*: faz com que os grupos desconheçam o espaço organizacional ocupado pelos outros grupos.

   ii) *Separação funcional*: desenvolvida a partir das separações departamentais;

   iii) *Separação de status ou prestígio da função e da posição*: separa os operários do pessoal de escritório (prestígio), por exemplo, ou as secretárias de seus chefes (hierarquia).

   iv) *Separação pelo poder*:baseada na hierarquia de autoridade da organização. Está relacionada com o *status* e o prestígio, mas não é idêntica a eles.

[26] Ibid. p.76-78.

f) *Cultura e clima organizacionais*: "Toda organização cria sua própria cultura ou clima, com seus próprios tabus, costumes e usanças. O clima, ou cultura, do sistema reflete tanto as normas e valores do sistema formal como sua reinterpretação no sistema informal [...], bem como reflete as porfias internas e externas dos tipos de pessoas que a organização atrai, de seus processos de trabalho e distribuição física, das modalidades de comunicação e do exercício da autoridade dentro do sistema. Assim como a sociedade tem uma herança cultural, as organizações sociais possuem padrões distintivos de sentimentos e crenças coletivos, que são transmitidos aos novos membros do grupo".[27]

g) *Dinâmica de sistema*: as organizações sociais, para se manterem, recorrem à multiplicação de mecanismos, uma vez que lhes faltam as estabilidades intrínsecas dos sistemas biológicos. Assim, as organizações sociais criam estruturas de recompensas a fim de vincular seus membros ao sistema e estabelecem normas e valores para justificar e estimular as atividades requeridas e dispositivos de autoridade para controlar e dirigir o comportamento organizacional. Enquanto em teoria de sistema se fala de *homeostasia dinâmica* (ou manutenção de equilíbrio por ajustamento constante e antecipação), usa-se o termo *dinâmica de sistema* em organizações sociais: o sistema principal e os subsistemas que o compõem são caracterizados por sua própria dinâmica ou complexo de forças motivadoras que impelem determinada estrutura a tornar-se cada vez mais aquilo que basicamente é, ou seja, assegurar-se de um suprimento contínuo de materiais e pessoas (entropia negativa).

Organização como sistema sociotécnico

Outra maneira interessante de abordar um sistema social é tomar como referência o processo de transformação, pois as organizações estão sempre envolvidas com a transformação e conversão de recursos em resultados, como produtos ou serviços. Um grupo de psicólogos e sociólogos do Instituto Tavistock de Londres concebe a organização como um sistema

---

[27] Ibid. p.85.

sociotécnico (o chamado modelo de Tavistock).[28] Para eles, toda organização consiste em uma combinação administrada de tecnologia e de pessoas de forma que ambos os lados se acham em inter-relação recíproca.

O sistema sociotécnico é composto por três subsistemas principais:

1) *Sistema técnico*: relacionado com as tarefas; inclui o fluxo de trabalho, a tecnologia envolvida, os papéis requeridos pela tarefa e todas as demais variáveis tecnológicas.
2) *Sistema social*: também chamado humano ou cultural; relacionado principalmente com a cultura organizacional, com os valores e as normas e com a satisfação das necessidades pessoais. Também inclui a organização informal, o nível motivacional dos membros e as suas atitudes individuais.
3) *Sistema gerencial*: ou administrativo; inclui a estrutura organizacional, as políticas e procedimentos, as regras e normas, o sistema de recompensas e punições, as maneiras pelas quais as decisões são tomadas e um grande número de outros elementos projetados para facilitar os processos administrativos. É responsável pela administração e pelo desenvolvimento da organização e dos seus processos de tomada de decisão.

O sistema gerencial procura otimizar as relações entre os sistemas técnico e social, à medida que os orienta para metas e objetivos organizacionais bem definidos e busca assegurar a complementaridade básica que deve existir entre esses dois sistemas. O sistema social deve proporcionar o suporte fundamental para um fluxo de informação requerido pelo sistema técnico, que, por sua vez, deve ser estruturado e modificado quando as demandas do fluxo de informação tornam-se incompatíveis com a habilidade de respostas do sistema social. Todos os três sistemas interagem entre si e cada um influencia e é influenciado pelos demais.

[28] RICE, A.K. *The enterprise and its environments*. Londres: Tavistock, 1963; EMERY, F.E.; TRIST, E.L. "Socio-technical systems". In: CHURCHMAN, C. West; VERHULST, Michel (Org.). *Management sciences*: models and techniques. Nova York: Pergamon Press, 1960; KAST, Fremont E.; ROSENZWEIG, James E. *Organization and management*: a systems approach. Nova York: McGraw-Hill, 1970.

Figura 1.3 – Sistema sociotécnico.
Fonte: KINGDON, Donald Ralph. *Matrix organization, information technologies*. Londres: Tavistock, 1973, p.95.

A abordagem sociotécnica focaliza a organização ou parte dela como uma combinação de tecnologia (exigências da tarefa a ser realizada, ambiente físico, máquinas e equipamentos disponíveis) e, ao mesmo tempo, um sistema social (um sistema de relações interpessoais e sociais entre aqueles que realizam a tarefa). Ambos os sistemas – tecnológico e social – acham-se em interação mútua e recíproca. A natureza da tarefa influencia (e não determina) a natureza da organização das pessoas, e as características psicossociais das pessoas influenciam (e não determinam) a forma com que determinado posto de trabalho será executado. O fundamento dessa abordagem reside no fato de que qualquer sistema de produção requer tanto uma organização tecnológica (equipamentos e arranjo físico de processos), como uma organização de trabalho (envolvendo as pessoas que desempenham as tarefas necessárias). As demandas tecnológicas condicionam e limitam a espécie de organização de trabalho possível, porém, a organização de trabalho apresenta propriedades sociais e psicológicas próprias, mas independentes da tecnologia.

A abordagem sociotécnica está fundamentada no modelo de sistema aberto. Toda organização "importa" insumos a partir do meio ambiente e utiliza essas importações em certos tipos de processos de "conversão" para, então, "exportar" produtos, serviços, etc. As importações são constituídas por informações sobre o meio ambiente, matérias-primas, dinheiro, equipamentos e pessoas implicadas na conversão de algo que deve ser exportado e que cumpre certas exigências e necessidades do meio ambiente. A tarefa primária da organização é exatamente aquilo que a permite sobreviver: atender a alguma necessidade do meio ambiente.

O sistema técnico é determinado não apenas pelos requisitos exigidos da organização pela tarefa que a mesma deve executar, mas também pela especialização do conhecimento e das habilidades requeridas, pelos tipos de maquinaria e equipamento envolvidos e pelo arranjo das utilidades. Por essa razão, o sistema técnico tem um enorme impacto sobre a estrutura organizacional, sobre o relacionamento humano e sobre o sistema administrativo. Qualquer mudança no sistema técnico afeta os outros elementos organizacionais.

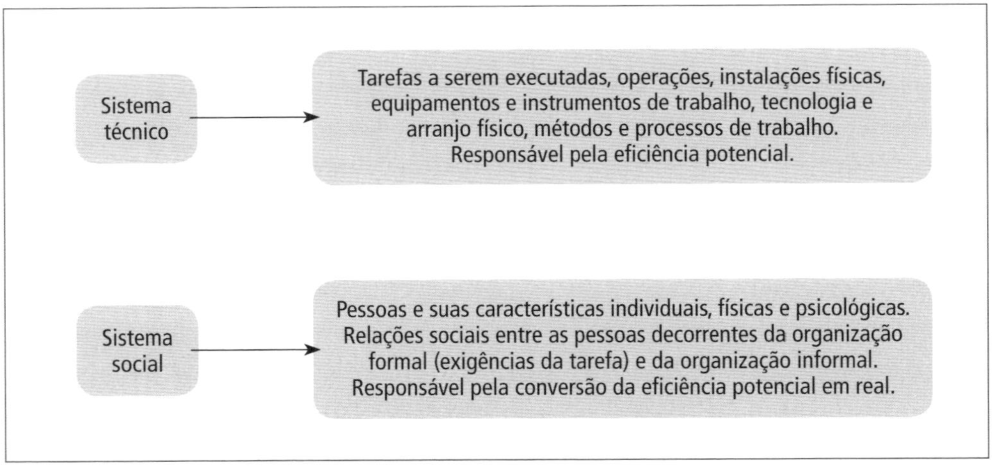

Figura 1.4 – A estreita interação entre o sistema técnico e o sistema social.

> *Tecnologia* é algo mais do que simplesmente máquinas e refere-se aos meios padronizados para atingir um objetivo ou resultado predeterminado. Converte o comportamento espontâneo e irrefletido em comportamento deliberado e racional. Ellul salienta que, "em nossa sociedade tecnológica, a técnica constitui a totalidade de métodos racionalmente desenvolvidos para a absoluta eficiência (para dado estágio do desenvolvimento) em cada campo da atividade humana".[29] A tecnologia procura dominar cada campo da atividade humana e atingir a máxima eficiência em cada um deles.

[29] ELLUL, Jacques. *The technological society*. Nova York: Alfred A. Knopf, 1964, p.XXV.

Para Walker, a "moderna tecnologia pode ser percebida como um ambiente dentro do qual vivemos, feito de coisas externas e tangíveis que modificamos de tempos em tempos e que nos modificam (aspecto externo). A moderna tecnologia pode também ser visualizada internamente (aspecto interno). Nesse sentido, ela consiste em habilidades corporais e cerebrais, em procedimentos técnicos e administrativos e em processos mentais, tanto conscientes ou inconscientes, alguns dos quais associados com julgamentos de valor que relacionam o homem com o mundo externo que o cerca".[30] Assim, "por tecnologia organizacional entendemos as técnicas usadas na transformação de insumos em produtos".[31] Geralmente, a tecnologia faz lembrar máquinas e equipamentos, pois a máquina é a manifestação física mais óbvia da tecnologia.

Elementos das organizações

Uma organização pode ser pequena e simples ou grande e extremamente complexa. O termo organização serve para abrigar uma enorme variedade de tamanhos, estruturas, interações, objetivos, etc. Dentro dessa variedade e complexidade, existem dois tipos de elementos comuns a todas as organizações:[32] o elemento básico e os elementos de trabalho.

1) *Elemento básico*: as pessoas, cujas interações compõem a organização. Uma organização está sempre em transformação (daí sua natureza dinâmica), já que seus membros podem mudar, embora as pessoas sempre estejam envolvidas em seus relacionamentos por meio de alguma estrutura que determina a existência da organização. Uma organização existe quando duas ou mais pessoas interagem entre si, a fim de alcançarem objetivos que somente poderiam ser alcançados eficazmente por meio da combinação de suas capacidades e de seus recursos pessoais. A condição necessária para a existência de uma organização é a interação entre as pessoas. O próprio sucesso, ou o insucesso, das organizações é determinado pela qualidade das interações entre seus membros. As interações são a expressão das pessoas e podem ser descritas em quatro diferentes níveis, tornando-se menos pessoais à medida que se tornam mais elevadas:

---

[30] WALKER, Charles R. *Modern technology and civilization.* Nova York: McGraw-Hill, 1962, p.2-3.

[31] KAST, Fremom E.; ROSENZWEIG, James E. *Organization and management*: a systems approach. Tóquio: McGraw-Hill Kogakusha, 1970, p.141.

[32] HICKS, Herbert G.; GULLET, C. Ray. *The management of organizations.* Nova York: McGraw-Hill, 1976.

a) Interações individuais.
b) Interações entre indivíduos e organização.
c) Interações entre a organização e outras organizações.
d) Interações entre a organização e seu ambiente total.

Cada um desses níveis interacionais pode ser brevemente explicado:

a) *Interações individuais*: primeiro nível, aliás, o mais visível e imediato. Uma interação é a relação entre duas pessoas ou sistemas de qualquer natureza, de modo que a atividade de cada um está em parte determinada pela atividade do outro. Existe uma influência recíproca, e cada pessoa evoca uma resposta física ou mental às outras pessoas.
b) *Interações entre indivíduos e organização*: estão em constante interação e tomam continuamente decisões adaptativas para permanecerem em equilíbrio dinâmico com seu meio ambiente. O fluxo de informação é essencial para esse processo de tomada de decisões, pois envolve conhecimento do passado, estimativas do futuro e retroação quanto ao tempo da atividade corrente. A tarefa da administração é implementar esse sistema de informação/tomada de decisões para coordenar esforços e manter um equilíbrio dinâmico. As organizações engendram uma complexa dinâmica interna dentro da qual os indivíduos são induzidos a tomar parte: os indivíduos são atraídos (pelo recrutamento), selecionados, integrados, treinados, e passam a ocupar determinados cargos, em que são supervisionados, avaliados e controlados. Por sua vez, os indivíduos obtêm, por meio de sua participação nas organizações, a satisfação de algumas de suas necessidades pessoais (dinheiro, benefícios, segurança, serviços, amizades, etc.).
c) *Interações entre a organização e outras organizações*: toda organização mantém interações com outras organizações, o que Evan[33] denomina *conjunto organizacional* e que constitui o conjunto de outras organizações, cujos papéis se engrenam e entrelaçam-se com os papéis daquela organização tomada como focal. Para realizar sua tarefa, a organização interage com outras organizações não apenas para receber matérias-primas, máquinas, equipamentos, serviços, recursos financeiros e humanos, etc., mas também para colocar no mercado

---

[33] EVAN, William M. "The organization-set: toward a theory of interorganization relations". In: THOMPSON, James D. (Org.). *Approaches to organization design*. Pittsburgh: University of Pittsburgh, 1966.

seus produtos ou serviços, sua propaganda, aplicar seus recursos financeiros, etc. Essas outras organizações que uma organização utiliza diretamente para operar eficazmente constituem o horizonte mais imediato das interações inter-organizacionais. As características do conjunto organizacional afetam poderosamente as formas de competição e de cooperação com outras organizações, fluxos de informação e de pessoas entre as organizações, influenciando o desenho da estrutura interna e os processos da organização focal.

d) *Interações entre a organização e seu ambiente total*: além da interação com as organizações que constituem seu ambiente mais imediato – conjunto organizacional –, a organização também mantém interação com outras organizações mais distanciadas e que constituem seu ambiente total. Nenhuma organização existe no vácuo, mas em um contexto complexo em que operam outras organizações e que se chama ambiente. Cada organização, como um sistema aberto, é profundamente influenciada por seu ambiente em face de suas interações. As organizações são sistemas sociais moldados pelo ambiente em que se situam. Existem em ambientes e cada ambiente toma parte na configuração da estrutura interna de cada organização dentro dele. Os ambientes organizacionais são multidimensionados e multicaracterizados. A estrutura organizacional e os processos organizacionais são condicionados pelo ambiente: as organizações põem o ambiente em mira para delinear com que tipos de contingências devem defrontar e que tipos de pressões externas devem suportar. Em outros termos, muitas vezes, as organizações inventam e selecionam seus ambientes no leque de alternativas que subjetivamente percebem do contexto que as cercam. A seleção e a percepção ambientais das organizações são influenciadas pelas normas sociais e costumes vigentes. O elemento básico – as pessoas – não existe no vácuo. Dentro da organização, o elemento básico é afetado pelos elementos de trabalho, que, por sua vez, determinam a qualidade das interações. Embora as interações dos membros sejam a organização, são os elementos de trabalho que a tornam eficaz ou ineficaz.

2) *Elementos de trabalho*: recursos que a organização utiliza e que podem determinar sua futura eficiência. Nessa abordagem, os elementos de trabalho são pessoas, recursos não humanos e recursos conceptuais.

As pessoas – elemento básico da organização – aparecem como elementos de trabalho, que utilizam recursos e arranjam a organização para adquirir outros recursos necessários. Em seu papel de elementos de trabalho, podem oferecer à organização três espécies de habilidades:

a) *Fazer*: desempenhar tarefas e atividades. Toda organização precisa de alguns membros que executem as atividades necessárias para atingir seus objetivos.
b) *Influenciar*: alterar o comportamento dos outros. A influência pessoal pode ser derivada da posição social, do poder econômico, do poder político ou da personalidade do indivíduo. A distribuição do poder determina tanto os objetivos da organização como o peso e a consideração dados a cada membro. Os membros com poder extensivo ou influência têm maior peso na determinação dos objetivos e nas operações da organização.[34]
c) *Utilizar conceitos*: abstrair ideias e generalizações. A organização precisa de alguns membros que utilizem conceitos como ferramentas de trabalho, que planejem, organizem e controlem o trabalho dos outros, abastecendo-os de motivação e comunicação necessárias.

Os *recursos não humanos* referem-se a recursos materiais (máquinas, equipamentos, materiais e matérias-primas, tecnologia de produção, etc.), recursos financeiros (capital, investimentos, empréstimos, financiamentos, crédito, receita, etc.) e recursos mercadológicos (clientes e consumidores, promoção, propaganda, organização de vendas, etc.).

Os *recursos conceituais* – também chamados recursos administrativos – são os localizados em um pequeno grupo de seus membros, os dirigentes. O grau em que todos os membros de uma organização empregam suas habilidades e sua influência na utilização eficaz dos recursos depende de quão bem os dirigentes compreendam e desempenhem seus cargos.

Participantes das organizações

As organizações dependem de constantes investimentos e contribuições para que possam existir e viabilizar suas operações. Na verdade, elas constituem um processo estruturado em que diferentes públicos de interesses interagem com

---

[34] GOLEMBIEWSKI, Robert T. *Men, management and morality.* Nova York: McGraw-Hill, 1965.

elas a fim de alcançar objetivos e que passam a provocar um forte impacto sobre seus processos de tomada de decisão.[35] Durante toda a Era Industrial, as organizações privilegiavam apenas um público de interesses puramente financeiros: proprietários, acionistas e investidores, denominados *shareholders* (do inglês *share* = fração, cota + *holder* = proprietário, arrendatário, portador de título). O capital era – e ainda é – aquela parte da riqueza dedicada a obter mais riqueza. O objetivo básico das organizações era oferecer retorno ao investimento feito no capital de risco e o documento mais importante era o balanço contábil e os demonstrativos financeiros. Na Era da Informação, o capital intelectual e outros participantes ascenderam em termos de importância: os *stakeholders*. São indivíduos, grupos ou organizações que também esperam por retornos desses investimentos. Os *stakeholders* podem estar direta ou indiretamente relacionados com a organização ou podem ser internos (como gestores e colaboradores) ou externos. Assim, os pricipais *stakeholders* são:

a) Gestores e colaboradores: atuam dentro da organização e promovem o alcance de seus objetivos.
b) Acionistas, proprietários e investidores (*stakeholders*): oferecem o capital financeiro necessário.
c) Fornecedores: de insumos como serviços, matérias-primas, materiais, equipamentos, tecnologias, etc.
d) Clientes, consumidores ou usuários: adquirem ou utilizam os produtos ou serviços da organização e pagam por eles.
e) Governo.
f) Sociedade: organizações, instituições, públicos variados.
g) Agências reguladoras: órgãos governamentais, sindicatos, associações de classes, etc.
h) Outros.

Toda organização precisa equilibrar demandas e oferecer retornos de maneira razoável a todos os seus *stakeholders* para manter sua viabilidade e sua perenidade. Tanto a organização como seus *stakeholders* estão envolvidos em uma mútua interação e adaptação recíproca. Embora um equilíbrio entre os indivíduos

[35] HICKS, Herbert G.; GULLETT, C. Ray. *Organizations*: theory and behavior. Tóquio: McGraw-Hill Kogakusha, 1975, p.41.

e a organização seja constantemente perseguido, ele nunca é completamente alcançado em virtude das mudanças de necessidades, de objetivos e de relações mutáveis de poder. Assim, a adaptação é um processo constante cuja regra é a mudança e o ajustamento contínuo. Todos os *stakeholders* (internos ou externos) provocam um impacto sobre a adaptação e os processos de tomada de decisão da organização (e vice-versa). Esse impacto pode se limitar a algumas áreas de decisão, tornando-se supérfluo em outras áreas. Assim, os clientes podem influenciar as decisões na área de mercadologia, enquanto os acionistas e investidores podem influenciar as decisões na área financeira. Dessa maneira, os limites da organização são flexíveis e não são claramente definidos como nos organismos vivos.[36] Eles se expandem e contraem-se, incluindo certos grupos de parceiros ou excluindo outros, conforme o processo de adaptação e de tomada de decisão envolvido. A Figura 1.5 exemplifica duas diferentes situações.

Parceiros (participantes)	Contribuições (investimentos feitos)	Incentivos (retornos esperados)
Gestores e colaboradores	Contribuem com trabalho, esforço, dedicação pessoal, desempenho, conhecimento, habilidades, competências	São motivados por salário, benefícios, prêmios, elogios, reconhecimento, oportunidades, estabilidade
Acionistas, proprietários e investidores	Contribuem com dinheiro na forma de ações, empréstimos, financiamentos, créditos	São motivados por rentabilidade, lucratividade, liquidez, retorno do investimento, dividendos
Fornecedores	Contribuem com materiais, matérias-primas, tecnologias, serviços especializados	São motivados por negócios, preço, condições de pagamento, faturamento, lucratividade, retorno do investimento
Clientes e consumidores	Contribuem com dinheiro pela aquisição dos produtos ou serviços oferecidos pela organização e pelo seu consumo ou utilização	São motivados por preço, qualidade, condições de pagamento, satisfação de necessidades, alcance de expectativas

Figura 1.5 – Parceiros ou membros da organização.

Fonte: CHIAVENATO, Idalberto. *Gerenciando com as pessoas*: como transformar gerentes em gestores de pessoas. Barueri: Editora Manole, 2014, p.50.

[36] KAST, Fremont E.; ROSENZWEIG, James E. "General systems theory: applications for organization and management". *Academy of Management Jounal*, dez. 1972, p.450.

Figura 1.6 – Flexibilidade e permeabilidade dos limites de uma organização.
Fonte: HICKS, Herbert G.; GULLETT, C. Ray. *Organizations*: theory and behavior. Tóquio: McGraw-Hill Kogakusha, 1975, p.45.

Dicas *Stakeholders*

Muitos autores preferem falar em *stakeholders* em vez de parceiros da organização, para ampliar ainda mais o conceito de organização. A organização é um sistema que congrega vários grupos de interesses chamados *stakeholders*, com os quais estabelece suas relações.[37] *Stakeholders* são pessoas e grupos capazes de influenciar ou serem influenciados pelos resultados alcançados e que possuam reivindicações a respeito do desempenho da empresa.[38] São os públicos que têm algum interesse na empresa, ou seja, pessoas ou organizações que participam direta ou indiretamente do sucesso do negócio. Os *stakeholders* contribuem de alguma forma para o negócio e esperam retornos dessa contribuição. São acionistas, clientes, funcionários, fornecedores, agências reguladoras, sindicatos, etc. A organização deve ter ideias claras sobre o que os vários *stakeholders* esperam dela, a fim de atender de modo equilibrado a todos os diferentes interesses envolvidos.

[37] FROOMAN, J. "Stakeholder influence strategies". *Academy of Management Review*, v.24, 1999, p.191-205.

[38] JONES T.M.; WICKS A.C. "Convergent stakeholder theory", *Academy of Management Review*, v.24, 1999, p.206-221.

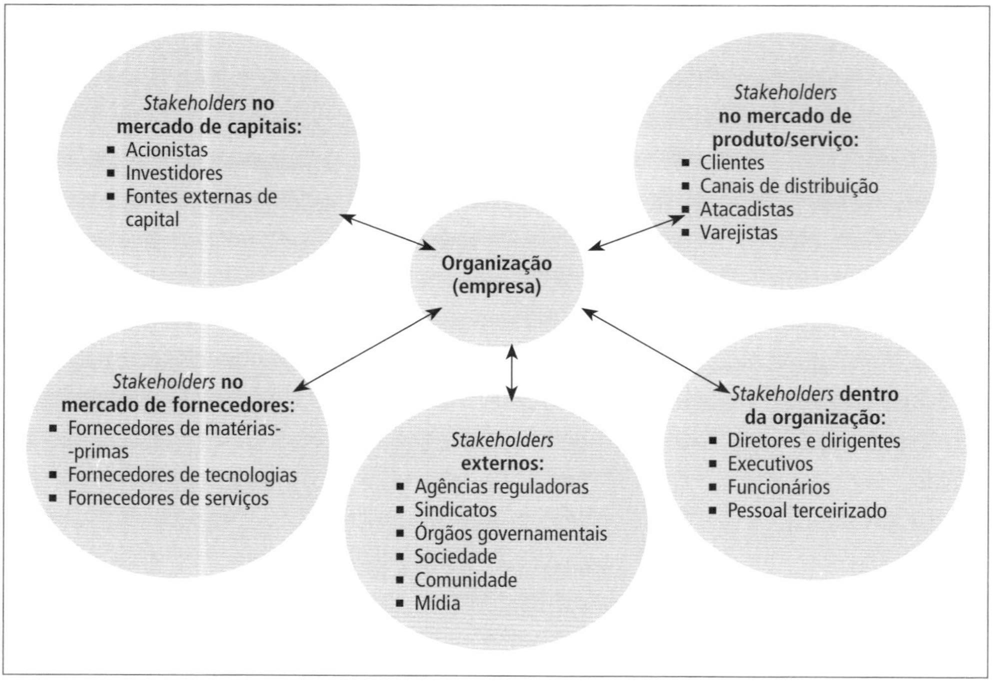

Figura 1.7 – Vários grupos de *stakeholders*.

Fonte: CHIAVENATO, Idalberto; SAPIRO, Arão. *Planejamento estratégico*: da intenção aos resultados. Rio de Janeiro: Elsevier/Campus, 2004.

Missão organizacional

Missão organizacional é a declaração do propósito e do alcance da empresa em termos de produto e de mercado. A missão define o papel da organização dentro da sociedade em que está envolvida e significa sua razão de ser e de existir. A missão da organização é definida em termos de satisfazer a alguma necessidade do ambiente externo, e não para oferecer um simples produto ou serviço.[39] A missão está associada com o negócio da organização. Como lembra Drucker, a pergunta sobre qual é o negócio da organização é tão raramente feita – pelo menos de maneira clara e direta – e tão raramente os executivos dedicam um estudo e reflexão adequados sobre o

[39] KOTLER, Philip. *Marketing*: edição compacta. São Paulo: Atlas, 1980, p.83.

assunto que talvez seja a mais importante causa do fracasso dos negócios.[40] A missão é uma maneira de traduzir o sistema de valores em termos de crenças ou áreas básicas de atuação da organização. Em geral, a missão está alinhada com os seguintes aspectos:[41]

- Razão de ser da organização.
- Papel da organização na sociedade.
- Natureza do negócio da organização.
- Tipos de atividades em que a organização deve concentrar seus esforços no futuro.

Todas as organizações fazem algo. Muitas delas fazem o mesmo, no entanto, o que fazem pode ser diverso para cada caso. O importante é personalizar a organização e seus produtos/serviços para que eles não sejam apenas *commodities* no mercado. Cada organização precisa descrever suas competências essenciais, que são muito mais amplas do que as dos seus produtos/serviços. Isso é possível somente com o conceito de missão.

Dicas **Missão e negócio da organização**

O mundo dos negócios muda, assim como a missão organizacional. A atualização da missão é feita pela redefinição do negócio. A declaração de missão requer uma releitura de acordo com as novas exigências do contexto. Muitas organizações revêem sua missão e ampliam sua condição de atuar sobre aquele contexto. O que fundamenta a declaração de missão é o processo de satisfação dos parceiros mais do que o processo produtivo da organização. Isso permite que a organização amplie o escopo de suas operações e mantenha sua sustentabilidade. O negócio precisa ser visto como um processo de satisfação do cliente, e não como produção de mercadorias. Produtos são transitórios, mas as necessidades básicas e os grupos de parceiros são eternos. Há empresas que adotaram um enfoque míope ao definir os seus negócios.[42]

---

[40] DRUCKER, Peter F. *Prática de administração de empresas*. Rio de Janeiro: Fundo de Cultura, 1962.

[41] CHIAVENATO, Idalberto; SAPIRO, Arão. Op cit. Cap. 3.

[42] LEAVITT, Theodore. "Marketing myopia". *Harvard Business Review*. Boston, 1981.

Visão organizacional

A visão organizacional – ou visão do negócio – refere-se àquilo que a organização deseja ser no futuro. A visão é fortemente inspiradora e explica por que as pessoas dedicam diariamente a maior parte de seu tempo para o sucesso da sua organização. Quanto mais a visão de negócios está alinhada aos interesses dos parceiros, mais ela pode atender aos seus propósitos.

Dicas — Inspiração da visão organizacional

A visão organizacional precisa ser inspiradora. Isso depende de:[43]

1) *Esclarecer a todos os stakeholders a direção do negócio*: é preciso comunicar um senso de direção. É o aspecto visionário da questão, ou seja, o quadro futuro que a organização pretende alcançar dentro de uma perspectiva de prazo que ofereça o tempo para se chegar lá e conseguir os resultados desejados. Esse senso de direção é necessário para que a organização desenvolva seus recursos da maneira mais produtiva. A visão deve ser suficientemente elevada e genérica para contemplar todos os *stakeholders*, sem descartar nenhum grupo de interesse.

2) *Descrever uma condição futura*: a visão proporciona um futuro ideal da organização e representa o ápice de seu desenvolvimento em um dado período. Essa condição futura é o ponto em que a organização quer chegar. Para alcançá-lo precisa contar com a contribuição de todos os seus *stakeholders*.

3) *Motivar os interessados e envolvidos a tomar as ações necessárias*: deve-se comprometer todos os parceiros do negócio com uma visão comum para que, quando concretizada, todos estejam satisfeitos com os resultados. Em um contexto de mutação, as pessoas são sempre convocadas para sair de sua zona de conforto e trabalhar em condições duras, ao mesmo tempo em que são estimuladas a desenvolver suas capacidades e competências. É a visão de negócios que provoca o entusiasmo e forças para enfrentar sacrifícios com a recompensa da concretização futura de seus anseios.

4) *Oferecer o foco*: sem uma visão clara, as pessoas se sentem confusas para tomar suas decisões. Quando a visão está presente no cotidiano da organização, seu efeito é incrível, pois faz com que todos tenham uma base comum de esforços e coordenação, o que estimula a autonomia e embasa o *empowerment* e o trabalho em equipe.

5) *Inspirar as pessoas a trabalhar em direção a um estado comum e a um conjunto integrado de objetivos*: inspiração significa proporcionar proposição de valor e motivação para que todos encontrem um canal voluntário que focalize suas energias, emoções e capital pessoal para a realização da visão. A visão deve tocar em diferentes apelos quanto ao senso de realização, de pertencer, compromisso e habilidade de contribuir para alcançar objetivos organizacionais e pessoais.

---

[43] CHIAVENATO, Idalberto; SAPIRO, Arão. Op. cit.

Objetivos organizacionais

Uma organização pode ser definida como um arranjo de componentes projetados para cumprir um particular *objetivo* de acordo com um plano. Nessa definição, existem três pontos significativos. Primeiro, há um propósito ou *objetivo* para o qual o sistema é projetado a fim de alcançá-lo. Segundo, há um projeto ou arranjo estabelecido de componentes como base de apoio. Finalmente, as entradas de informação, energia e materiais são alocadas para energizar o arranjo de acordo com o plano estabelecido.

Toda organização precisa de alguma finalidade, de alguma noção sobre a razão de sua existência e do que ela deseja realizar. Ela precisa definir suas metas, seus objetivos e a espécie de ambiente interno que quer criar para os participantes, dos quais depende para a consecução de seus fins. Sem noções sobre sua finalidade e direção, ela flutuará ao sabor dos ventos e em qualquer momento, a organização fará aquilo que for compelida a fazer pelas pressões transitórias da situação. Sua vida e seus propósitos passam a ser determinados não pelo que ela decidiu, mas pelo que os outros decidiram.

Gore define os objetivos como "os objetos em direção aos quais as organizações dirigem suas energias e seus recursos. Se a organização é uma forma de alcançar fins por meio das capacidades dos indivíduos, os objetivos são fins coletivos transladados em termos socialmente significativos. Muitas vezes representados como definidos pela ação, os objetivos também influenciam a atividade organizada, uma vez que objetivos bem estabelecidos servem como função vital de legitimar a ação".[44]

As organizações são unidades sociais que procuram atingir objetivos específicos: a sua razão de ser é servir a esses objetivos. Um objetivo de uma organização é uma situação que ela deseja alcançar. Dentro dessa colocação, os objetivos organizacionais têm muitas funções:[45]

a) Ao apresentarem uma situação futura, os objetivos indicam uma orientação que a organização procura seguir e estabelecem linhas-mestras para a atividade dos participantes.

---

[44] GORE, William J. *Administrative decision-making.* Nova York: John Wiley, 1964, p.184-185.
[45] ETZIONI, Amitai. *Organizações modernas.* São Paulo: Pioneira, 1967, p.13-35.

b) Os objetivos são uma fonte de legitimidade que justifica as atividades de uma organização e até a sua existência.

c) Os objetivos servem como padrões por meio dos quais os participantes e os estranhos a ela podem comparar e avaliar o êxito da organização, ou seja, a sua eficiência e o seu rendimento.

d) Os objetivos servem como unidade de medida para se verificar e comparar a produtividade da organização ou de seus órgãos ou ainda de seus participantes.

Há uma variedade de palavras que geralmente expressam objetivos, como: metas, fins, missões, propósitos, padrões, linhas-mestras, alvos, cotas, etc. Geralmente, todas significam um estado de coisas que alguns membros julgam desejáveis para sua organização e procuram dotá-la dos meios e recursos necessários para alcançá-los por meio de determinadas estratégias, táticas ou operações.

Os objetivos oficialmente aceitos pelas organizações são geralmente apresentados ou comunicados por documentos oficiais da organização, como estatutos, atas de assembleias, relatórios anuais, etc., ou por pronunciamentos públicos de dirigentes, que ajudam a compreender o comportamento e as decisões tomadas pelos membros da organização.

Os objetivos naturais de uma organização geralmente são:[46]

1) Proporcionar satisfação das necessidades de bens e serviços da sociedade.

2) Proporcionar emprego produtivo para todos os fatores de produção.

3) Aumentar o bem-estar da sociedade por meio do uso econômico dos fatores de recursos.

4) Proporcionar um retorno justo aos fatores de entrada.

5) Proporcionar um clima envolvente em que as pessoas possam satisfazer uma variedade de necessidades humanas normais.

Assim, as organizações podem ser estudadas do ponto de vista de seus objetivos. São os objetivos que estabelecem a base para a relação entre a organização e o seu ambiente. A organização não busca unicamente um

---

[46] KOHN, Mervin. *Dynamic managing*: principles, process, practice. Menlo Park: Cummings Publishing, 1977, p.13-15.

só objetivo, pois precisa satisfazer uma enorme quantidade de requisitos e exigências impostos não somente pelo ambiente externo, mas também pelos seus participantes. Esses objetivos não são estáticos, mas dinâmicos e em contínua evolução, alterando as relações (externas) da organização com o seu ambiente e (internas) com os seus participantes e sendo continuamente reavaliados e modificados em função das mudanças do ambiente e da organização interna dos participantes.

O estudo dos objetivos organizacionais é complicado em razão dos seguintes aspectos:

a) Quando um objetivo se torna realidade, deixa de ser o objetivo desejado e passa a ser uma situação atual. Um objetivo é um estado que se procura, e não um estado que se possui.
b) Muitas organizações almejam legítima e simultaneamente dois ou mais objetivos. Algumas acrescentam novos objetivos aos originais, o que complica a situação.
c) Quase todas as organizações possuem um órgão formal – como um departamento – que estabelece os objetivos iniciais e suas modificações posteriores. Em algumas organizações, os objetivos são estabelecidos formalmente por votos dos acionistas; em outras, pelo voto dos participantes; por um conselho deliberativo em outras ou, ainda, por um indivíduo que possui e dirige a organização.
d) Podem ocorrer mudanças e substituições de objetivos para os quais a organização não foi criada e para os quais os recursos não são adequados ou suficientes.
e) Pode-se medir a eficácia de uma organização à medida que ela atinge os seus objetivos. A eficiência é medida pela quantidade de recursos utilizados para fazer uma unidade de produção: a eficiência aumenta à medida que os custos e os recursos utilizados decrescem.

No entanto, se uma organização deve alcançar objetivos sociais, como medir sua eficácia para alcançar esses fins? Para uma empresa de negócios com produtos tangíveis, o mecanismo de mercado proporciona meios para medir seu sucesso na adaptação a novos objetivos sociais. Contudo, para organizações cujos produtos ou resultados não são tangíveis, como as universidades, os hospitais e muitas agências governamentais, o problema de medir eficácia do ponto de vista social é muito difícil. "Em suma, os objetivos de uma organização, que determinam as espécies de bens ou serviços que ela produz e oferece ao ambiente, muitas vezes estão sujeitos a dificuldades peculiares de reavaliação. Quando o objetivo requer um produto facilmente identificável e mensurável, reavaliações e reajustamentos podem ser rapidamente efetuados. No entanto, quando os objetivos se tornam cada vez mais intangíveis e os produtos, difíceis de medir, é mais difícil para a sociedade determinar e refletir a aceitabilidade daquele produto, e os sinais que indicam se os objetivos são inaceitáveis são menos efetivos e provavelmente demoram para aparecer."[47]

Níveis organizacionais[48]

As organizações são sistemas complexos destinados a atingir objetivos igualmente diferenciados e complexos. Para tanto, ocorre a divisão do trabalho e a especialização de atividades dos órgãos e dos participantes. É possível definir diversos níveis de atuação dentro da organização, cada qual desenvolvendo diferentes enfoques quanto aos objetivos organizacionais. Cada nível tem a sua própria racionalidade.

Racionalidade

Racionalidade implica adequação dos meios utilizados aos fins que se deseja alcançar. No contexto da Teoria da Burocracia, isso significa eficiência: uma organização é racional se os meios mais eficientes são escolhidos para alcançar os objetivos desejados. No entanto, são levados em consideração apenas os objetivos organizacionais, e não os objetivos individuais dos participantes. Dessa maneira, o fato de uma organização ser racional não implica necessariamente que todos os seus participantes ajam racionalmente no que concerne às suas próprias aspirações e objetivos pessoais. Muito pelo contrário: quanto mais racional e burocrática se torna a organização, mais seus participantes individuais se tornam simples engrenagens de uma

---

[47] THOMPSON, James D.; McEWEN, William J. "Organizational goals and environment". *American Sociological Review*, v.XXIII, n.1, fev. 1958, p.24.

[48] CHIAVENATO, Idalberto. *Administração*: teoria, processo e prática. 5.ed. Barueri: Manole, 2014.

máquina, ignorando o propósito e o significado do seu comportamento. A racionalidade é obtida pela elaboração de regras e regulamentos que servem para dirigir todo o comportamento dos participantes ao encontro da eficiência. Esta é também a concepção de racionalidade que fundamenta a Administração Científica de Taylor, que almeja a descoberta e a aplicação da melhor maneira (*the best way*) de desempenho e de trabalho industrial.

Dicas — Racionalidade

Uma das maneiras para se entender o comportamento das organizações reside no conceito de racionalidade. A racionalidade é o imperativo de todas as atividades administrativas de uma organização e é o que a leva a uma infinidade de comportamentos diferentes para alcançar os seus objetivos. A racionalidade se aplica a muitas situações: quando o problema envolve minimização de meios para alcançar um determinado fim (utilização de recursos mínimos), ou quando os fins que se pretende alcançar é que determinam a forma pela qual um sistema racional deve comportar-se (adequação de recursos). Neste caso, pretende-se, com os recursos disponíveis, alcançar o objetivo da maneira mais eficiente. A eficiência, como já vimos, está relacionada com a utilização dos recursos para alcançar determinado objetivo ou finalidade. A eficiência pode ser analisada através da razão $E = P/R$, em que P são os produtos (saídas ou resultados) e R são os recursos utilizados (entradas ou insumos). A eficiência é um resultado da racionalidade. Dados os objetivos, compete à racionalidade a descoberta dos meios mais adequados para alcançá-los.

Existe uma racionalidade organizacional: toda organização se comporta de acordo com uma racionalidade que lhe é própria e está ligada aos meios, métodos e processos que a organização acredita serem capazes de proporcionar o alcance de determinados fins ou resultados. A racionalidade se fundamenta em uma presunção sobre as relações de causa e efeito: determinadas ações conduzem a certas consequências. Assim, uma ação ou um procedimento é racional se é consistente ou congruente com o alcance de objetivos que se pretende atingir ou ajusta-se a presunções, axiomas ou premissas previamente aceitas e estabelecidas pela organização. Existe racionalidade porque o comportamento da organização é planejado e dirigido para certos objetivos que ela pretende alcançar. Para que haja racionalidade, os meios, procedimentos, métodos, processos, etc. devem ser coerentes com o alcance dos objetivos desejados.

A racionalidade organizacional é complexa e pode referir-se a múltiplos aspectos. Por exemplo, existe racionalidade econômica quando uma alternativa de ação escolhida pela organização é consistente com aquilo que a teoria econômica afirma e com as presunções que a organização tem a respeito dos fenômenos econômicos. A racionalidade legal se baseia na adequação às regras da legislação e da jurisprudência existente; a racionalidade social se fundamenta na congruência com os valores e normas sociais; a racionalidade política depende do cálculo do poder e influência política que se pretende obter; a racionalidade técnica geralmente é fundamentada na evidência científica e na base de métodos científicos.

De um modo geral, a organização procura satisfazer simultaneamente os problemas relacionados com sua racionalidade técnica, econômica, social, política, legal, etc. Contudo, muitas vezes o atendimento de um desses aspectos pode prejudicar a satisfação dos demais. É o caso, por exemplo, de um tipo de tarefa ou produto que, escolhido para atender à racionalidade técnica (busca da eficiência na produção), sacrifica a racionalidade econômica (preço mais elevado do produto no mercado), a racionalidade legal (criando dificuldade com a marca ou patente já existente no mercado), a racionalidade social (impondo condições adversas de trabalho aos empregados), etc.

Níveis da organização: subsistemas

Na realidade, não é toda a organização que se comporta como um sistema aberto em interação com o ambiente, mas apenas parte dela. Acontece que a estrutura e o comportamento organizacional são variáveis dependentes, enquanto o ambiente e a tecnologia são variáveis independentes que nem sempre a organização pode controlar. O ambiente impõe desafios externos à organização, enquanto a tecnologia impõe desafios internos. Para se defrontar com os desafios externos e internos, as organizações se diferenciam em três níveis organizacionais, qualquer que seja sua natureza ou tamanho:[49]

[49] CHIAVENATO, Idalberto. *Introdução à teoria geral da administração*. 9.ed. Barueri: Manole, 2014, p.613-615.

1) *Institucional*: ou *nível estratégico*, corresponde ao nível mais elevado da organização, composto pelos diretores, proprietários ou acionistas e altos executivos. Em algumas organizações, o nível institucional envolve também o conselho administrativo, como é a maioria dos casos de sociedades anônimas. Daí ser o componente estratégico: o nível responsável pela definição dos objetivos e das estratégias da organização e pelas principais decisões organizacionais.

   O nível institucional é predominantemente extroversivo, isto é, voltado para a realidade ambiental que externamente envolve a organização. Em outros termos, é constituído pelas camadas da organização expostas ao ambiente, que estão situadas na periferia organizacional e na interface com a realidade externa que a organização precisa atender. É o nível que mantém contato e interação com as forças ambientais. Lida com a incerteza pelo fato de não ter poder ou controle algum sobre os eventos ambientais atuais e muito menos capacidade de prever com razoável precisão os eventos ambientais futuros.

2) *Intermediário*: também chamado *nível mediador* ou nível gerencial, está colocado entre o nível institucional e o nível operacional. Cuida da articulação interna entre os dois níveis que respectivamente estão colocados no topo e na base da organização. Trata-se da linha do meio de campo. Cuida da escolha e captação dos recursos necessários, bem como da distribuição e colocação do que foi produzido pela organização nos diversos segmentos do mercado. É o nível que lida com os problemas de adequação das decisões tomadas ao nível institucional com as operações realizadas ao nível operacional. O nível intermediário é geralmente composto pela média de administração da organização, isto é, as pessoas ou órgãos que transformam as estratégias elaboradas para atingir os objetivos organizacionais em programas de ação, pois o nível institucional está geralmente ligado ao nível operacional por uma cadeia de administradores de linha média com autoridade formal. Essa cadeia de autoridade é escalar, pois liga, por uma linha simples, o topo à base da organização, fazendo com que cada subordinado tenha apenas um superior.

   Cabe ao nível intermediário administrar o nível operacional e cuidar das decisões aos níveis departamentais relacionadas com o dimensionamento e alocação dos recursos necessários às atividades da organização.

3) *Operacional*: também denominado *nível técnico* ou *núcleo técnico*, localizado nas áreas inferiores da organização. Está relacionado com os problemas ligados à execução cotidiana e eficiente das tarefas e operações da organização e orientado

quase que exclusivamente para as exigências impostas pela natureza da tarefa técnica a ser executada, com os materiais a serem processados e com a cooperação de numerosos especialistas necessários ao andamento dos trabalhos. É o nível em que as tarefas são executadas e as operações, realizadas: envolve o trabalho básico relacionado diretamente com a produção dos bens ou serviços da organização. O nível operacional é geralmente composto pelas áreas encarregadas de programar e executar as tarefas e operações básicas da organização. É nele que estão as máquinas e os equipamentos, as instalações físicas, as linhas de montagem, os escritórios, os balcões de atendimento, etc., cujo funcionamento deve atender a determinadas rotinas e procedimentos programados dentro de uma regularidade e continuidade que assegurem a utilização plena dos recursos disponíveis e a máxima eficiência das operações.

Na realidade, não há separação nítida e permanente entre os três níveis da organização, podendo haver até superposição entre eles. Contudo, há uma enorme diferença no funcionamento de cada um desses três níveis da organização.

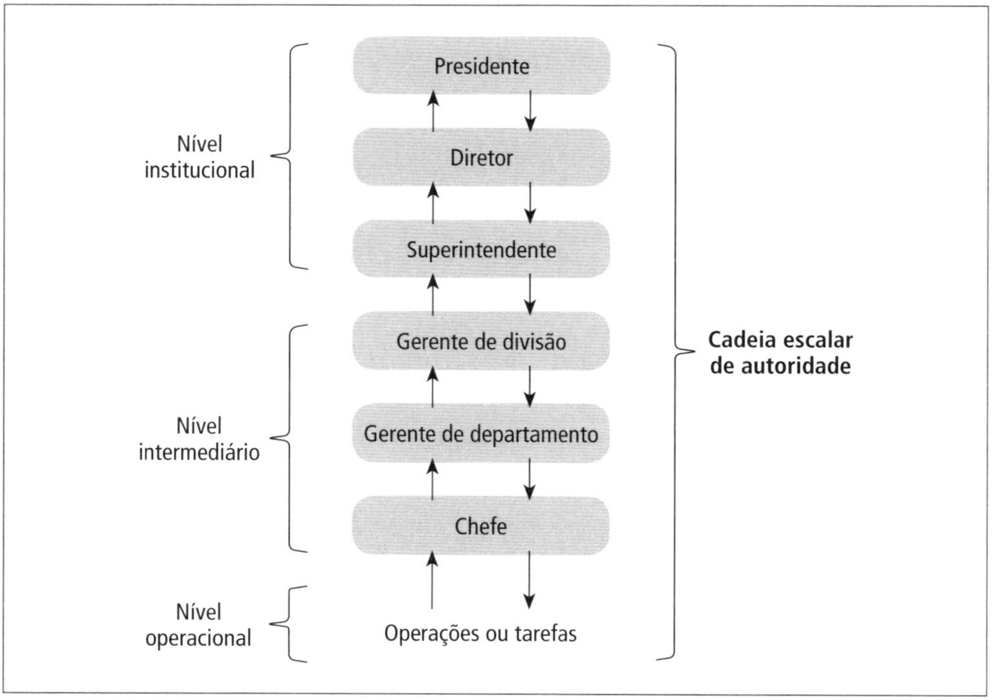

Figura 1.8 – Cadeia escalar de autoridade nos três níveis da organização.

O nível institucional, por manter interação com o ambiente externo da organização, funciona como um sistema aberto. Ao se defrontar com a incerteza, a indefinição, a complexidade e a imprevisibilidade que povoam o ambiente, o nível institucional assume risco e adota critérios de racionalidade organizacional em vez de buscar a máxima eficiência (típica da lógica do sistema fechado), ele busca a eficiência satisfatória. Isso significa que a tomada de decisões da alta cúpula procura antes resultados satisfatórios do que a maximização de resultados.

O nível operacional, ao contrário, situado no nível mais íntimo da organização, precisa de uma rígida programação cotidiana baseada na certeza e na previsibilidade, para poder funcionar como um relógio. O dia a dia de uma fábrica, de um escritório, de uma agência bancária, precisa ser sempre igual: os métodos e processos, as rotinas e procedimentos, as operações e tarefas devem ser sempre executadas cotidianamente com a máxima eficiência. Assim, o nível operacional funciona como um sistema fechado, com pouca flexibilidade, e adota critérios de racionalidade técnica: busca a máxima eficiência possível.

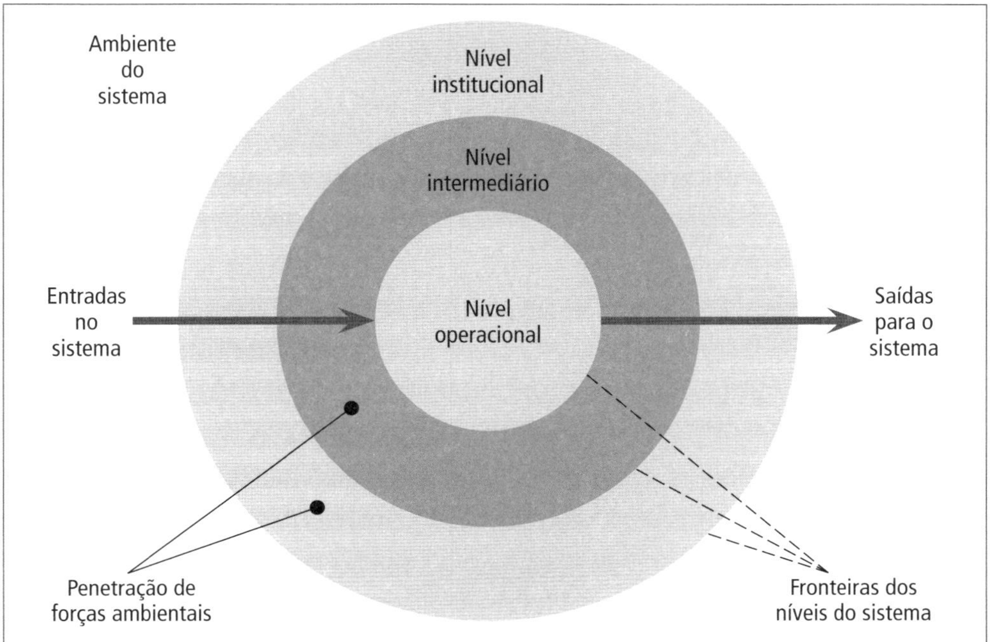

Figura 1.9 – Relação sistêmica entre o nível institucional, intermediário e operacional.
Fonte: adaptada de THOMPSON, James D. *Dinâmica organizacional*: fundamentos sociológicos da teoria administrativa. São Paulo: McGraw-Hill do Brasil, 1976, p.29-40.

Daí se percebe que a contribuição da Administração Científica de Taylor visando a padronizar os métodos de trabalho do operário, efetuar o máximo controle sobre o comportamento dos participantes e obter a máxima eficiência é uma abordagem típica de sistema fechado, ao buscar a certeza, o determinismo e a previsão exata. A Administração Científica é utilizada, ainda hoje, exclusivamente para problemas de nível operacional. Também a Teoria Clássica, de Fayol, e a Teoria da Burocracia, de Weber, são abordagens típicas de sistema fechado, para as quais toda contingência deve ser prevista antecipadamente e manipulada por funcionários orientados por regras e regulamentos sobre o que fazer e onde as influências externas (como as pressões dos clientes, por exemplo) devem ser controladas e neutralizadas pelo tratamento rotineiro, padronizado e impessoal da clientela.

Por outro lado, as modernas teorias administrativas, como a Teoria Estruturalista, a Teoria Comportamental e a Teoria da Contingência, são abordagens típicas de sistema aberto e são aplicadas na expectativa de incerteza, uma vez que o sistema organizacional contém mais variáveis do que se poderia compreender de uma só vez, estando algumas delas sujeitas a influências externas e internas que não se consegue prever, compreender ou controlar.

Quadro 1.3 – Lógica organizacional

Níveis da organização	Lógica utilizada	Características	Abordagens típicas
Institucional	Sistema aberto	Interdependência entre o sistema e seu ambiente mais amplo. Expectativa de incerteza e de imprevisibilidade	Modernas teorias da Administração fundamentadas na Teoria de Sistemas
Operacional	Sistema fechado	Baseado na certeza e na previsibilidade	Administração Científica, de Taylor; Teoria Clássica, de Fayol; Teoria de Burocracia, de Weber

Assim, as organizações são, de um lado, sistemas abertos, defrontando-se com a incerteza que provém das coações e contingências externas impostas pelo ambiente e que nelas penetram pelo nível institucional. Este busca a eficácia, procurando tomar decisões que visem a aproveitar as oportunidades ambientais, defender-se das ameaças e neutralizar as coações e contingências vindas do ambiente, buscando alcançar aspectos satisfacientes. Por outro lado, as organizações são sistemas fechados, tendo em vista que o nível operacional funciona em termos de certeza e de previsibilidade, operando a tecnologia de acordo com critérios de racionalidade. Este busca a eficiência nas operações executadas dentro de programas, rotinas e procedimentos estandardizados, cíclicos, repetitivos, buscando alcançar aspectos otimizantes.

Os três níveis funcionam articuladamente entre si e não guardam fronteiras ou limites bem definidos. O importante é que fazem parte da divisão do trabalho organizacional.

Organizações e ambiente

Uma vez que desenhamos um modelo para visualizar a organização, resta saber em qual contexto ela existe e funciona. As organizações não são ab-

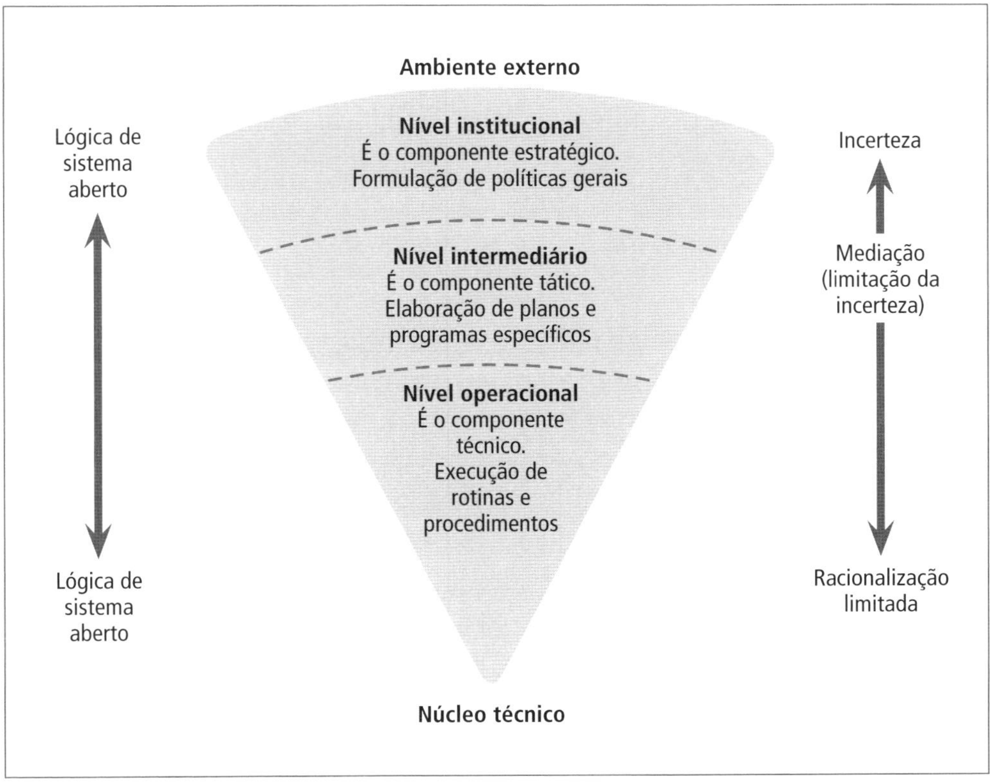

Figura 1.10 – Os três níveis organizacionais e seu funcionamento.

solutas, não estão sozinhas no mundo e nem existem no vácuo. Como sistemas abertos, elas operam em um ambiente que as envolve e rodeia. As organizações são inventadas pelo homem para se adaptarem a circunstâncias ambientais a fim de alcançarem objetivos. Se essa adaptação é conseguida e os objetivos são alcançados, então a organização será considerada eficaz e terá condições de sobrevivência e de crescimento, na medida em que o resultado proveniente de seus produtos e serviços é maior do que o custo despendido na obtenção e aplicação dos insumos e recursos. Em geral, é no ambiente que a organização busca seus insumos.

O ambiente representa todo o universo que envolve externamente uma organização, é tudo aquilo que está situado fora da organização. O ambiente é a própria sociedade maior, constituída por outras empresas, organizações, grupos sociais, etc. As organizações não vivem no vácuo, isoladas e totalmente autossuficientes, mas funcionam dentro de um contexto, do qual dependem para sobreviver e crescer. É do ambiente que as organizações obtêm os recursos e informações necessários para sua subsistência e funcionamento, e é no ambiente que colocam os resultados de suas operações. À medida que o ambiente sofre mudanças, todo o quadro habitual das operações das organizações é tremendamente influenciado por essas mudanças, pois as condições ambientais externas às organizações contribuem fortemente para o que acontece dentro delas.

Como as organizações visualizam seus ambientes

Como o ambiente é extremamente vasto e complexo, as organizações não podem absorvê-lo e compreendê-lo em sua totalidade e complexidade, o que seria inimaginável. O ambiente é um contexto externo que apresenta uma enorme variedade de condições extremamente variáveis e complexas, difíceis de serem abordadas no seu conjunto e analisadas com objetividade. Assim, as organizações precisam tatear, explorar e discernir o ambiente, para reduzir a incerteza a seu respeito. Em outros termos, a organização precisa mapear seu espaço ambiental. O mapeamento ambiental, contudo, esbarra em três dificuldades: a seleção ambiental, a percepção ambiental e os limites da organização.

1) *Seleção ambiental*: as organizações não são capazes de compreender todas as condições variáveis do ambiente de uma só vez, principalmente pelo fato de algumas das variáveis estarem sujeitas a influências que as organizações não podem sequer prever ou controlar. Para lidar com essa complexidade, as organizações selecionam seus ambientes e passam a visualizar o seu mundo exterior apenas naquelas partes escolhidas e selecionadas desse enorme conjunto. É a chamada seleção ambiental: apenas uma pequena porção de todas as inúmeras variáveis ambientais possíveis participa realmente do conhecimento e da experiência da organização.
2) *Percepção ambiental*: as organizações percebem subjetivamente seus ambientes de acordo com suas expectativas, suas experiências, seus problemas, suas convicções e suas motivações. A maneira pela qual uma organização percebe e interpreta o seu ambiente pode ser completamente diferente da percepção e interpretação que outra organização tem a respeito do mesmo ambiente. Em outros termos, um mesmo ambiente pode ser percebido e interpretado diferentemente por duas ou mais organizações. É a chamada percepção ambiental – uma construção, um conjunto de informações selecionadas e estruturadas em função da experiência anterior, das necessidades e das intenções da organização em certa situação. Geralmente, as informações utilizadas na construção perceptual são selecionadas; algumas são eliminadas e não são sequer percebidas; outras são imaginadas ou inventadas para preencher as lacunas existentes. Em outros termos, a percepção ambiental depende muito daquilo que cada organização considera relevante no seu ambiente.

   Obviamente, quando falamos em seleção e percepção ambiental das organizações, queremos dizer que não são as organizações em si que selecionam e percebem seus ambientes, mas as pessoas que, dentro das organizações, têm a função de interligar as atividades organizacionais com o contexto ambiental. Essas pessoas não atuarão à vontade e com total liberdade de comportamento, mas terão que se ajustar e balizar-se dentro dos padrões e critérios adotados pela organização que variam enormemente de uma organização para outra.
3) *Limites ou fronteiras*: linhas imaginárias que definem o que é a organização e o que é o ambiente. Servem para delimitar ou separar a organização do contexto ambiental que a envolve. Os limites ou fronteiras entre uma organização e seu ambiente podem ser definidos em termos de valores e atitudes de seus empregados (quando se identificam com as regras e regulamentos internos) ou em termos

legais (o que é propriedade da organização e o que não é) ou, ainda, em termos fiscais (o que é definido como "território" da organização e o que não é), como também podem ser definidos por uma infinidade de outras abordagens diferentes.

O ambiente é extremamente multivariado e complexo: as organizações vivem em um mundo humano, social, político e econômico em constante mudança e transformação. Para melhor compreender o que constitui o ambiente de uma organização, é necessário decompô-lo em dois segmentos: o ambiente geral (ou macroambiente), comum a todas as organizações, e o ambiente de tarefa, que é o ambiente específico de cada organização.

Ambiente geral

O ambiente geral ou macroambiente é constituído por um conjunto amplo e complexo de condições e fatores externos que envolve e influencia difusamente todas as organizações. Não é uma entidade concreta com a qual a organização possa interagir diretamente, mas um conjunto difuso de condições genéricas e externas às organizações e que contribui de um modo geral para tudo aquilo que ocorre dentro de cada organização para as estratégias adotadas e para as consequências das ações organizacionais.

O ambiente geral é constituído pelas seguintes variáveis:

1) *Variáveis tecnológicas*: a tecnologia representa um dos aspectos ambientais mais críticos em face da profunda influência e do forte impacto que exerce sobre as organizações, sobre sua administração e, principalmente, sobre suas operações. A tecnologia envolve a soma total dos conhecimentos acumulados a respeito de como fazer as coisas: inclui invenções, técnicas, aplicações, desenvolvimento, etc. Sua influência principal reside nos meios, através dos quais as coisas são desenhadas, produzidas, distribuídas e aplicadas. Basicamente, a tecnologia é o conhecimento de como fazer as coisas para alcançar objetivos humanos. Ela é um componente do meio ambiente, à medida que as organizações precisam absorver e incorporar as inovações tecnológicas externas em seus sistemas. Além de ser uma variável ambiental e, portanto, externa às organizações, a tecnologia é também parte do sistema interno das organizações, à medida que é pesquisada, desenvolvida ou transferida e aplicada internamente para a obtenção de objetivos

organizacionais. Dessa forma, a tecnologia é, ao mesmo tempo, uma variável ambiental que influencia o comportamento das organizações e uma variável interna por meio da qual a organização influencia o seu meio ambiente e as demais organizações nele inseridas.

2) *Variáveis políticas*: decorrentes das políticas e critérios de decisão adotados pelo governo ao nível federal, estadual e municipal, bem como pelos governos estrangeiros, quando as decisões destes exercerem influência relevante sobre as atividades da organização. As variáveis políticas incluem o clima político e ideológico geral que o governo pode criar e a estabilidade ou instabilidade política e institucional do país em geral, uma vez que esses fatores repercutem consideravelmente no comportamento das organizações. As tendências ideológicas dos governos podem definir os rumos da política econômica do país, da política fiscal e tributária, da política quanto a emprego, saúde pública, educação, habitação, saneamento básico, etc., que podem facilitar ou dificultar as operações e as atividades da organização.

3) *Variáveis econômicas*: decorrentes do contexto econômico geral. Ao nível nacional, as variáveis econômicas podem ser permanentes ou temporárias. As variáveis econômicas permanentes são: nível geral de atividade econômica do país (desenvolvimento, estagnação ou recessão); nível do desenvolvimento econômico da região; grau de industrialização do país; distribuição da riqueza e renda per capita.

   Dentre as principais variáveis econômicas temporais, estão: nível de atividade econômica local; tendências inflacionárias ou deflacionárias; balança de pagamentos do país; e política fiscal em determinados setores da atividade econômica.

   O efeito das variáveis econômicas sobre as organizações é enorme, determinando, muitas vezes, o volume de operações, o nível de preços e de lucratividade potencial, a facilidade ou dificuldade na obtenção dos recursos básicos, os mecanismos de oferta e procura do mercado em geral, etc.

4) *Variáveis legais*: contexto de leis e de normas legais que regulam, controlam, incentivam ou restringem determinados tipos de comportamento organizacional em geral. A legislação vigente – tributária, trabalhista, civil, comercial, etc. – tem enorme poder de influência sobre o comportamento das organizações. Quase sempre a influência do aparato jurídico é predominantemente restritiva e impositiva, no sentido de determinar muito mais o que não pode ser feito do que aquilo que as organizações podem fazer.

5) *Variáveis sociais*: como a organização é, ao mesmo tempo, uma organização social e uma unidade econômica, ela está sujeita a pressões sociais e à influência do

meio social e cultural no qual está situada. As principais variáveis sociais que repercutem nas atividades das organizações são: as tradições culturais do país e da comunidade em que está localizada; importância relativa dada à família e à coletividade local e nacional; atitude das pessoas diante do trabalho e dos ideais quanto à profissão; atitude quanto ao dinheiro e à poupança; e homogeneidade ou heterogeneidade das estruturas raciais e linguísticas do país.

As atitudes sociais também mudam, a opinião pública sofre alterações e sua influência sobre as atividades organizacionais é evidente, seja facilitando ou dificultando a aceitação de determinado produto ou serviço, seja criando uma imagem favorável ou desfavorável às atividades da organização, etc. A própria imagem da organização é um fator puramente social.

6) *Variáveis demográficas*: características da população, seu crescimento, raça, religião, distribuição geográfica, distribuição por sexo e idade, etc. Dentre os fatores demográficos, a mudança populacional é um dos aspectos mais significativos, pois não é apenas o tamanho das populações que significa a dimensão do mercado consumidor dos produtos ou serviços da organização. O crescimento populacional e as mudanças na estrutura das populações devem ser considerados pelas organizações em seus planos e em suas estratégias. Uma organização pode analisar seu mercado atual e prever seu mercado potencial futuro em função dessas variáveis demográficas. No entanto, as variáveis demográficas, ao lado dessa influência externa em termos de mercado, também proporcionam uma profunda influência interna dentro das organizações graças às características das pessoas que nelas passam a trabalhar. Assim, as variáveis demográficas, além do seu caráter ambiental, penetram nas organizações pelas pessoas que delas participam e passam a atuar como variáveis internas.

7) *Variáveis ecológicas*: quadro físico e natural que rodeia externamente a organização. Sob um ponto de vista mais restrito, as variáveis ecológicas incluem as condições físicas e geográficas (como o tipo de terreno, condições do clima em geral, vegetação, etc.) e a sua utilização pelo homem. Todas as organizações funcionam dentro de ecossistemas naturais e físicos que podem ser mais ou menos modificados pelo homem: é a ecologia natural.[50] Há alguns anos, a ecologia nem sequer era consi-

---

[50] A Ecologia é a ciência que estuda as relações entre os seres vivos e seus ambientes. Geralmente, a ecologia se preocupa com as relações ambientais das populações e comunidades de seres vivos. Por essa razão, os ecologistas estudam os meios pelos quais todos os aspectos do

derada como fator ambiental de importância, provavelmente por causa da nossa industrialização ainda incipiente. Dois aspectos importantes vieram recentemente mudar essa situação. O primeiro aspecto foi a compreensão do equilíbrio ecológico da natureza e o efeito das atividades humanas nesse equilíbrio, pois a ciência e o crescimento populacional mudaram totalmente os fatores ecológicos, trazendo benefícios de um lado, mas degradando a natureza com a poluição. O segundo aspecto é uma mudança na mentalidade e nas atitudes sociais de preocupação pública quanto aos prejuízos naturais que a industrialização descuidada pode provocar.

Dicas **A complexidade ambiental**

As forças que afetam o ambiente geral escapam do controle, da previsão e até mesmo da compreensão das organizações. Em face de sua complexidade, é impossível obter todas as informações possíveis a respeito dessas forças, processá-las e interpretá-las para conhecer como estão se comportando no momento e quais as tendências para o futuro imediato. Fazer futurologia, hoje, é uma tarefa arriscada e destinada ao insucesso. Melhor fazer previsão meteorológica para o clima ou tempo do dia seguinte.

A primeira característica do ambiente é a crescente complexidade. O ambiente é vasto, cheio de atores e protagonistas (organizações, pessoas, etc.). A segunda característica é a permanente mudança. Ele está sempre em uma dinâmica transformação. Daí decorre a terceira característica, que é a incerteza que a organização tem a respeito daquilo que ocorre no ambiente. A complexidade e a mudança fazem com que as organizações não consigam entender ou compreender o ambiente. Elas assumem a incerteza em relação ao que ocorre no ambiente. Para complicar mais as coisas, com o advento da

---

ambiente interagem uns com os outros. Todos os aspectos do ambiente são interdependentes e afetam os organismos vivos e são por eles afetados. Os organismos vivos fazem parte de um ecossistema (sistema ecológico) e dependem dele para viver. Todos os ecossistemas têm certas partes componentes ou funções e todos necessitam de alguma fonte ou de várias fontes de energia. Todos os organismos são capazes de converter essa energia em outra forma de energia, com a qual se alimentam. Todos os componentes vivos de um ecossistema formam uma comunidade biótica e cada espécie se adapta a um papel particular no ecossistema e forma ali o seu *nicho ecológico*. Cada espécie, para a sua sobrevivência, depende da presença de uma combinação viável de espécies, cada qual desempenhando uma tarefa especializada dentro do sistema total.

tecnologia da informação e da globalização dos mercados, o mundo virou uma enorme aldeia global. A competição passou de nacional a regional, depois internacional e agora mundial. Os fenômenos que ocorrem em qualquer parte do mundo passam a provocar influências em todas as demais partes com rapidez incrível. Se antes o concorrente ficava na outra esquina, agora ele fica em vários outros países do mundo que nem sequer conhecemos. Se antes o mercado era local ou municipal, agora é um mercado global e mundial. Sem fronteiras e sem bandeiras. Trabalhar com um ambiente limitado e reservado é fácil. O difícil é correr atrás da galinha para tentar agarrá-la em um amplo terreno aberto. O mesmo ocorre com a informação a respeito do ambiente. As organizações não estão preparadas para processar informações suficientes para mapear, perceber e interpretar seus ambientes e conhecê-los adequadamente para guiar suas decisões e orientar suas ações.

Dicas **Adaptabilidade organizacional**

Para alguns autores, o ambiente é a variável independente, enquanto a organização, a variável dependente. Isso significa que as características organizacionais são profundamente influenciadas pelas características ambientais. Para esses autores, existe um determinismo ambiental: o ambiente determina as características organizacionais. As empresas capazes de se ajustar e adaptar-se às demandas ambientais conseguem sobreviver e crescer. Ao contrário, as empresas incapazes dessa adaptação ambiental simplesmente desaparecem do mapa, como desapareceram os dinossauros da face da Terra em mutação. Uma verdadeira seleção das espécies organizacionais. Apesar do evidente exagero, não há dúvida de que o ambiente condiciona as características que as organizações precisam possuir para serem bem-sucedidas em suas atividades.

Ambiente de tarefa

É o meio ambiente específico ou microambiente da organização e corresponde ao segmento do ambiente geral mais imediato e próximo da organização. É constituído pelas outras organizações, instituições, grupos e indivíduos com quem uma determinada organização mantém interface[51] e entra em interação

---

[51] *Interface*: palavra utilizada para descrever a área de contato entre uma organização e seu ambiente. É no ponto da interface que as entradas e as saídas passam pelos limites ou fronteiras entre uma organização e o seu ambiente.

direta para poder operar. É o contexto ambiental mais próximo da organização e que lhe fornece as entradas ou insumos de recursos e informações, bem como a colocação e distribuição de suas saídas ou resultados. O ambiente de tarefa é constituído pelas partes do ambiente que são relevantes para a organização estabelecer e alcançar seus objetivos.

O ambiente de tarefa é constituído por quatro setores principais:

1) *Consumidores ou usuários*: setor dos produtos ou serviços da organização (clientes). Geralmente, esse setor é chamado *mercado de clientes* ou de *consumidores*,[52] encarrega-se de absorver as saídas ou resultados da atividade organizacional.
2) *Fornecedores de recursos*: fornecedores de capital e dinheiro (mercado de capitais tratado pela área financeira), de materiais (mercado de fornecedores tratado pela área de suprimentos e compras), de mão de obra (mercado de recursos humanos tratado pela área de pessoal), de equipamento, de serviços (composto por empresas prestadoras de serviços, como propaganda, processamento de dados, etc.) e de espaço de trabalho para a organização. Esse setor e o mercado de suprimento das entradas e insumos são necessários às operações da organização.
3) *Concorrentes*: tanto para mercados (clientes ou usuários) como para recursos (materiais, humanos, financeiros, etc.). Esse setor é constituído pelo mercado concorrente, ou seja, organizações que concorrem entre si para a obtenção dos recursos necessários e para a conquista dos mercados para a colocação dos seus produtos ou serviços. Os concorrentes podem disputar tanto as entradas (os mesmos fornecedores de recursos) como as saídas (os mesmos clientes) de uma organização.

---

[52] O mercado pode ser definido como o conjunto de todas as pessoas ou organizações que compram ou podem ser induzidas a comprar um determinado produto ou serviço. Há uma variedade de maneiras de se visualizar o mercado. Para uma indústria automobilística, o mercado é composto por todos os compradores reais ou potenciais que podem ser abrangidos pela sua rede nacional (ou internacional) de distribuidores e concessionários e sobre os quais ela precisa tomar decisões quanto a propaganda, distribuição, volume de carros a ofertar, preços e condições de venda, etc. Para uma empresa produtora de pães, o mercado seria uma unidade geográfica (uma cidade ou um bairro), onde distribui o resultado diário de sua produção a um determinado preço. Para uma empresa corretora de ações, o mercado é o lugar específico em que as ações são transacionadas diariamente. As *fronteiras*, nos três exemplos acima, definem a *amplitude do mercado*.

4) *Grupos regulamentadores*: incluindo governo, sindicatos, associações entre organizações, associações de classe, etc. Esse setor é constituído por instituições que, de alguma maneira, impõem controles, limitações ou restrições às atividades da organização, seja especificando maneiras pelas quais ela deve se conduzir, cerceando algumas de suas decisões ou fiscalizando ou controlando suas atividades, etc.

Figura 1.11 – Forças que afetam o ambiente de tarefa ou microambiente.

Os mercados também podem ser classificados de acordo com as leis da oferta e da procura em dois tipos: *mercado de comprador* e *mercado de vendedor*. O mercado de vendedor se caracteriza pelo fato de o produtor estabelecer o preço com ampla liberdade, impondo ao mercado as condições de venda de seus produtos ou serviços; é o que acontece quando a procura é maior do que a oferta e torna-se mais evidente quanto menor for a concorrência. Para o mercado como um todo, ele é *mercado de vendedor* quando a demanda supera a oferta, enquanto, para uma determinada empresa em particular, é mercado de vendedor quando a concorrência é pequena. Para essa empresa, o ideal seria a situação de grande procura e demanda de seus produtos, tendo monopólio. O *mercado de comprador* se caracteriza quando a oferta é relativamente grande, havendo muitas opções de escolha por produtos substitutos: o comprador exerce uma influência reguladora no mercado, impondo aos produtores as suas condições. Estes, para sobreviver, precisam ajustar-se às exigências do mercado.

É no ambiente de tarefa que a organização localiza seu "nicho ecológico" e desenvolve suas atividades. Em outros termos, é no ambiente de tarefa que a organização estabelece o seu domínio. O domínio de uma organização identifica os pontos em que ela depende de entradas do ambiente e os pontos de saída para o ambiente, podendo ambos ser direta ou indiretamente ligados entre si. O domínio significa a área de poder e de dependência de uma organização em relação ao seu ambiente de tarefa. Existe poder quando as decisões da organização influenciam fortemente as decisões a serem tomadas pelos demais componentes do seu ambiente de tarefa (isto é, clientes, fornecedores, concorrentes, etc.). Existe dependência quando as decisões da organização são fortemente influenciadas pelas decisões tomadas pelos demais componentes do seu ambiente de tarefa. Existe um intrincado jogo de poder e dependência entre as organizações.

Geralmente, a estratégia organizacional busca maximizar o poder e minimizar a dependência em relação ao seu ambiente de tarefa.

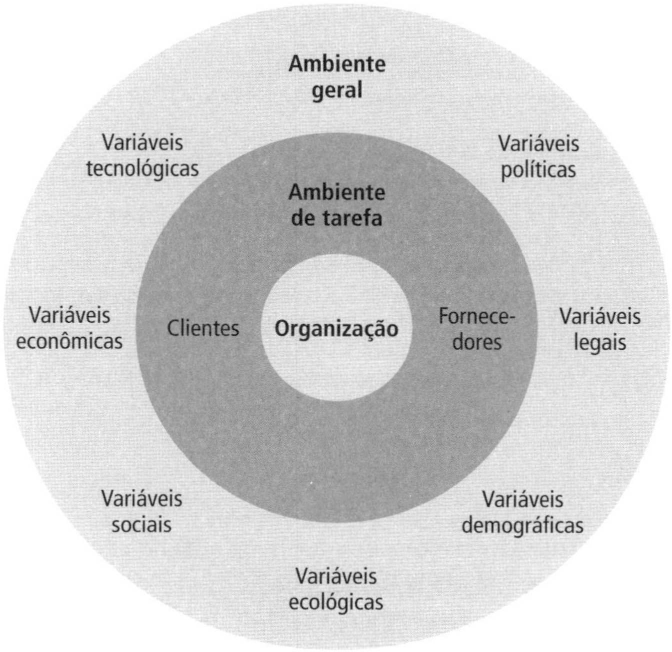

Figura 1.12 – A organização, seu ambiente geral e o ambiente de tarefa.

Complexidade ambiental

Quando a organização tem apenas um único produto ou serviço, o seu ambiente de tarefa torna-se simples e homogêneo. No entanto, quando ela tem uma variedade de produtos ou serviços diferenciados, o seu ambiente de tarefa é complexo e heterogêneo (diversidade de clientes, de fornecedores, de concorrentes, etc.). Assim, o ambiente de tarefa é o cenário de operações da organização. Esse ambiente de tarefa lhe proporciona os clientes, os fornecedores de todos os recursos necessários, mas também lhe impõe os concorrentes para aqueles clientes e fornecedores e os grupos interessados em controlar parte desse ambiente de tarefa. Se a organização muda seu produto ou serviço – seja modificando-o, ampliando-o, restringindo-o ou cancelando-o –, muda também o seu ambiente de tarefa, se essa mudança trouxer diferentes clientes, fornecedores, concorrentes, etc. No entanto, não existem duas organizações idênticas quanto ao ambiente de tarefa, pois elas sempre terão clientes, fornecedores, concorrentes e grupos regulamentadores diferentes.

Como o ambiente de tarefa é muito complexo, alguns autores procuram caracterizá-lo por apenas um aspecto. Um aspecto importante é o grau de diversidade dos componentes do ambiente de tarefa, que pode variar dentro de dois extremos de um *continuum*: homogeneidade e heterogeneidade. O ambiente de tarefa apresenta homogeneidade quando os clientes, fornecedores, concorrentes e agentes reguladores apresentam as mesmas características, ou seja, os clientes são homogêneos entre si, assim como também o são fornecedores, concorrentes e agentes reguladores. O ambiente de tarefa homogêneo é simples e pouco diferenciado. O ambiente de tarefa apresenta heterogeneidade quando os clientes são altamente diferenciados entre si e o mesmo ocorre com os fornecedores, os concorrentes e os grupos regulamentadores. Quanto maior a heterogeneidade do ambiente de tarefa, maior a sua complexidade e diferenciação.

Dinâmica ambiental

O ambiente de tarefa pode ser abordado quanto a seu dinamismo, isto é, sob o prisma de estabilidade *versus* instabilidade. Quando o ambiente se caracteriza por poucas mudanças ou mudanças leves e previsíveis, ele se denomina ambiente estável e estático. Contudo, quando se caracteriza por mudanças rápidas e imprevistas, ele se denomina ambiente mutável ou instável. Quando a mutabilidade é muito forte, ela se aproxima da turbulência. Na realidade, são duas situações extremas em um *continuum*:

1) *Ambiente de tarefa estável e estático*: conservador e previsível; permite reações padronizadas (estandardizadas) e rotineiras (repetitivas) da organização. Esta pode utilizar o modelo burocrático de organização – modelo mecanístico – para estabelecer regras e regulamentos de rotina para as atividades de seus departamentos, pois seus clientes, fornecedores, concorrentes e agências reguladoras quase nunca mudam suas ações e reações. As principais características das organizações bem-sucedidas nesse tipo de ambiente são a rotina e o conservantismo. Esse tipo de ambiente predominou durante a primeira metade do século XX. A partir da Segunda Guerra Mundial, começou a sofrer mudanças. Hoje, são pouquíssimas as organizações que mantêm um ambiente de tarefa estável e estático, no qual pouco muda nas regras do jogo com fornecedores, clientes e concorrentes: é o caso de indústrias de chapéu e de goma arábica, em que há poucas mudanças.
2) *Ambiente de tarefa mutável e instável*: dinâmico, mutável, imprevisível e turbulento; impõe reações diferentes, novas e criativas à organização. A organização precisa utilizar o modelo orgânico - adhocrático – de sistematização para proporcionar reações adequadas às coações ambientais que enfrenta e às contingências que não consegue prever. As principais características das organizações bem-sucedidas nesse tipo de ambiente são a mudança e a inovação permanentes.

Ao ingressar na Era da Informação as organizações passaram a funcionar em ambientes do tipo mutável e instável. Até as organizações conservadoras – como a indústria de cimento e ferrovias –, embora mantenham os mesmos fornecedores e clientes, estão sofrendo o impacto de novos e agressivos concorrentes.

Ambiente homogêneo *versus* ambiente heterogêneo

O ambiente também pode ser abordado quanto à sua complexidade. Daí o *continuum* homogeneidade *versus* heterogeneidade. Quando a organização produz um único produto ou serviço, seu ambiente de tarefa torna-se simples e homogêneo, pois focaliza apenas um tipo de cliente e um tipo de fornecedor, além de também apenas um tipo de concorrente e de agência reguladora. No entanto, quando a organização produz uma variedade de produtos ou serviços diferenciados, seu ambiente de tarefa torna-se complexo e heterogêneo, com diversidade de fornecedores, clientes, concorrentes e grupos reguladores. Se a organização muda seus produtos ou serviços – modificando-os, ampliando-os ou cancelando-os –, muda também seu ambiente de tarefa, se a mudança trouxer diferentes clientes, fornecedores, concorrentes ou agentes reguladores. No *continuum* que vai da homogeneidade à heterogeneidade, os dois extremos são:

1) *Ambiente de tarefa homogêneo*: permite à organização uma estrutura organizacional simples, com poucos departamentos para lidar com os eventos ambientais homogêneos (ou uniformes) e, ao mesmo tempo, centralizada. É o caso das organizações que têm clientes, fornecedores e concorrentes pouco diferentes entre si e que podem ser tratados com certa uniformidade de critérios por parte da organização. A característica das organizações bem-sucedidas nesse tipo de ambiente é a simplicidade: são as organizações com um só produto ou serviço e que se concentram nele.

2) *Ambiente de tarefa heterogêneo*: impõe à organização a necessidade de unidades ou órgãos diferenciados que correspondam aos respectivos segmentos diferenciados do ambiente de tarefa. O ambiente de tarefa heterogêneo impõe variedade à organização e esta se diferencia em vários departamentos, cada qual responsável por um aspecto dessa variedade ambiental. É o caso de organizações com vários mercados de clientes e fornecedores, com concorrentes heterogêneos e diferentes entre si. A característica de organizações bem-sucedidas nesse tipo de ambiente é a complexidade e múltiplos produtos ou serviços para se defrontar com diferentes fornecedores, clientes e concorrentes.

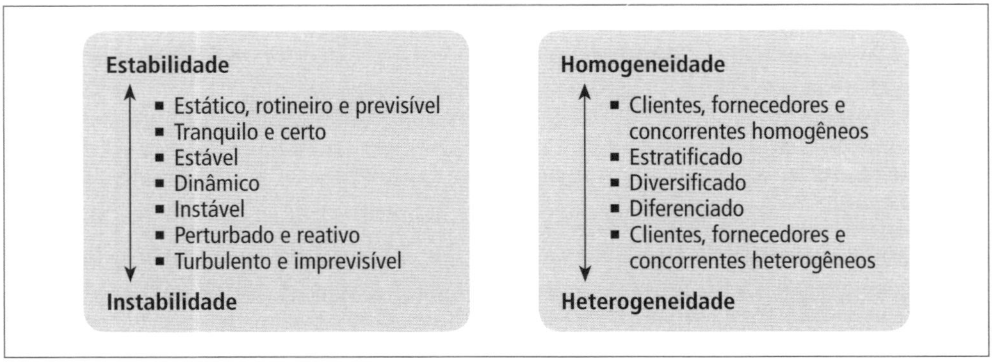

Figura 1.13 – *Continuum* entre estabilidade e instabilidade e entre homogeneidade e heterogeneidade.

A junção desses dois aspectos do ambiente de tarefa proporciona um quadro de dupla entrada que permite melhor compreensão dos fenômenos envolvidos.

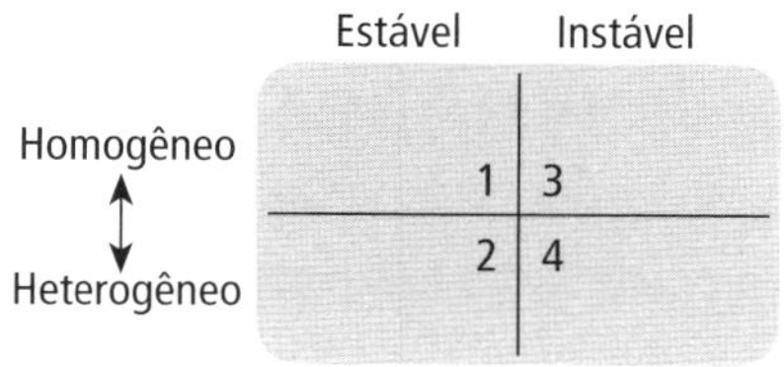

Figura 1.14 – Tipologia de ambientes de tarefa.

Dicas — Tipologia de ambientes de tarefa

1) *Ambiente homogêneo e estável:* simples e previsível. Nesse tipo de ambiente, as organizações adotam uma estrutura organizacional simples, pouco diferenciada, isto é, com poucos departamentos para se defrontar com agentes ambientais envolvidos (clientes, fornecedores, concorrentes), homogêneos e não diferenciados. Ao mesmo tempo, as organizações podem adotar um modelo burocrático e rígido para tratar todos os agentes ambientais de maneira rotineira, padronizada, repetitiva e conservadora, e abordar os eventos ambientais estáveis e pouco sujeitos à mudança.

2) *Ambiente heterogêneo e estável:* complexo e previsível. Nesse tipo de ambiente, as organizações adotam uma estrutura organizacional diferenciada com vários departamentos capazes de se defrontar cada qual com cada segmento ambiental específico envolvido (clientes, fornecedores, concorrentes), em face da heterogeneidade ambiental. Ao mesmo tempo, as organizações adotam um modelo burocrático e rígido para tratar todos os vários e diferentes agentes ambientais de maneira rotineira, repetitiva e conservadora, e para abordar os eventos ambientais estáveis e pouco sujeitos a mudança.

3) *Ambiente de tarefa homogêneo e instável:* simples, porém imprevisível. Nesse tipo de ambiente, as organizações adotam uma estrutura organizacional simples e pouco diferenciada, isto é, com poucos departamentos, para se defrontar com os agentes ambientais envolvidos homogêneos e não diferenciados. Ao mesmo tempo, as organizações precisam adotar um modelo adhocrático[53] flexível e maleável para tratar os vários e diferentes agentes ambientais de maneira mutável, criativa e inovadora.

---

[53] *Adhocracia* é uma organização em que predomina o *ad hoc* (aqui e agora). Trata-se de uma organização eminentemente flexível, adaptável e orgânica. Na realidade, é a antítese da burocracia. É o avesso da organização rotineira e conservadora. Apresenta pouca divisão do trabalho: em vez de órgãos especializados em funções (estrutura departamentalizada e funcional), a organização

4) *Ambiente de tarefa heterogêneo e instável:* o mais complicado e desafiante de todos por ser complexo e imprevisível. Nesse tipo de ambiente, as organizações precisam adotar uma estrutura organizacional diferenciada, com vários departamentos capazes de se defrontar com cada segmento ambiental específico envolvido, em face da heterogeneidade ambiental. Ao mesmo tempo, as organizações precisam adotar um modelo adhocrático flexível e maleável para tratar os vários e diferentes agentes ambientais de maneira mutável, criativa e inovadora.

Administrar uma organização inserida em um ambiente de tarefa caracterizado no quadrante 1 é relativamente fácil: a rotina e a simplicidade fazem parte do jogo. Os quadrantes 2 e 3 envolvem desafios bem maiores. No entanto, administrar a organização nas condições do quadrante 4 é uma tarefa realmente complexa, desafiante e inovadora. E as pessoas precisam estar totalmente sintonizadas nesse contexto.

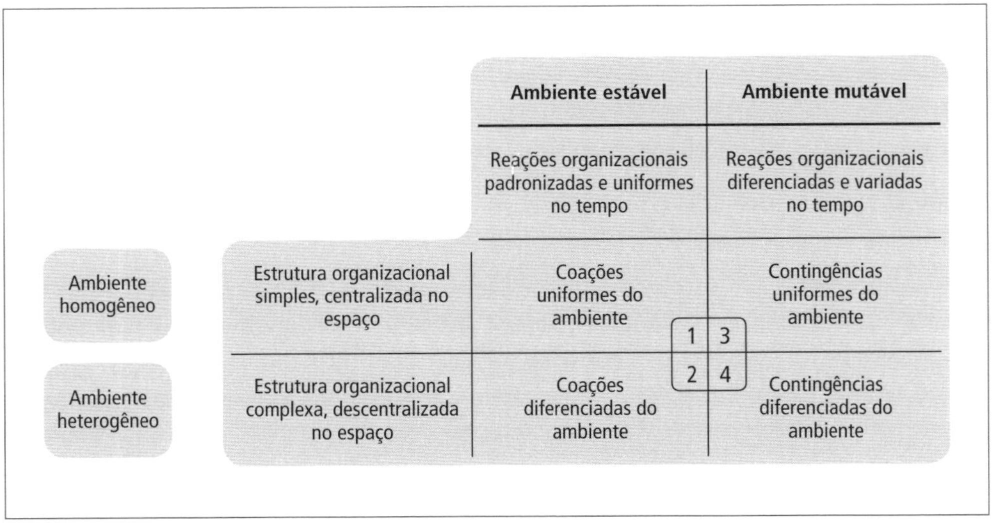

Figura 1.15 – A influência do ambiente de tarefa na estrutura e no comportamento das organizações.

---

se baseia em equipes autônomas e multifuncionais, e não em departamentos ou órgãos estáveis e definitivos. A ênfase é colocada nas pessoas, e não nos órgãos ou na hierarquia. Apresenta equalização do poder, isto é, poucos níveis hierárquicos. A autoridade do conhecimento é mais importante que a autoridade hierárquica. A organização funciona na base da comunicação lateral intensiva, e não nas linhas verticais ou no comando hierárquico ou na supervisão única. As regras e regulamentos burocráticos são totalmente substituídos pela confiança recíproca e pelas relações interpessoais. O trabalho individual é substituído pela atividade grupal e em equipe. A postura é voltada para a inovação e mudança, e não para a conservação do *status quo* e do passado. A organização é orgânica, fluida e volátil, totalmente voltada para o futuro, e não

O impacto ambiental

Alguns autores afirmam enfaticamente que as características organizacionais das empresas dependem das características ambientais. Em outros termos, as características ambientais constituem variáveis independentes, enquanto as características organizacionais constituem variáveis dependentes. Essa tese de dependência constitui a base da Teoria da Contingência.

Uma pesquisa feita por dois sociólogos industriais ingleses, Burns e Stalker,[54] em indústrias inglesas, para verificar a relação entre os procedimentos e práticas administrativas utilizados internamente e determinados aspectos do ambiente externo dessas indústrias, concluiu que as indústrias podem ser classificadas em dois tipos de organizações: as mecanísticas e as orgânicas.

Quadro 1.4 – Organizações mecanísticas e organizações orgânicas

Organizações mecanísticas	Organizações orgânicas
■ Estrutura burocrática com minuciosa divisão do trabalho	■ Estrutura flexível sem muita divisão do trabalho ou fragmentação de funções ou de tarefas
■ Cargos fixos ocupados por especialistas nas tarefas, com atribuições definitivas e delimitadas	■ Cargos continuamente modificados e redefinidos por interação com outras pessoas que realizam a tarefa
■ Centralização das decisões, que são tomadas exclusivamente na cúpula da organização	■ Descentralização das decisões, que são delegadas aos níveis inferiores da empresa
■ Hierarquia de autoridade rígida, prevalecendo a unidade de comando	■ Hierarquia flexível, predominando a equalização do poder e participação
■ Sistemas simples de comunicações formalizadas, prevalecendo as verticais descendentes	■ Maior confiabilidade nas comunicações informais entre as pessoas
■ Ênfase nas regras e procedimentos formalizados previamente por escrito	■ Predomínio da interação lateral sobre a interação vertical
■ Sistemas simples de controle baseados na supervisão e amplitude de controle estreita	■ Amplitude de controle mais ampla, mais solta e flexível
■ Trabalho individualizado e solitário	■ Trabalho grupal e solidário em equipe
■ Modelo burocrático e rígido	■ Modelo adhocrático e flexível
■ Princípios da Teoria Clássica e da Teoria da Burocracia	■ Princípios da Teoria de Sistemas e da Teoria da Contingência

---

somente para seu presente. Mudam os produtos e serviços, os processos de produção, os clientes, os fornecedores, o ambiente. Tudo muda intensivamente e a organização adhocrática precisa sintonizar-se rapidamente com essas mudanças e, se possível, antecipar-se a elas proativamente.

[54] BURNS, Tom; STALKER, G.M. *The management of innovation.* Londres: Tavistock Institute, 1961.

O que está acontecendo nesse mundo em constante mudança é que as organizações estão se enquadrando rapidamente no quadrante 4, deixando de lado suas características mecanísticas e assumindo gradativamente as características orgânicas para sobreviver e crescer no novo contexto ambiental carregado de dinamismo, mudanças, transformações, complexidades e muita competição. Isso requer talentos e competências.

Competências organizacionais

Não só de recursos vivem e operam as organizações. Recursos são estáticos e inertes. Não têm vida própria. Nem inteligência. As organizações requerem competências para utilizá-los adequadamente e alcançar seus objetivos. Hamel e Prahalad[55] argumentam que a habilidade crítica da gestão no futuro será identificar, cultivar e explorar as competências essenciais que permitem o crescimento sustentável e a competitividade das organizações. E onde estão as competências? Em geral, espalhadas entre as pessoas que trabalham nos vários níveis organizacionais. As competências têm que ser identificadas, nutridas e difundidas na organização como base para sua estratégia. O primeiro passo é a identificação e o mapeamento das competências. O segundo é sua classificação e estruturação. O terceiro é o seu armazenamento para disponibilização futura. O quarto, sua divulgação e disseminação entre todos na organização. Daí para a frente a questão é desenvolvê-las cada vez mais e aplicá-las para transformá-las em resultados concretos. A organização deve agir de acordo com elas.

Cada organização precisa identificar e conhecer quais são suas competências essenciais – aquelas que podem levá-la ao sucesso. A competência essencial dá acesso potencial a uma ampla variedade de mercados. Ela é um determinante significativo para a satisfação e benefício do cliente e deve ser difícil de ser copiada pelos concorrentes. Hamel e Prahalad[56] asseveram que a competência essencial apresenta três características: acesso, satisfação do cliente e dificuldade de ser copiada pelos outros. É importante verificar

---

[55] HAMEL, G.; PRAHALAD, C.K. "The core competence of corporation". *Harvard Business Review,* Boston, v.68, mai.-jun. 1990, p.79-91.

[56] Ibid.

se a competência pode ser combinada com outras capacidades para criar uma vantagem única para os clientes. Pode ser que a própria competência não complete os critérios anteriores, mas quando combinada com outras competências, torna-se um ingrediente essencial para definir a singularidade da organização.

Muitas organizações estão migrando da tradicional ARH para a gestão de competências ou gestão por competências. Em outras palavras, o conceito de cargo cede espaço para o conceito de competências: seleção por competências, treinamento por competências, remuneração por competências, avaliação por competências, etc.

Estratégia organizacional

A estratégia representa *o que* a organização deseja fazer, qual negócio ela pretende realizar, qual o destino a seguir. O núcleo central da administração estratégica é a preparação para o amanhã: ela visa a orientar a organização em relação ao futuro, não no sentido de que cada condição deva ser antecipada, mas no sentido de que a organização possa dirigir-se consciente e sistematicamente para seus objetivos, baseando-se em análises realísticas e metódicas de suas próprias condições e possibilidades e no sentido do contexto ambiental onde ela opera. Em outros termos, o futuro da organização não pode ser previsto; ele precisa ser criado.

Há três componentes básicos de uma estratégia organizacional:[57]

1) *Ambiente*: oportunidades visualizadas no *ambiente de tarefa* e, mais especificamente, no mercado, bem como as restrições, limitações, contingências, coações e ameaças nele existentes.
2) *Organização*: recursos de que a organização dispõe, sua capacidade e habilidades, bem como seus pontos fortes e fracos, compromissos e objetivos.
3) *Adequação entre ambos*: qual postura a organização deve adotar para compatibilizar seus objetivos, recursos, potencialidades e limitações com as condições ambientais, no sentido de extrair o máximo das oportunidades externas e expor-se o mínimo às ameaças, coações e contingências ambientais.

---

[57] CHIAVENATO, Idalberto. Op. cit. p.114.

A estratégia empresarial significa "a determinação da futura postura da organização, com especial referência à sua postura quanto aos seus produtos-mercados, sua lucratividade, seu tamanho, seu grau de inovação e suas relações com seus executivos, seus empregados e certas instituições externas".[58] Essa postura estratégica deve ser equacionada pelo planejamento estratégico, elaborado a partir de três atividades básicas:[59]

1) *Análise ambiental*: análise das condições e variáveis ambientais, suas perspectivas atuais e futuras, coações, contingências, desafios e oportunidades percebidas no contexto ambiental.
2) *Análise organizacional*: análise das condições atuais e futuras da organização, recursos disponíveis e recursos necessários (incluindo tecnologias), potencialidades, forças e fraquezas da organização, sua estrutura organizacional, sua capacidade e competência.

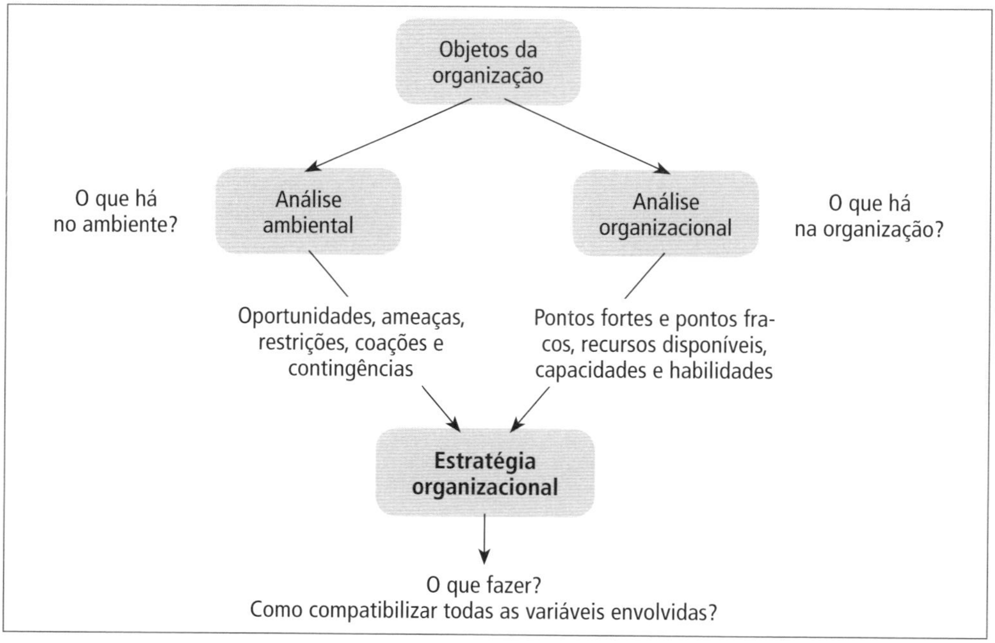

Figura 1.16 – Os componentes primários da estratégia organizacional.
Fonte: CHIAVENATO, Idalberto. *Administração*: teoria, processo e prática. 5.ed. Barueri: Manole, 2014.

[58] DENNING, Basil W. (Org.). *Corporate planning selected readings*. Londres: McGraw-Hill Book, 1971, p.4.
[59] CHIAVENATO, Idalberto. Op. cit. p.116.

3) *Formulação de estratégias*: a tomada de decisões globais e abrangentes que produzirão efeitos no futuro da organização dentro de um determinado horizonte estratégico, ou seja, dentro de um determinado horizonte de tempo situado a longo prazo.

A estratégia está mergulhada em uma multiplicidade de fatores e de componentes internos e externos, muitos situados completamente fora do controle e da previsão da organização. Ao lidar ao mesmo tempo com fatores organizacionais e fatores ambientais – atuando como verdadeira ponte entre eles –, a estratégia organizacional procura o melhor endereçamento dos esforços e recursos da organização em direção a resultados capazes de assegurar o alcance dos objetivos organizacionais. Assim, uma vez estabelecidos os objetivos organizacionais, a estratégia é o conjunto de decisões das quais dependerão os recursos necessários e a tecnologia requerida, a estrutura organizacional mais adequada e a consequente ação organizacional para o alcance dos resultados. Obviamente, todos esses ingredientes estão sujeitos a influências ambientais em termos de coações, contingências, limitações e restrições, oportunidades e ameaças. Os resultados alcançados permitem à organização a retroinformação (retroação) de que ela se valerá para manter e confirmar suas decisões estratégicas.

A estratégia é geralmente definida no nível institucional da organização (portanto, no nível mais elevado da organização) em função do comportamento e dos destinos que pretende seguir, em função do ambiente de tarefa em que se encontra. Para atingir os objetivos, a organização escolhe a estratégia mais adequada, em função da análise ambiental, da análise organizacional e das alternativas estratégicas mais indicadas para o contexto.

Definida a estratégia, ela passa a ser desdobrada em planos específicos que devem ser desenvolvidos e executados pelos diversos órgãos situados nos outros níveis da organização. Esse desdobramento da estratégia em planos táticos é realizado pelo nível intermediário da organização. Cabe ao nível operacional a execução dos planos operacionais, que, por sua vez, constituem o desdobramento e detalhamento final dos planos táticos da organização.

A administração estratégica é uma função da administração de topo – pois é tratada no nível institucional da organização – que analisa, desenvolve e modifica os processos internos e externos da organização para torná-la eficiente e eficaz sob condições constantemente mutáveis. A administração estratégica formula e implementa a estratégia organizacional, como um conjunto de decisões unificado, compreensivo e integrado que visa a assegurar o alcance dos objetivos da organização.

Cada organização deve ser considerada sob o ponto de vista de eficácia e de eficiência, simultaneamente. Eficácia é uma medida normativa do alcance de resultados, enquanto eficiência é uma medida normativa da utilização dos recursos nesse processo. Em termos econômicos, a eficácia de uma organização se refere à sua capacidade de satisfazer uma necessidade da sociedade por meio do suprimento de seus produtos (bens ou serviços), enquanto a eficiência é uma relação técnica entre entradas e saídas. Nesses termos, a eficiência é uma relação entre custos e benefícios. Assim, a eficiência está voltada para a melhor maneira (*the best way*) pela qual as coisas devem ser feitas ou executadas (métodos), a fim de que os recursos (pessoas, máquinas, matérias-primas) sejam aplicados da forma mais racional possível. A eficiência preocupa-se com os meios, os métodos e os procedimentos mais indicados que precisam ser devidamente planejados e organizados a fim de assegurar a otimização da utilização dos recursos disponíveis. A eficiência não se preocupa com os fins, mas simplesmente com os meios. O alcance dos objetivos visados não entra na esfera de competência da eficiência; é um assunto ligado à eficácia.

Quadro 1.5 – Algumas diferenças entre eficiência e eficácia

Eficiência	Eficácia
▪ Ênfase nos meios	▪ Ênfase nos resultados
▪ Fazer as coisas corretamente	▪ Fazer as coisas corretas
▪ Resolver problemas	▪ Atingir objetivos
▪ Salvaguardar os recursos	▪ Otimizar a utilização de recursos
▪ Cumprir tarefas e obrigações	▪ Obter resultados
▪ Treinar os subordinados	▪ Proporcionar eficácia aos subordinados
▪ Manter as máquinas	▪ Máquinas disponíveis
▪ Presença nos templos	▪ Prática dos valores religiosos
▪ Rezar	▪ Ganhar o céu

Fonte: adaptado de REDDIN, William J. *Administração por objetivos:* o método 3D. São Paulo: Atlas, 1978, p.22, 43, 79.

À medida que o administrador se preocupa em fazer as coisas corretamente, ele está se voltando para a eficiência (melhor utilização dos recursos e competências disponíveis). No entanto, quando ele utiliza esses instrumentos fornecidos por aqueles que executam para avaliar o alcance dos resultados, isto é, para verificar se as coisas bem feitas são as que realmente devem ser feitas, então ele se volta para a eficácia (alcance dos objetivos por meio dos recursos e competências disponíveis).

Contudo, nem sempre a eficácia e a eficiência andam de mãos dadas. Uma organização pode ser eficiente em suas operações e não ser eficaz, ou vice-versa. Pode ter pouca eficiência em suas operações e, apesar disso, ser eficaz, muito embora a eficácia seja bem melhor quando acompanhada da eficiência. Pode também não ser nem eficiente nem eficaz. O ideal seria uma empresa igualmente eficiente e eficaz. A eficiência se preocupa em fazer as coisas corretamente e da melhor maneira possível. Daí a ênfase nos métodos e procedimentos internos. A eficácia se preocupa em fazer as coisas corretas para atender às necessidades da empresa e do ambiente que a circunda. Enquanto a eficiência se concentra nas operações e tem a atenção voltada para os aspectos internos da organização, a eficácia se concentra no sucesso quanto ao alcance dos objetivos e tem a atenção voltada para os aspectos externos da organização.

Quadro 1.6 – Possíveis relações entre eficácia e eficiência

		Eficiência (salvaguardar os recursos disponíveis)	
		Baixa	**Elevada**
Eficácia (alcance dos objetivos organizacionais)	**Baixa**	▪ Baixo retorno de investimento, pois os recursos são precariamente utilizados (desperdício de materiais, de equipamentos, de mão de obra e de tempo, com elevados custos operacionais). ▪ Dificuldade no alcance dos objetivos organizacionais (redundando em perda de mercado, baixo volume de vendas, reclamações dos consumidores, prejuízos elevados)	▪ Elevado retorno do investimento, pois os recursos são utilizados intensiva e racionalmente, sem o menor desperdício (graças a métodos e procedimentos bem planejados e organizados), redundando em baixos custos operacionais ▪ Apesar disso, há dificuldades no alcance dos objetivos organizacionais. Apesar de as coisas serem bem feitas dentro da organização, o sucesso organizacional é precário

(continua)

Quadro 1.6 – Possíveis relações entre eficácia e eficiência *(continuação)*

		Eficiência (salvaguardar os recursos disponíveis)	
		Baixa	**Elevada**
Eficácia (alcance dos objetivos organizacionais)	**Elevada**	▪ A atividade operacional é deficiente e os recursos são precariamente utilizados. Os métodos e procedimentos conduzem a um desempenho inadequado e insatisfatório ▪ Apesar disso, os objetivos organizacionais são alcançados, embora o desempenho e os resultados pudessem ser melhores. A organização obtém vantagens no seu ambiente (por meio da manutenção ou ampliação do mercado, do volume de vendas pretendido, da satisfação do consumidor e da lucratividade pretendida)	▪ A atividade é bem executada e o desempenho individual e departamental é bom, pois os métodos e procedimentos são racionais. As coisas são bem feitas, executadas da melhor maneira, com o menor custo e ao menor tempo e esforço ▪ A atividade produz resultados vantajosos para a organização, pois ela é estratégica ou tática para a obtenção dos objetivos que a empresa se propõe a alcançar. As coisas são feitas para alcançar resultados visados pela empresa e asseguram-lhe sobrevivência, estabilidade ou crescimento

Fonte: CHIAVENATO, Idalberto. *Administração*: teoria, processo e prática. 5.ed. Barueri: Manole, 2014.

Enquanto o nível operacional das organizações está voltado predominantemente para a busca da eficiência – e esta é sua preocupação fundamental –, o nível institucional está voltado predominantemente para a busca da eficácia, por meio da adequação da organização às necessidades do seu ambiente de tarefa. Enquanto isso, o nível intermediário está empenhado em compatibilizar as necessidades de eficácia do nível institucional com as necessidades de eficiência do nível operacional.

Eficácia organizacional

A literatura sobre eficácia organizacional é volumosa e geralmente envolve indicadores contábeis em termos de lucro, vendas, faturamento, despesas ou critérios parecidos. Pode envolver outros indicadores financeiros, como custo por unidade produzida, porcentagem de lucro sobre vendas, crescimento do valor em estoque, utilização da fábrica e do equipamento, relação entre capital e faturamento, capital e lucratividade, etc. Em geral, esses indicadores são unidades de mensuração bastante simples e tópicas e que não espelham a totalidade. Além disso, essas unidades se referem ao passado e não discutem o presente ou o futuro da organização. E o pior: focalizam apenas alguns ativos tangíveis e omitem os ativos intangíveis da organização.

Dicas — A energia que impulsiona o sistema

Como sistemas abertos, as organizações sobrevivem somente enquanto forem capazes de manter *negentropia*, isto é, entropia negativa (o contrário da entropia), por meio da importação de um volume maior de energia do que elas devolvem ao ambiente como produto (saída). A razão é óbvia; parte da entrada *(input)* de energia obtida pela organização é transformada em saída *(output)* organizacional; outra parte é absorvida e consumida pela organização. Para fazer o trabalho de transformação, a própria organização precisa ser criada, receber energia e ser mantida, e tais requisitos estão refletidos na inevitável perda de energia entre entradas e saídas.[60]

Quase todas as organizações absorvem energia pelo menos de duas formas: pessoas (recursos humanos) como fontes de energia, e materiais (recursos não humanos). As organizações fazem distinções contábeis entre as fontes de energia, entre os usos que cada uma terá, e a classificação da entrada de energia de pessoas como direta ou indireta (mão de obra direta ou indireta ou, então, mão de obra produtiva ou improdutiva), dependendo da proximidade da transformação básica em que a organização está empenhada. A mão de obra direta refere-se a toda energia que age diretamente sobre os materiais que entram na organização (produzir, vender, etc.), enquanto a mão de obra indireta se refere à energia que atua sobre os outros membros da organização (supervisão ou serviços de assessoria) ou sobre materiais que não são parte da transformação organizacional (planejamento, estudos de tempo, contabilidade, etc.). O fato é que essa classificação é estreita e vergonhosa: atribuir às pessoas a denominação de mão de obra já é um ultraje e humilhação à personalidade humana; atribuir às pessoas a denominação de mão de obra improdutiva vai mais fundo ainda.

Geralmente, utilizam-se toneladas, metros, horas, litros, etc., conforme o material ou mercadoria, mas a medida mais próxima costuma ser o dinheiro (custo) para medir essa energia. Os próprios economistas reconhecem a desvantagem de usar o dinheiro como unidade de medida em circunstâncias que solicitem investimento de energia e rendimento intelectual.

[60] KATZ, Daniel; KAHN, Robert L. Op. cit. p.87.

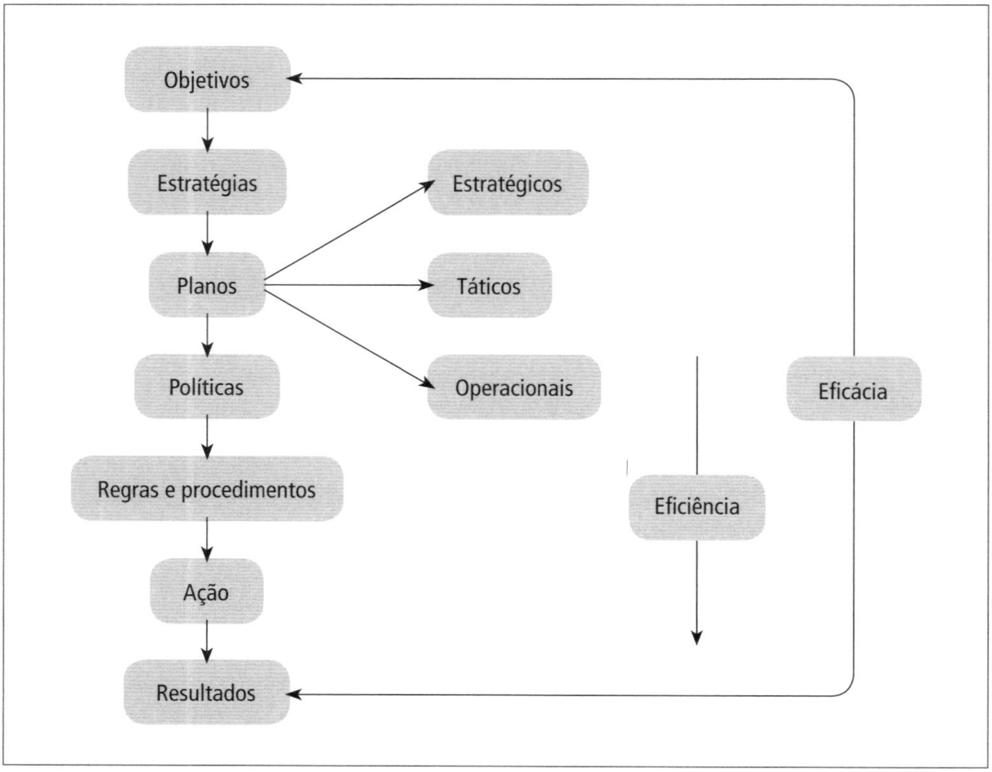

Figura 1.17 – Relações entre eficiência e eficácia.

Geralmente, a medição de entrada e saída da organização não é feita em termos de energia, nem por meio de qualquer outro denominador comum que possa ser prontamente traduzido em alguma medida de energia. Dentro dessa visão, a eficiência refere-se a quanto de insumo de uma organização se transforma em produto e quanto é absorvido para alimentar e fazer funcionar o sistema. Parte da energia é absorvida para a sobrevivência da organização. A eficácia organizacional relaciona-se com a extensão em que todas as formas de rendimento para a organização são maximizadas, o que é determinado por uma combinação da eficiência da organização como um sistema e seu êxito em obter condições vantajosas ou entradas de que necessita. A eficiência busca incrementos por meio de soluções técnicas e econômicas, enquanto a eficácia procura a maximização do rendimento para a organização por meios técnicos e econômicos (eficiência) e por meios políticos (não econômicos).

Apenas recentemente, alguns teóricos da administração e da organização sugeriram medidas da eficácia administrativa em termos de utilização dos ativos humanos. Entre outros, Argyris,[61] Bennis,[62] Etzioni,[63] Likert,[64] Georgopoulos, Mahoney e Jones,[65] McGregor[66] e Selznick[67] reforçaram esse ponto de vista.

Likert, por exemplo, critica as tradicionais medidas de eficácia administrativa: para ele, todas as medidas de resultado final fornecem dados sobre fatos consumados. Isso é válido para aferições de produção, gastos de material, custos, lucros e todos os demais dados da área financeira. Essas aferições são valiosas, mas, não obstante seu poder previsor, são bastante limitadas. Frequentemente, as aferições dos resultados só servem para trancar a porta depois de efetuado o roubo das joias.[68] Likert prefere adotar o conceito de variáveis intervenientes que conduzem à eficácia administrativa que envolve fatores como qualidade da organização humana, nível de confiança e interesse, motivação, lealdade, desempenho e capacidade da organização de comunicar abertamente, interagindo efetivamente e alcançando decisões adequadas. Essas variáveis intervenientes refletem o estado interno e a saúde da organização.[69]

Negandhi[70] salienta que a sobrevivência e crescimento da organização como negócio dependem de sua força financeira ou econômica: alguns da-

---

[61] ARGYRIS, Chris. *A integração indivíduo-organização*. São Paulo: Atlas, 1975.

[62] BENNIS, Warren G. *Changing organizations*: essays on the development and evaluation of human organization. Nova York: McGraw-Hill, 1966.

[63] ETZIONI, Amitai. "Two approaches to organization analysis: a critique and a sugestion". *Administrative Science Quarterly*, v.5, 1960, p.257-8.

[64] LIKERT, Rensis. *A organização humana*. São Paulo: Atlas, 1975.

[65] GEORGOPOULOS, Basil S.; MAHONEY, G.M.; JONES, N.W. "A path-goal approach to productivity". *Journal of Applied Psychology*, v.41, 1957, p.345-53.

[66] McGREGOR, Douglas M. "O lado humano da empresa". In: BALCÃO, Yolanda Ferreira; CORDEIRO, Laerte Leite (Org.). *O comportamento humano na empresa*: uma antologia. Rio de Janeiro: FGV, Instituto de Documentação, 1971, p.45-60.

[67] SELZNICK, Philip. "Foundations of the theory of organizations". *American Sociological Review*, v.13, 1948, p.25-35.

[68] LIKERT, Rensis. Op. cit. p.124.

[69] Ibid. p.44.

[70] NEGANDHI, Anant R. "A model for analysing organizations in cross-cultural settings". In: ______. *Modern organization theory*: contextual environmental, and socio-cultural variables. Center for Business and Economic Research, The Kent State University Press, 1973, p.298-299.

dos como lucro, custo por unidade e volume de vendas são bons indicadores da força financeira da empresa. Todavia, essas saídas são resultados daquilo que a organização inteira fez (incluindo sua tecnologia, recursos, etc.), mais do que resultados da ação administrativa. No entanto, os administradores correm o risco de sobrecarregar uma organização drenando seus potenciais de longo prazo para obter altos lucros e vendas elevadas no curto prazo. Assim, é errado utilizar apenas esses índices econômicos para medir a eficácia administrativa. Dentro dessas circunstâncias se tornam necessários outros critérios para avaliar adequadamente a eficácia administrativa.

Há muitos medidas orientadas para o comportamento com a finalidade de avaliar a eficácia administrativa. Não há dúvida de que esta se encontra fortemente associada ao clima e ao moral. Baseando-se em Argyris, Likert e outros, Negandhi sugere as seguintes medidas de eficácia administrativa.[71]

1) Capacidade da administração em atrair força de trabalho adequada.
2) Moral dos empregados e satisfação no trabalho em níveis elevados.
3) Rotatividade de pessoal e absenteísmo em níveis baixos.
4) Boas relações interpessoais.
5) Boas relações departamentais (entre os subsistemas da organização).
6) Percepção das pessoas a respeito dos objetivos globais da organização.
7) Utilização adequada da força de trabalho de alto nível.
8) Eficácia organizacional em adaptar-se continuamente ao ambiente externo.

A eficácia administrativa conduz à eficácia organizacional, e esta é alcançada quando se reúnem três condições essenciais:

1) Alcance de objetivos organizacionais.
2) Manutenção do sistema interno.
3) Adaptação ao ambiente externo.

Para que a organização alcance eficácia, deve concomitantemente valer-se dessas três condições essenciais. Todavia, o alcance da eficácia esbarra na complexidade dos requisitos que uma organização como sistema aberto

---

[71] Ibid. p.299.

possui. Essa complexidade provoca, pelo menos, sete problemas organizacionais básicos:[72]

1) *Capacidade da organização em se adaptar constantemente ao ambiente externo e manter um intercâmbio eficaz com ele*: inclui capacidade de responder eficazmente às mudanças ocorridas no mundo exterior; obter recursos e pessoal, manter relações vantajosas com grupos externos, projetar imagem favorável e manter boa reputação na comunidade; e, geralmente, influenciar o ambiente de maneira a beneficiar o sistema e seus membros em relação a todos os aspectos da articulação organização-ambiente.
2) *Capacidade de desenvolver e alocar recursos disponíveis, facilidades, fundos e pessoal da maneira mais apropriada*: manipular problemas relacionados com acesso e distribuição de autoridade, recompensas e informação entre os participantes; resolver problemas concernentes à especialização do trabalho e alocação das tarefas e funções entre departamentos, grupos e membros.
3) *Capacidade de articular e coordenar constantemente os mais diversos, mas relacionados, papéis e atividades interdependentes de seus diferentes* staffs *e membros*: de modo que as energias e esforços de todos os participantes sempre convirjam para a solução dos problemas do sistema e para o alcance dos objetivos organizacionais.
4) *Capacidade do sistema de se integrar a si mesmo*: funções necessárias associadas à integração dos membros individuais ao sistema e assegurar sua cooperação e concordância e à integração de todas as partes do sistema social, de modo que a organização total alcance certa unidade sociopsicológica global e coerência. Geralmente, isso envolve o desenvolvimento de valores organizacionais comuns e normas distribuídas, atitudes e compreensões mútuas, que servem para proporcionar um universo comum para o desenvolvimento dos diferentes grupos e membros e para socializar e ligar firmemente os membros ao sistema.
5) *Capacidade de minimizar e resolver tensões e conflitos dentro da organização*: particularmente fricções e confrontações entre grupos interagentes e membros e entre participantes de igual *status*; administrar e controlar tensões e pressões dentro do sistema.

---

[72] GEORGOPOULOS, Basil S. "An open-system theory model for organization research". In: NEGHANDI, Anant R.; SCHWITTER, Joseph P. (Org.). *Organization behavior models.* Kent: Comparative Administrative Research Institute, Bureau of Economic and Business Research, Kent State University, 1970, p.65-66.

6) *Capacidade de alcançar e manter altos níveis (quantidade, qualidade e custo) de resultados (*outputs*)*: capacidade de maximizar desempenho eficiente e confiável em todos os departamentos, grupos e membros, em todos os níveis, e em turno dependente da maximização pelo sistema de oportunidades para o alcance de objetivos pessoais e satisfação no trabalho por parte dos membros.
7) *Capacidade de preservar sua identidade e integridade como um sistema solucionador de problemas distinto*: manter a si mesmo e seu caráter básico; viabilidade com relação às mudanças que estão constantemente ocorrendo dentro e fora do sistema, incluindo confusão e ameaças para sua sobrevivência ou bem-estar da organização.

Medidas de eficácia organizacional

A eficácia organizacional é um conceito abrangente e complexo em virtude de suas múltiplas relações com os vários elementos ligados à organização, conforme a Figura 1.16. Há todo um complexo de interesses e satisfações em jogo, muitos deles conflitantes e, até certo ponto, antagônicos.

Assim, a tarefa da administração é manter o equilíbrio ótimo entre esses componentes:

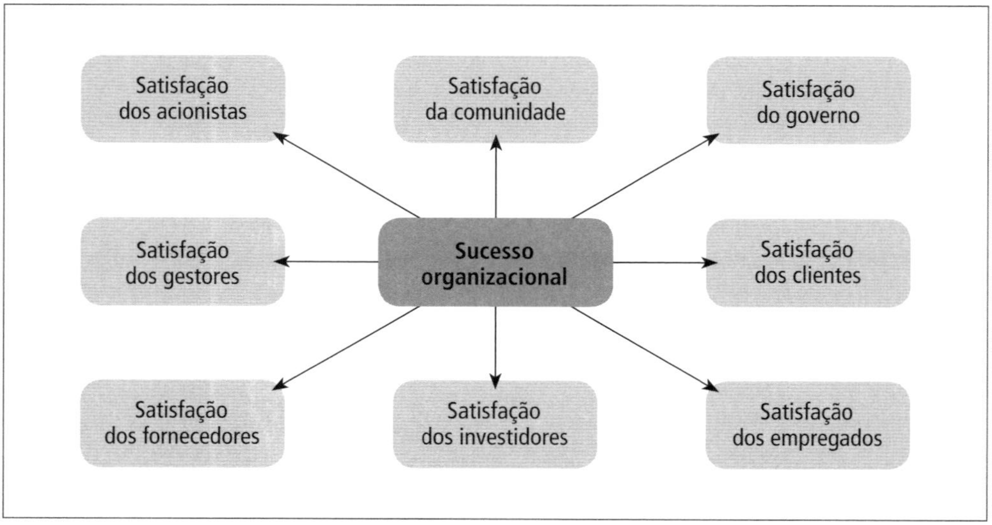

Figura 1.18 – Sucesso organizacional.

Fonte: PICKLE, Hal; FRIEDLANDER, Frank. "Seven societal criteria of organizational success". In: BASS, Bernard M.; DEEP, Samuel D. *Studies in organizational psychology*. Boston: Allyn and Bacon, 1972, p.40.

1) *Produção*: capacidade de produzir a quantidade e a qualidade de saídas organizacionais exigidas pelo ambiente. Esse conceito relaciona-se diretamente com as saídas consumidas pelos clientes da organização e não inclui qualquer consideração de eficiência. Os indicadores de produção incluem lucro, vendas, participação no mercado, atendimento aos clientes, satisfação de necessidades da sociedade, cura de pacientes, graduação de estudantes, etc.
2) *Eficiência*: relação entre saídas e entradas; indicador expresso em termos de porcentagens ou de índices de custo/benefício, custo/produto ou custo/tempo. É um critério de curto prazo relacionado ao ciclo completo de entrada-processo-saída e enfatiza os elementos entrada e processo. Os indicadores de eficiência incluem taxa de retorno sobre o capital ou sobre os ativos, custo unitário, custo por produto, custo por cliente, taxas de ocupação, tempo de parada, índice de desperdício, etc.
3) *Satisfação*: parte do conceito de organização como sistema social que exige que se dê atenção aos benefícios recebidos por seus participantes, como funcionários, clientes e consumidores. A organização satisfaz a demandas do ambiente por meio da responsabilidade social, ética, voluntarismo, etc. Os indicadores de satisfação incluem atitudes dos funcionários, rotatividade, absenteísmo, queixas e reclamações, etc.
4) *Adaptabilidade*: mecanismo pelo qual a organização pode responder e responde às mudanças induzidas de fora e de dentro. Representa o tempo de reação e de resposta da organização às mudanças ambientais. Esse critério refere-se à capacidade da administração de perceber as mudanças tanto no ambiente como na própria organização. Problemas nos indicadores de produção, eficiência e satisfação podem ser sinais para a adaptação das práticas ou políticas. Também o ambiente pode pedir resultados diferentes ou fornecer entradas diferentes, e isso exige mudanças. Se a organização não se adapta adequadamente, sua sobrevivência corre perigo. Não há medidas específicas e concretas de adaptabilidade; elas são dadas por respostas a questionários. Contudo, a administração pode implantar medidas que encorajam o senso de prontidão para mudança.
5) *Desenvolvimento*: toda organização precisa investir em si mesma para incrementar seu desenvolvimento e sua capacidade de realização. O desenvolvimento está relacionado com o aumento da riqueza organizacional: seus ativos tangíveis e intangíveis. Os esforços de desenvolvimento em geral estão relacionados com programas de treinamento e de desenvolvimento de pessoal, incluindo um extenso número de abordagens psicológicas e sociológicas. O Desenvolvimento Organizacional (DO)

que veremos adiante é um exemplo. Os modernos conceitos de aprendizagem organizacional funcionam para aumentar a capacidade de aprendizado e inovação para garantir o desenvolvimento e, consequentemente, o aumento de produção, eficiência, satisfação, adaptabilidade e sobrevivência.

6) *Sobrevivência*: toda organização precisa investir em si mesma para aumentar sua capacidade de sobrevivência no longo prazo. A sobrevivência depende de todos os critérios anteriormente enumerados.

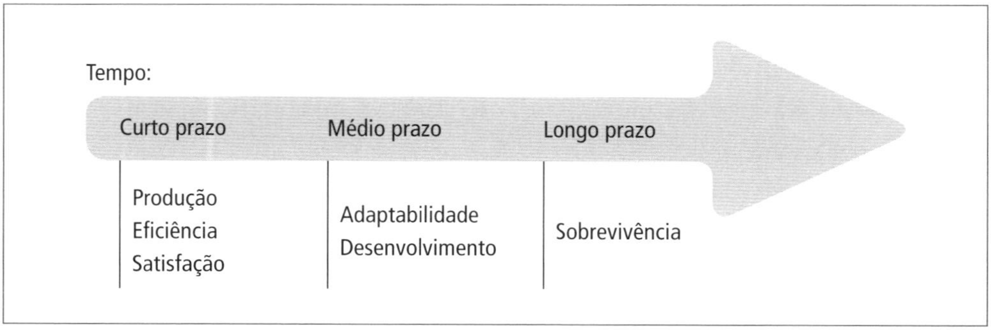

Figura 1.19 – Indicadores de eficácia organizacional.

Dicas **O balanceamento dos indicadores**

O equilíbrio ótimo entre os componentes anteriores é indispensável para o sucesso organizacional. Uma organização pode ser eficaz em termos de produção, satisfação e eficiência, mas ineficaz em termos de adaptabilidade e desenvolvimento, por exemplo. Uma organização pode ser eficaz no curto prazo, mas com pouca chance de sobrevivência no futuro. O equilíbrio ótimo significa balancear o desempenho da organização ao longo do tempo em todos esses componentes.

A sobrevivência é a medida última e de longo prazo da eficácia organizacional, mas quanto mais distante o futuro, mais incertos são os indicadores. Assim, as medidas de produção, satisfação e eficiência são relativamente mais concretas, específicas, verificáveis e objetivas do que as medidas de adaptação e de desenvolvimento.

A eficácia organizacional depende de todos esses critérios para garantir a capacidade da organização de manter-se no seu meio ambiente. O que é certo, porém, é que a ARH desempenha papel de suma importância tanto no alcance da eficiência como da eficácia organizacional. É o que procuramos demonstrar ao longo deste livro.

Tópicos principais

- Ajuste.
- Ambiente.
- Coalizão.
- Competição.
- Coopção.
- Diferenciação.
- Eficácia.
- Eficiência.
- Entropia.
- Entropia negativa.
- Equifinalidade.
- Estado firme.
- Homeostasia.
- Negentropia.
- Organização.
- Organizações complexas.
- Sistema.
- Sistema aberto.
- Sistema sociotécnico.

Resumo

As pessoas e as organizações estão engajadas em uma complexa e incessante interação: as pessoas passam a maior parte de seu tempo nas organizações das quais dependem para viver, e as organizações são constituídas por pessoas sem as quais não poderiam existir. Sem as pessoas e sem as organizações não haveria ARH.

Uma organização somente existe quando se juntam duas ou mais pessoas que pretendem cooperar entre si, a fim de alcançarem objetivos comuns, que somente a iniciativa individual não permitiria alcançar. Há uma variedade enorme de organizações: industriais, prestadoras de serviços, bancos, financeiras, universidades e escolas, exércitos, instituições governamentais, hospitais, igrejas, etc. As organizações podem ser estudadas e analisadas segundo o modelo de sistema aberto: elas importam, transformam e exportam energia, dentro de ciclos recorrentes de atividades. As organizações podem também ser analisadas segundo o modelo sociotécnico: são compostas por um sistema técnico e por um sistema social que se entrelaçam intimamente, administrados por um sistema gestor. Ao estabelecerem seus objetivos, as empresas definem sua racionalidade e desdobram-se em três níveis diferentes de atuação: nível institucional, intermediário e operacional. Com isso, as empresas desenvolvem estratégias para alcançar os objetivos. Como sistemas abertos, as organizações mantêm um íntimo intercâmbio com o ambiente, e a interdependência da organização com seu ambiente conduz ao conceito de eficácia organizacional. A eficácia organizacional depende do alcance dos objetivos, da manutenção do sistema interno (pessoas e recursos não humanos) e da adaptação ao ambiente externo. Daí a importância do papel da ARH na vida das organizações.

Método do caso

O método do caso é uma técnica de simulação. Como o aluno não pode manipular experimentalmente uma empresa – da mesma forma que um estudante de medicina aprende a fazer cirurgia em cadáveres, ou o estudante de engenharia aprende a fazer reações químicas ou físicas no laboratório –, o método do caso procura simular uma realidade fictícia, na qual o aluno pode aplicar seus conhecimentos "na prática". Como o administrador nunca trabalha sozinho, mas em contato com outros administradores encarregados de outras áreas ou tarefas da empresa, o método do caso é uma técnica que tanto pode ser aplicada individualmente ou em grupos de alunos. Quando aplicada individualmente, é uma técnica de resolução de problemas e de tomada de decisão pessoal. No entanto, quando aplicada em grupos, torna-se uma técnica eminentemente social e que requer de cada aluno a exata compreensão do problema e, mais do que isso, o conhecimento necessário e a argumentação suficiente para convencer seus colegas de grupo de que seus pontos de vista devem ser aceitos. Além do mais, o método do caso impõe a cada aluno tanto a habilidade de argumentar como a capacidade de aceitar ideias melhores de seus colegas. É um aprendizado que lhe será útil na vida profissional, pois desenvolverá suas habilidades sociais que lhe permitirão uma proveitosa bagagem para conviver com os problemas e com os colegas de sua empresa no futuro.

O método do caso se baseia no processo decisório. Parte do princípio de que existe sempre mais de uma solução adequada para qualquer problema em administração de empresas. A solução que um administrador propõe pode ser diferente da de outro. Igualmente, o mesmo administrador pode propor diferentes soluções para o mesmo problema, tendo em vista determinados objetivos e à medida que mudam os recursos disponíveis, a situação ambiental ou os aspectos envolvidos. Dificilmente há um completo acordo entre administradores em relação a determinadas soluções, já que cada um pode perceber diferentes configurações no problema, partir de diferentes valores e objetivos, privilegiar determinados aspectos, visualizar diferentes consequências, e assim por diante.

O método do caso, quando aplicado em grupos, requer que cada equipe escolha um coordenador, que deve ser o elemento capaz de fazer com que todos trabalhem em conjunto. O coordenador deve equilibrar a contribuição dos membros do seu grupo, de modo que todos possam contribuir igualmente com suas ideias e pontos de vista, e impedir que um ou outro membro tenha exclusividade ou predomine sobre os demais; deve escolher um secretário ou secretária para fazer todas as anotações principais a respeito das conclusões do grupo. Terminado o trabalho, o coordenador deve escolher um membro do grupo para apresentar à classe ou aos outros grupos as conclusões do seu grupo. O apresentador pode ser um ou mais membros, e a utilização de recursos audiovisuais (lousa, painéis, quadros, etc.) é recomendável para auxiliar na apresentação.

O método do caso segue as seguintes etapas:

1) *Leia o caso cuidadosamente*: o caso relatado é geralmente retirado da vida real. Pode incluir fatos e opiniões disparatadas para esconder ou camuflar fatos que realmente ocorreram.
2) *Reúna os fatos*: é conveniente coletar os principais fatos por escrito, para não confiar exclusivamente na memória. Se parecer conveniente considerar também as opiniões, rumores ou sentimentos, disponha-os juntamente com os fatos objetivos, mas reconheça-os como elementos subjetivos. No final, verifique se todos os fatos principais do caso estão reunidos.

3) *Avalie os fatos*: determine a importância relativa dos fatos reunidos e abandone os que não têm relevância para o caso. É conveniente indicar quais os fatos mais importantes e os de menor importância, por meio de um sistema de sinais ou indicadores.
4) *Defina o problema*: esta costuma ser a parte mais difícil do caso. Assegure-se de que compreendeu o caso e de que conseguiu equacionar o problema e quais as consequências que dele poderão resultar. Tome cuidado, pois uma definição errada do problema pode conduzi-lo a caminhos muito diferentes.
5) *Estabeleça alternativas de soluções para o problema*: não busque uma solução rápida, mas diversas soluções diferentes fundamentadas em fatos. É conveniente escrever todas as alternativas de soluções e suas possíveis consequências no presente e no futuro da empresa.
6) *Escolha a alternativa de solução mais adequada*: em outros termos, tome uma decisão. Escolha a alternativa melhor ou mais adequada, levando em conta a situação envolvida. Assegure-se de que sabe por que escolheu essa solução. Verifique se sua decisão se apoia em seus próprios preconceitos, sentimentos ou experiência ou se ela se baseia exclusivamente nos fatos apresentados no caso.
7) *Prepare um plano de ação*: à luz dos fatos, prepare um plano para executar a solução escolhida. Considere a empresa como uma totalidade e o envolvimento de outros departamentos, se o caso abranger. Procure ser didático na exposição aos demais colegas da classe.

Todas as etapas devem ser cumpridas em conjunto, se o caso for trabalhado em grupo. O coordenador deve conduzir os debates no sentido de que não haja perda de tempo ou discussões inúteis no seu grupo.

Caso nº 1

A Metalúrgica Santa Rita S.A. (Mesarisa) é uma empresa de porte médio para grande, de capital aberto e que se dedica à produção e comercialização de cadeados, fechaduras, trincos, ferragens, etc., tanto para residências (casas, apartamentos, edifícios em geral), como para automóveis (carros, caminhões, motocicletas, tratores, etc.). Sua linha de produtos é extensa, com aproximadamente 600 itens, identificados tanto com o mercado de construção, como com o mercado automobilístico. Para a produção dessa linha de produtos, a Mesarisa possui uma fábrica nos arredores da cidade de São Paulo. A comercialização é feita por filiais situadas em São Paulo, Rio de Janeiro, Porto Alegre, Belo Horizonte e Recife. Em cada filial há um depósito de produtos acabados, tanto para o mercado industrial (construtoras, indústrias automobilísticas, etc.) como para o mercado de reposição (chaveiros, oficinas mecânicas em geral, etc.).

Fundada em 1990 pelo atual diretor-presidente, sr. Raimundo Correia, a Mesarisa experimentou grande expansão quando ocorreu enorme incremento da construção imobiliária paralelamente ao aumento da produção de automóveis. Contudo, logo depois a Mesarisa começou a sentir os efeitos da recessão do mercado imobiliário e do mercado automobilístico e teve de reduzir suas operações de produção, seus investimentos e sua força de trabalho. Embora tenha reduzido seu efetivo de pessoal de 1.900 para 1.400 empregados, sua estrutura organizacional manteve-se a mesma:

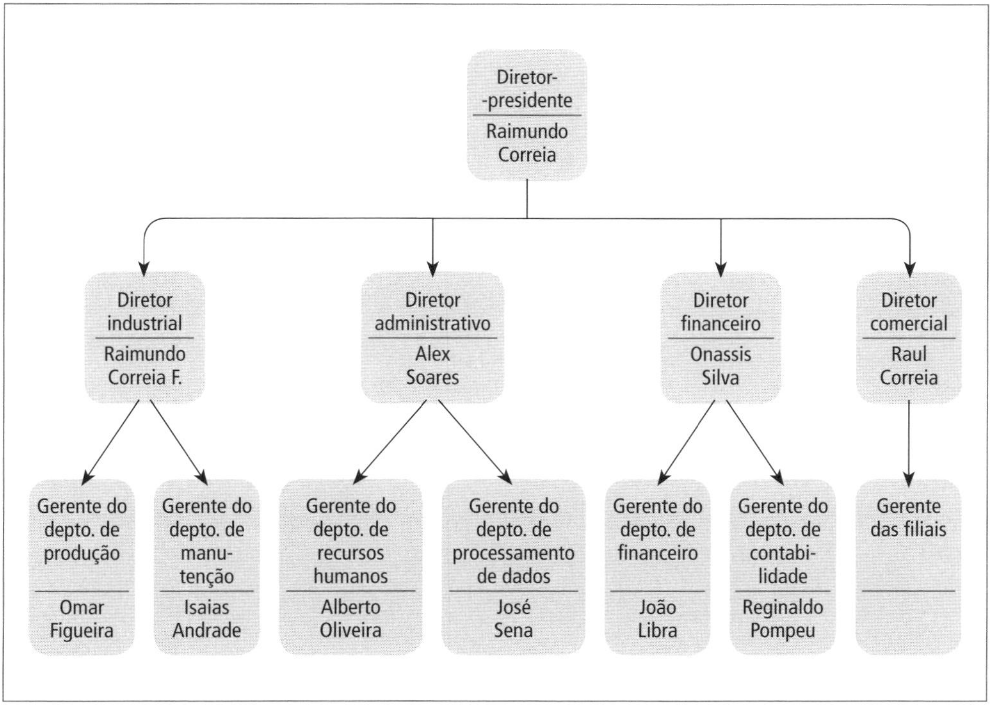

Figura 1.20 – Organograma da Mesarisa nos três primeiros níveis organizacionais.

Os níveis hierárquicos da estrutura organizacional estão dispostos da seguinte maneira:

1) Diretor-presidente.
2) Diretores de área.
3) Gestores de departamento.
4) Chefes de setor.
5) Supervisores de seção.
6) Encarregados mensalistas comuns.
7) Horistas.

Para o diretor-presidente, o maior desafio para a Mesarisa é alcançar um nível de eficiência e de eficácia nos seus negócios, a fim de tirar o máximo proveito possível de suas operações. Para tanto, solicitou a cada diretor e a cada gestor de departamento que apresentassem um plano sobre como cada área e cada departamento poderia melhorar seu nível de eficiência e de eficácia.

O gestor de recursos humanos, Alberto Oliveira, preocupou-se em dar uma visão global de seu departamento, considerando que os recursos humanos estão localizados em todos os demais departamentos e áreas da empresa. Nesse sentido, eficiência e eficácia na administração de recursos humanos (ARH) devem ser visualizados em termos empresariais, e não simplesmente em termos departamentais. Assim, seu problema está em definir a eficiência e a eficácia de recursos humanos ao nível organizacional. No entanto, como fazê-lo?

Capítulo

2 As pessoas

Tópicos deste capítulo

- Variabilidade humana
- Aprendizagem
- Motivação humana
- Clima organizacional
- Comunicação
- Comportamento humano nas organizações
- Homem complexo
- Capital humano
- Tópicos principais
- Questões para discussão
- Resumo
- Caso nº 2

Não existem organizações sem pessoas. Toda organização é basicamente constituída por pessoas. As organizações dependem de pessoas para dirigi-las e controlá-las e para fazê-las funcionar. Para estudar as pessoas inseridas em uma organização, o especialista em recursos humanos tem duas alternativas: considerar as pessoas como pessoas (dotadas de características próprias de personalidade e de individualidade, aspirações, valores, atitudes, motivações e objetivos individuais) ou considerar as pessoas como recursos (dotadas de habilidades, capacidades, destrezas, conhecimentos e competências necessários para a tarefa organizacional). A ênfase deste livro localiza-se na segunda alternativa, a de visualizar as pessoas como recursos organizacionais, embora não se possam deixar de lado os aspectos pessoais de personalidade, individualidade, expectativas, valores, motivações, etc.

A moderna gestão de pessoas trata as pessoas como tais, isto é, como indivíduos. Pessoas não são recursos, mas personalidades incríveis e porta-

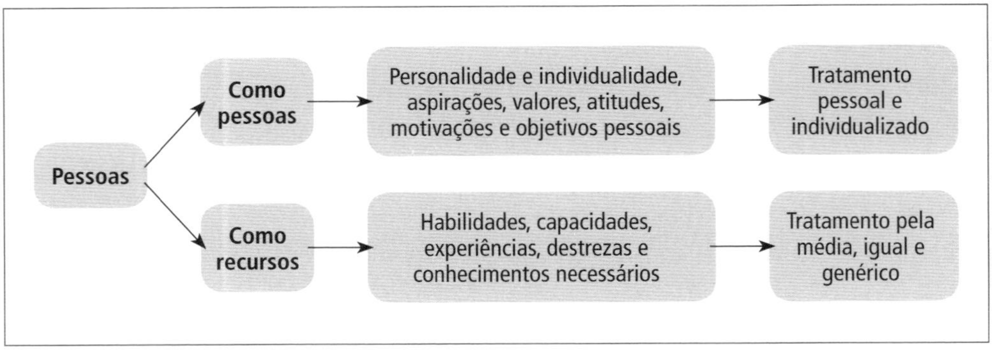

Figura 2.1 – Pessoas como pessoas e pessoas como recursos.

doras de diferenças individuais. No entanto, elas são importantes recursos para as organizações, mas nem por isso podem ser tratadas meramente como meios de produção. Assim, pessoas como pessoas, e não simplesmente pessoas como recursos ou insumos da organização que podem ser tratadas de maneira padronizada e uniforme. Até há pouquíssimo tempo, elas eram tratadas como objetos e como recursos produtivos – quase da mesma forma que máquinas ou equipamentos de trabalho, como meros agentes passivos da administração.

Percebeu-se que essa maneira bitolada e retrógrada de visualizar as pessoas provocou forte ressentimento e conflitos trabalhistas, além de um gradativo distanciamento e alheamento em relação às suas tarefas na organização. Em consequência, sobrevieram problemas de qualidade e de produtividade. Porque esses problemas eram encarados como se pertencessem à gerência e à direção exclusivamente, e não às pessoas. E como a gerência e a direção são um pequeno percentual das pessoas que trabalham dentro da organização, esses problemas eram questionados e resolvidos por uma pequena minoria que tinha muitas outras coisas a fazer. Na realidade, muitos desses problemas foram sistematicamente adiados e transferidos e passaram a reduzir fortemente a competitividade das organizações. Hoje, a tendência é fazer com que todas as pessoas, em qualquer nível dentro da organização, sejam administradores – e não simplesmente executores – de suas tarefas. Além de executar as tarefas, cada pessoa deve conscientizar-se de que ela deve ser o elemento de diagnóstico e de solução de problemas para obter uma melhoria contínua do seu trabalho dentro da organização. É assim que crescem e solidificam-se as organizações bem-sucedidas.

Dicas **Os fatores de produção na atualidade**

Na Era Industrial, predominavam os tradicionais fatores de produção – natureza, capital e trabalho como mão de obra. Hoje, na Era da Informação, esses fatores estão próximos da lei dos rendimentos decrescentes: todo investimento neles somente trará retornos gradativamente menores. As organizações bem-sucedidas estão investindo nas pessoas. Mais especificamente: qual a razão disso? No mundo de hoje, fatores críticos de sucesso não são mais o tamanho organizacional, escala de produção e custos baixos, eles estão perdendo a importância e cedendo lugar para a rapidez de resposta e inovação em produtos e serviços. Como alcançar isso? Por meio das pessoas.

Variabilidade humana

O ser humano é um animal social dotado de uma irreprimível tendência à vida em sociedade. Ele vive em organizações e em ambientes cada vez mais complexos e dinâmicos. Assim, "organizações são pessoas; organizações são grupos; e organizações são organizações. Gerentes administram pessoas; gerentes administram grupos; e gerentes administram organizações. Gerentes são pessoas; gerentes são membros de grupos; e gerentes são membros de organizações".[1]

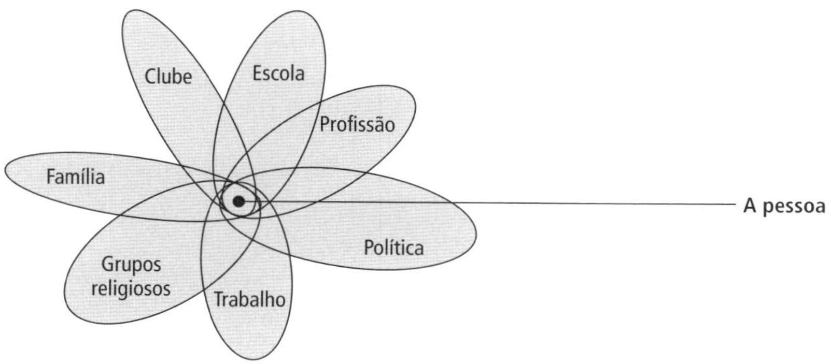

Figura 2.2 – Superposição de participação multigrupal.
Fonte: HICKS, Herbert G.; GULLETT, C. Ray. *The management of organizations*. Nova York: McGraw-Hill, 1976.

[1] LEAVITT, Harold J.; DILL, William R.; EYRING, Henry B. *The organizational world:* a systematic view of managers and management. Nova York: Harcourt Brace Jovanovich, 1973, p.143.

Contudo, a variabilidade humana é enorme. Cada pessoa é um fenômeno multidimensional, sujeito às influências de uma enormidade de fatores e variáveis. O raio de diferenças em aptidões e características pessoais é grande e os padrões de comportamento aprendido são diversos. As organizações não dispõem de dados ou meios para compreender os seus membros em sua total complexidade.[2]

Dicas **Ênfase nas diferenças individuais das pessoas**

Antigamente, a ARH se caracterizava por definir políticas para tratar as pessoas de maneira genérica e padronizada. Os processos de RH tratavam as pessoas como se todas fossem iguais e homogêneas. Hoje, as diferenças individuais estão em alta: a ARH está enfatizando as diferenças individuais e a diversidade nas organizações. A razão é simples: quanto maior a diferenciação, maior o potencial de criatividade e inovação.

Assim, se as organizações são compostas por pessoas, o estudo das pessoas é a unidade básica para o estudo das organizações e principalmente da ARH. Contudo, se as organizações são compostas por pessoas e estas precisam engajar-se em organizações para alcançar os seus objetivos, nem sempre esse casamento é fácil. Se as organizações são diferentes entre si, o mesmo ocorre com as pessoas. As diferenças individuais fazem com que cada pessoa tenha suas próprias características de personalidade, suas aspirações, valores, atitudes, motivações, aptidões, etc. Cada pessoa é um fenômeno multidimensional sujeito às influências de uma enormidade de variáveis ambientais. O comportamento é uma forma individual de proceder e refere-se à conduta da pessoa frente a situações que variam muito. Os padrões de comportamento são as maneiras pelas quais as pessoas costumam conduzir-se em seus contatos pessoais e afazeres cotidianos. Assim, o comportamento humano é poderosamente afetado por dois conjuntos de fatores: externos (decorrentes do ambiente que o envolve, isto é, das características organizacionais, como cultura, estrutura, sistemas de recompensas, políticas e procedimentos) e internos (características de personalidade, como aprendizagem, percepção, cognição e motivação).

---

[2] Ibid.

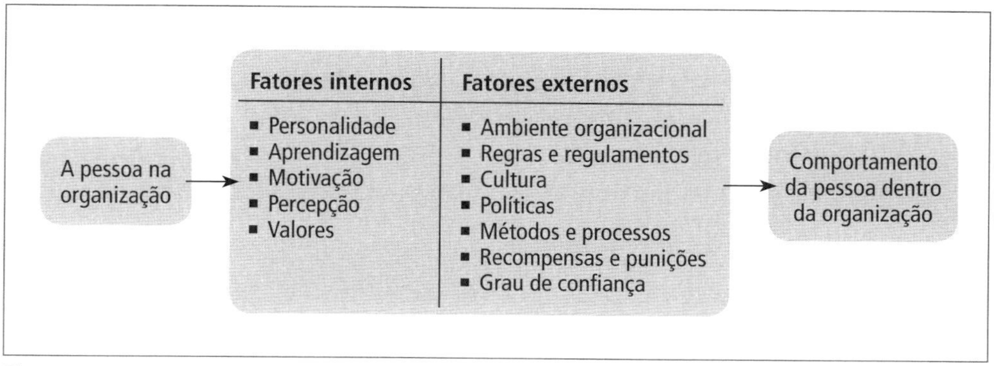

Figura 2.3 – Fatores internos e externos que influenciam o comportamento humano.

Dentro dessa abordagem, a compreensão do comportamento humano deve necessariamente levar em conta tanto os fatores internos inerentes a cada pessoa como os fatores externos presentes no seu contexto e que se condicionam e influenciam mutuamente.

Os principais fatores internos que provocam a variabilidade humana que nos interessam neste capítulo estão relacionados com as diferenças individuais em termos de percepção, atitudes, personalidade e aprendizagem. Em todos esses aspectos, o comportamento individual que se desenvolve é único para cada pessoa. Assim:

1) O processo comportamental básico é semelhante para todas as pessoas.

2) O comportamento individual pode diferir em função de variáveis fisiológicas, ambientais e psicológicas.

3) Muitas variáveis organizacionais modelam o comportamento das pessoas para reduzir a variabilidade humana.

Percepção

Percepção refere-se à aquisição de conhecimento específico sobre objetos, eventos ou situações que estimulam diretamente os sentidos em um determinado momento.[3] A percepção envolve o conhecimento e a interpretação

[3] PINTER, Rudolf et al. *Educational psychology*. Nova York: Harper & Row, 1970, p.74.

dos objetos, das situações, dos símbolos e das pessoas de acordo com experiências anteriores. Os processos perceptivos diferem de indivíduo para indivíduo, dependendo dos critérios que cada um utiliza para selecionar os estímulos. Em decorrência disso, as pessoas às vezes julgam mal as outras, um grupo, objeto ou situação. Interpretam o comportamento em função do contexto no qual elas próprias se encontram.

O processo perceptivo, no entanto, está sujeito a limitações como:[4]

1) *Estereótipos*: julgamentos feitos sobre alguém com base no fato de pertencer a determinado grupo étnico. Em geral, as pessoas categorizam os outros sob determinado ponto de vista ou referência.
2) *Percepção seletiva*: as pessoas não percebem tudo o que ocorre ao seu redor, mas apenas aquelas partes do ambiente que lhes são relevantes ou significativas em um dado momento.

A percepção significa a maneira pela qual cada pessoa recebe informação a respeito de seu mundo ao redor. Ela está intimamente relacionada com a cognição.

Cognição

Cognição significa a maneira pela qual alguém percebe e interpreta a si próprio e o seu ambiente. A cognição é o filtro pessoal por meio do qual cada um vê a si mesmo e sente e percebe o mundo que o circunda. É a tomada de conhecimento que estabelece a crença e a opinião pessoal a respeito de si ou do mundo exterior.

Duas teorias são importantes para se compreender o comportamento das pessoas no âmbito dessa colocação: a teoria de campo de Lewin e a teoria da dissonância cognitiva de Festinger. Ambas sinalizam como a cognição ocorre.

---

[4] BRUNER, J.S. "Personality dynamics and the process of perceiving". In: BLAKE, R.R.; RAMSEY, G.V. *Perception:* an approach to personality. Nova York: Ronald Press, 1951, p.124-125.

Teoria de campo de Lewin

Para Lewin,[5] a compreensão do comportamento humano depende de duas suposições básicas:

1) O comportamento humano é derivado da totalidade dos fatos coexistentes.
2) Esses fatos coexistentes têm o caráter de um "campo dinâmico", no qual cada parte do campo depende de uma inter-relação dinâmica com as outras. É o chamado *campo psicológico*.

O campo psicológico é "o espaço de vida que contém a pessoa e seu ambiente psicológico".[6] É ambiente psicológico ou comportamental, ou seja, o que o indivíduo percebe e interpreta acerca de seu ambiente externo. Mais do que isso, é o ambiente relacionado com suas atuais necessidades. Objetos, pessoas ou situações podem adquirir *valências* no ambiente psicológico, determinando um campo dinâmico de forças psicológicas. A valência é positiva quando os objetos, as pessoas ou as situações podem ou prometem satisfazer às necessidades presentes do indivíduo e é negativa quando podem ou prometem ocasionar algum prejuízo ou dano. Os objetos, as pessoas ou as situações carregados de valência positiva tendem a atrair o indivíduo, enquanto os de valência negativa tendem a causar-lhe repulsa ou fuga. A atração é a força ou vetor dirigido para o objeto, pessoa ou situação, enquanto a repulsa é a força ou vetor que o leva a afastar-se, tentando escapar do objeto, da pessoa ou da situação. Um vetor tende sempre a produzir uma locomoção em certa direção. Quando dois ou mais vetores atuam ao mesmo tempo sobre uma pessoa, a locomoção é uma espécie de resultante (ou momento) de forças. Algumas vezes, a locomoção produzida pelos vetores pode ser impedida ou completamente bloqueada por uma barreira (impedimento ou obstáculo), resultando em frustração. A locomoção pode ser de abordagem ou aproximação (*approach*) ou de fuga ou repelência (*avoidance*).

---

[5] LEWIN, Kurt. *A dynamic theory of personality*. Nova York: McGraw-Hill, 1935.
[6] Idem. *Principles of topological psychology*. Nova York: McGraw-Hill, 1936.

O modelo de comportamento humano proposto por Lewin pode ser representado esquematicamente pela equação:

$$C = f(P, M)$$

em que o comportamento (C) é resultado ou função (f) da interação entre a pessoa (P) e seu meio ambiente (M). A pessoa (P), nesta equação, é determinada pelas características genéticas e pelas características adquiridas pela aprendizagem através de seu contato com o meio.

A teoria de campo explica por que um mesmo objeto, situação ou pessoa pode ser percebido e interpretado diferentemente por cada indivíduo.

Teoria da dissonância cognitiva

A teoria da dissonância cognitiva de Festinger[7] baseia-se na premissa de que todo indivíduo se esforça para estabelecer um estado de consonância ou consistência com ele mesmo e com o ambiente que o rodeia. Se uma pessoa tem cognições sobre si mesma e sobre seu ambiente que são inconsistentes entre si (isto é, se uma cognição implica o oposto da outra), então ocorre um estado de dissonância cognitiva – uma das principais fontes de inconsistência no comportamento. As pessoas não toleram a inconsistência e, quando ela ocorre (quando alguém acredita em uma coisa e, no entanto, age contrariamente a essa crença), o indivíduo está motivado para reduzir o conflito. A esse conflito ou inconsistência Festinger dá o nome de dissonância cognitiva. O elemento cognitivo é uma espécie de crença, conhecimento ou opinião que o indivíduo tem de si mesmo ou do meio externo. Esses elementos cognitivos podem estar relacionados de três maneiras: dissonante, consonante ou irrelevante. Assim, podem ocorrer três tipos de relações:

1) *Relação dissonante*: o indivíduo acredita, por exemplo, que fumar é nocivo, mas continua fumando. São duas cognições contraditórias, isto é, dissonantes: a cons-

[7] FESTINGER, Leon. *A theory of cognitive dissonance*. Stanford: Stanford University, 1957.

ciência do perigo e a permanência do hábito. O indivíduo se comporta de maneira tal que não aceita intimamente o seu comportamento.

2) *Relação consoante*: quando acredita que fumar é nocivo e, então, deixa de fumar. São duas cognições consoantes entre si. O indivíduo se comporta da maneira como aceita e valoriza o seu comportamento.
3) *Relação irrelevante*: considera o fumo nocivo e gosta de passear pela manhã. São dois elementos em uma relação irrelevante, isto é, que nada tem entre si. O comportamento nada tem a ver com as suas convicções pessoais.

Quando ocorre uma relação dissonante, a pessoa sente-se mal e, para escapar do conflito íntimo, procura adotar uma das três alternativas – a seguir:

1) Pode tentar reduzi-la, mudando as suas próprias cognições pessoais para melhor sintonizá-las ou adequá-las à realidade externa. A pessoa muda o seu comportamento para reduzir a dissonância em relação à realidade externa.
2) Pode tentar reduzi-la tentando mudar a realidade externa e adaptá-la às suas cognições pessoais. A pessoa mantém as suas convicções e tenta mudar o mundo ao redor para adequá-lo a elas.
3) Se não puder alterar as suas próprias cognições pessoais, nem a realidade externa, então o indivíduo tenta conviver com o conflito íntimo da relação dissonante ou inconsistente. Se não é possível mudar as suas convicções, nem o mundo ao redor, o jeito é conviver com o conflito íntimo.

A cognição permite um quadro de referências para cada indivíduo situar-se no mundo que o rodeia e entendê-lo adequadamente. A dissonância cognitiva decorre geralmente de situações que envolvem algum processo de decisão e o conflito resultante de cognições que não batem ou não concordam entre si.

A complexa natureza do homem

Dessas duas abordagens – teoria de campo e da dissonância cognitiva – conclui-se que o comportamento das pessoas está mais baseado em suas percepções pessoais e subjetivas do que em fatos objetivos e concretos que existem na realidade. Não é a realidade, mas a maneira pessoal e individual de visualizá-la e interpretá-la que conta. Assim, as pessoas se comportam não em relação à realidade propriamente dita, mas de acordo com a maneira pela qual a percebem e a sentem, conforme as suas cognições pessoais. Em decorrência, surgem três conclusões a respeito da natureza humana:

1) *O homem é um ser transacional*: caracteriza-se por uma incessante interação, com o ambiente que o rodeia. A vida humana é uma contínua interação com o mundo ao redor. Mais do que isso, o homem é um contínuo processador de informações que recebe do seu meio exterior. As informações consonantes com suas cognições servem para reforçar e consolidar suas crenças e convicções a respeito da realidade externa. Os atos e comportamentos são guiados pela sua cognição, isto é, pelo que pensa, sente e acredita. O homem recebe insumos do ambiente e modifica e adapta continuamente os seus hábitos e crenças para reduzir as suas dissonâncias, mas também reage a eles, podendo até adotar uma posição proativa, antecipando-se e, muitas vezes, provocando mudanças no ambiente para reduzir as suas dissonâncias.
2) *O homem tem um comportamento dirigido para objetivos*: o homem é capaz de ter objetivos e aspirações e aplicar grandes doses de esforço pessoal no sentido de alcançá-los. A vida, para as pessoas, é uma contínua luta pelo alcance de objetivos pessoais. A motivação humana é fonte inesgotável de energia que direciona o comportamento das pessoas.
3) *O homem é um modelo de sistema aberto*: o homem é interdependente do meio físico e social e está ativamente envolvido em transações com o seu ambiente à medida que persegue seus objetivos. Isso exige que ele desenvolva continuamente as suas capacidades mentais – pensar, raciocinar, decidir, etc. – e que também adquira informações e crenças que lhe permitam conhecer melhor os objetos, as pessoas ou as situações em seu meio para enfrentá-los adequadamente. Trata-se de um conteúdo mental e a forma como esse conteúdo é adquirido e modificado continuamente. O homem age como um sistema de filtros por intermédio dos quais absorve e concebe a realidade ambiental que o envolve para viver e relacionar-se no seu mundo. A cognição determina a maneira pela qual o homem absorve e concebe essa realidade ambiente. O comportamento humano nada tem de lógico, pois é totalmente psicológico. Lidar com pessoas representa um desafio muito maior do que lidar com coisas lógicas e determinísticas, como máquinas, equipamentos, instalações, etc. Os dirigentes e gestores das organizações estão muito

bem preparados para lidar com coisas lógicas e com aspectos *hard*, como coisas concretas e físicas que envolvem assuntos materiais. Contudo, estão dramaticamente despreparados para lidar com pessoas e com aspectos *soft*, como questões psicológicas que envolvam aspectos humanos.

Flash **O comportamento das pessoas**

O comportamento das pessoas dentro da organização é complexo e depende de fatores internos (decorrentes de suas características de personalidade, como capacidade de aprendizagem, motivação, percepção do ambiente interno e externo, atitudes, emoções, valores, etc.) e fatores externos (decorrentes do ambiente que o envolve e das características organizacionais, como sistemas de recompensas e punições, fatores sociais, políticas, coesão grupal, etc.).

Atitudes

São determinantes do comportamento, pois estão relacionadas com percepção, personalidade, aprendizagem e motivação. Uma atitude é um estado mental de prontidão, organizado pela experiência, que exerce influência específica sobre a resposta às pessoas, aos objetos e às situações com as quais uma pessoa se relaciona.[8]

Personalidade

É um conjunto relativamente estável de características individuais e de temperamento, formado por herança e por fatores sociais, culturais e ambientais. A personalidade também é profundamente influenciada por fatores sociais e culturais. Esse conjunto de variáveis determina os traços comuns e as diferenças no comportamento do indivíduo. Essa conceituação nos conduz às seguintes conclusões:[9]

---

[8] GIBSON, James L.; IVANCEVICH, John M.; DONNELLY JR., James H. *Organizações:* comportamento, estrutura, processos. São Paulo: Atlas, 1981, p.110-111.

[9] MADDI, Salvatore R. *Personality theories:* a comparative analysis. Homewood: The Dorsey Press, 1976.

1) A personalidade é um todo organizado, pois de outro modo o indivíduo não teria significado.
2) A personalidade parece estar organizada em padrões, que são até certo ponto observáveis e mensuráveis.
3) Embora haja uma base biológica da personalidade, o desenvolvimento específico é produto do ambiente social e cultural.
4) A personalidade tem aspectos superficiais, como é o caso de atitudes para com os outros, e um aspecto mais profundo, como os sentimentos.
5) A personalidade envolve tanto características comuns, como características singulares. Toda pessoa difere das outras em alguns aspectos e assemelha-se em outros.

As pesquisas indicam a importância de fatores hereditários na formação da personalidade, principalmente nos aspectos relacionados com o temperamento. O grau de influência da cultura é muito grande, pois o funcionamento de uma sociedade requer a existência de padrões de comportamento entre seus membros e normas sobre como agir em determinadas circunstâncias. Assim, a sociedade institucionaliza certos padrões de comportamento para que seus membros tenham algumas características comuns de personalidade. Também a classe social é importante na formação da personalidade. Igualmente, as expectativas em relação aos outros, a maneira

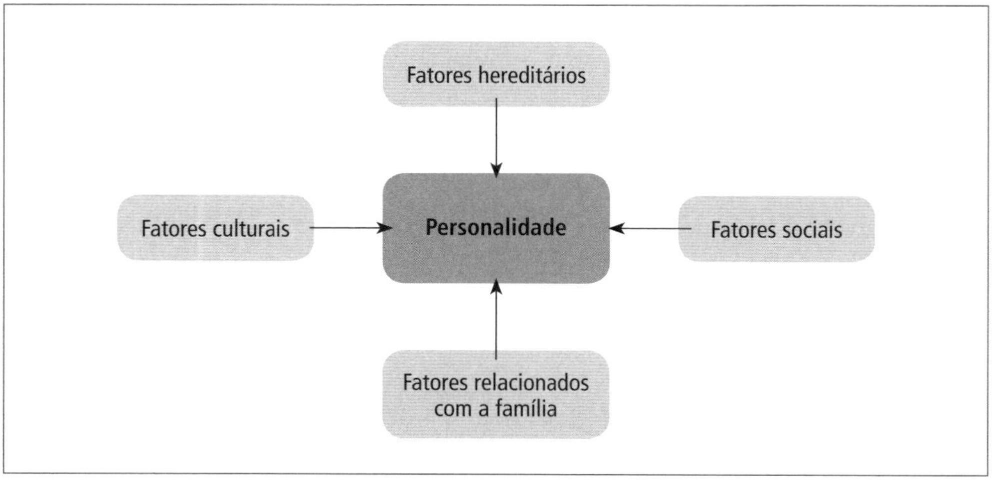

Figura 2.4 – Fatores que influenciam a formação da personalidade.

pela qual as pessoas procuram obter satisfação, a maneira de expressar os sentimentos e resolver conflitos emocionais, tudo resulta de um contexto interpessoal. Nesse contexto, a família ou relação entre pais e filhos molda comportamentos e personalidades.

Aprendizagem

Aprendizagem é o processo pelo qual se obtém uma mudança de comportamento relativamente estável resultante da prática, que envolve tanto as experiências obtidas, como o treinamento formal dentro da organização. A mudança comportamental deve ser mais ou menos permanente. O processo de aprendizagem não pode ser observado diretamente, mas inferido a partir das mudanças comportamentais. Essas mudanças podem ser tanto adaptativas e promover eficácia no comportamento, como também ineficazes e não adaptáveis.

Na verdade, a aprendizagem pode ser visualizada como um processo de condicionamento da conduta. Existem dois processos de aprendizagem conhecidos como condicionamento clássico e condicionamento operante.[10]

1) *Condicionamento clássico*: inicialmente estudado por Ivan Pavlov, fisiologista russo, no início do século XIX. Em seus experimentos, Pavlov tocava uma campainha (estímulo condicionado) e em seguida colocava o alimento (estímulo não condicionado) na boca do cachorro em laboratório. Em pouco tempo, a campainha sozinha provocava a salivação no cão. Estudando os reflexos automáticos associados à digestão, notou que o cão salivava não somente na presença de alimentos, mas também na presença de outros estímulos associados antes que o alimento fosse colocado em sua boca. Pavlov chamou o alimento de estímulo não condicionado e a salivação de resposta não condicionada, pois se tratava de uma associação não aprendida. A resposta da salivação a outros estímulos aparentemente não relacionados tinha de ser aprendida; Pavlov chamou-a de resposta condicionada em função de um estímulo condicionado. A salivação produzida pelo alimento é uma resposta não condicionada, enquanto a salivação produzida apenas pela

[10] Ver: BASS, Bernard M.; VAUGHN, James A. *Training in industry:* the management of learning. Belmont: Brooks/Cole Publishing, 1966.

campainha é uma resposta condicionada ou aprendida. A sequência dos eventos é independente do comportamento do sujeito.

2) *Condicionamento operante:* teve em B. E. Skinner seu maior nome. É uma forma de condicionamento que se liga à aprendizagem que ocorre como consequência do comportamento. O comportamento pode ser controlado pela alteração das consequências (condutas operantes). Uma conduta operante pode ser reforçada ou aumentada ou pode ser enfraquecida ou diminuída em função dos eventos que a seguem. A conduta operante caracteriza-se por ser controlada por suas consequências. A maioria das condutas dentro do trabalho nas organizações é operante. As inter-relações de estímulo e resposta são conhecidas como contingências de reforço.[11] Para Skinner, as consequências (recompensas ou penalidades) determinam a probabilidade de que determinado comportamento seja reforçado ou enfraquecido. Os resultados são fundamentais para que ocorra determinado comportamento.[12]

Motivação humana

A motivação é um importante campo do conhecimento da natureza humana e da explicação do comportamento humano. Para compreender o comportamento das pessoas, é necessário conhecer sua motivação. É difícil definir exatamente o conceito de motivação, uma vez que tem sido utilizado com diferentes sentidos. De modo geral, motivo é tudo aquilo que impulsiona a pessoa a agir de determinada forma ou, pelo menos, que dá origem a um comportamento específico.[13] Esse impulso à ação pode ser provocado por um estímulo externo (provindo do ambiente) e pode também ser gerado internamente nos processos mentais do indivíduo. Nesse aspecto, a motivação está relacionada com o sistema de cognição do indivíduo. Krech, Crutchfield e Ballachey explicam que "os atos de um ser humano são guiados por sua cognição – pelo que ele pensa, acredita e vê.

---

[11] HAMNER, M. Clay. "Reinforcement theory and contingency management in organizational settings". In: TOSI, Henry L.; HAMNER, Clay (Org.). *Organizational behavior and management:* a contingency approach. Chicago: St. Clair Press, 1974, p.86-112.

[12] SKINNER, B.E. *Contingencies of reinforcement.* Nova York: Appleton-Century-Crofts, 1969.

[13] KAST, Fremont E.; ROSENZWEIG, James E. *Organization and management:* a systems approach. Nova York: McGraw-Hill, 1970, p.245.

No entanto, ao perguntar o motivo por que ele age daquela forma, está se entrando na questão da motivação. E a resposta relativa à motivação é dada em termos de forças ativas e impulsionadoras do comportamento traduzidas em palavras como 'desejo' e 'receio'; o indivíduo deseja poder e *status*, receia o ostracismo social e as ameaças à sua autoestima. Além disso, a análise motivacional procura identificar determinados objetivos para cujo atendimento o ser humano gasta suas energias e esforços. Desejando o poder, o indivíduo compromete seus esforços, seu tempo e sua substância para alcançá-lo; desejando obter *status*, procura 'comprar' sua caminhada ingressando nos meios 'apropriados'; receando o ostracismo social, foge dos amigos e conhecidos capazes de levá-lo a apoiar uma causa social impopular; receando as ameaças à sua autoestima, evita situações em que sua competência intelectual possa ser desafiada".[14] Isso nos lembra a teoria de campo que apresentamos anteriormente.

É óbvio que as pessoas são diferentes no que tange à motivação: as necessidades variam de indivíduo para indivíduo, produzindo diferentes padrões de comportamento; os valores sociais também são diferentes, assim como as capacidades para atingir os objetivos; e assim por diante. Para complicar ainda mais, necessidades, valores sociais, capacidades e competências variam no mesmo indivíduo conforme o tempo. Apesar de todas essas diferenças, o processo que dinamiza o comportamento é mais ou menos semelhante para todas as pessoas: embora os padrões de comportamento variem profusamente, o processo do qual eles resultam é basicamente o mesmo para todas as pessoas. Nesse sentido, existem três suposições inter-relacionadas sobre o comportamento humano:

"1) *O comportamento é causado*: existe uma causalidade do comportamento. Tanto a hereditariedade como o meio ambiente influem decisivamente no comportamento. O comportamento é causado por estímulos internos ou externos.

2) *O comportamento é motivado*: há uma finalidade em todo comportamento humano. O comportamento não é casual nem aleatório, mas sempre orientado e dirigido para algum objetivo.

---

[14] KRECH, David; CRUTCHFIELD, Richard S.; BALLACHEY, Egerton L. *Individual in society*. Nova York: McGraw-Hill, 1962, p.17.

3) *O comportamento é orientado para os objetivos*: subjacente a todo comportamento existe sempre um 'impulso', um 'desejo', uma 'necessidade', uma 'tendência', expressões que servem para designar os 'motivos' do comportamento."[15]

Ciclo motivacional

O primeiro passo para conhecer a motivação humana é o conhecimento do que ocorre no comportamento das pessoas.

Embora o modelo básico de comportamento da Figura 2.5 seja o mesmo para todas as pessoas, o resultado pode variar indefinidamente, pois depende da percepção do estímulo (que varia conforme a pessoa e, na mesma pessoa, conforme o tempo), das necessidades e dos desejos (que também variam), da cognição, etc.

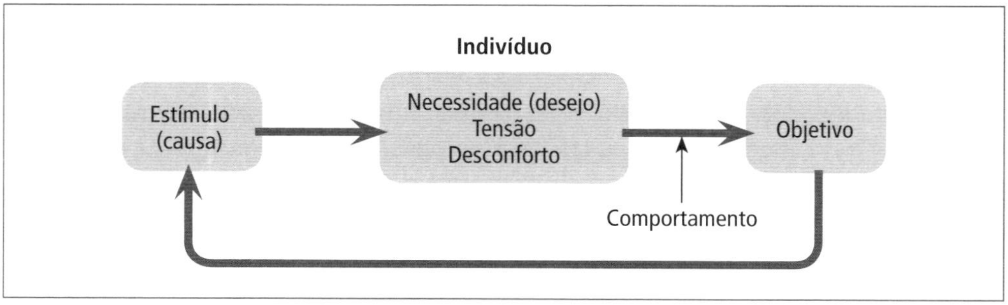

Figura 2.5 – Modelo básico de comportamento.
Fonte: LEAVITT, Harold J. *Managerial psychology*. Chicago: University of Chicago, 1964, p.9.

O ciclo motivacional percorre as seguintes etapas: uma necessidade rompe o estado de equilíbrio do organismo, causando um estado de tensão, insatisfação, desconforto e desequilíbrio. Esse estado de tensão leva o indivíduo a um comportamento ou ação, capaz de descarregar a tensão ou livrá-lo do desconforto e do desequilíbrio. Se o comportamento for eficaz, o indivíduo encontrará a satisfação da necessidade e, portanto, a descarga da tensão provocada por ela. Satisfeita a necessidade, o organismo volta ao estado de equilíbrio anterior e à sua forma de ajustamento ao ambiente. Esse ciclo motivacional está esquematizado na Figura 2.6.

---

[15] LEAVITT, Harold J. *Managerial psychology*. Chicago: University of Chicago, 1964, p.12.

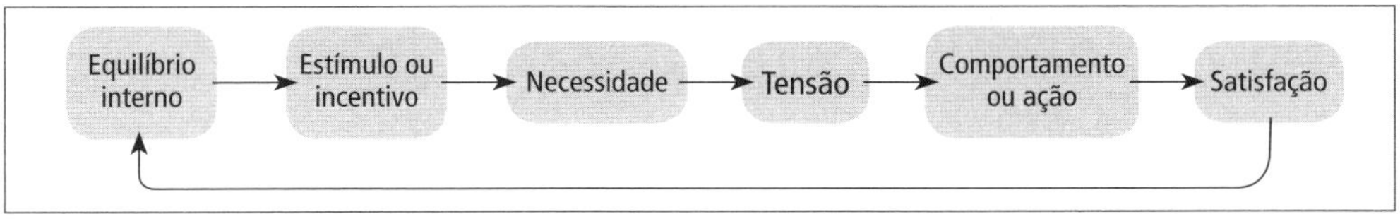

Figura 2.6 – Etapas do ciclo motivacional envolvendo a satisfação de uma necessidade.

As necessidades ou motivos não são estáticos; pelo contrário, são forças dinâmicas e persistentes que provocam comportamentos. Com a aprendizagem e a repetição (reforço positivo), os comportamentos tornam-se gradativamente mais eficazes na satisfação de certas necessidades. E quando uma necessidade é satisfeita, ela não é mais motivadora de comportamento, já que não causa tensão ou desconforto.

O ciclo motivacional pode alcançar vários níveis de resolução da tensão: uma necessidade pode ser satisfeita, frustrada (quando a satisfação é impedida ou bloqueada) ou compensada (a satisfação é transferida para outro objeto). Muitas vezes, a tensão provocada pelo surgimento da necessidade encontra uma barreira ou obstáculo para sua liberação. Não encontrando a saída normal, a tensão represada no organismo procura um meio indireto de saída, seja por via psicológica (agressividade, descontentamento, tensão emocional, apatia, indiferença, etc.), seja por via fisiológica (tensão nervosa, insônia, repercussões cardíacas ou digestivas, etc.). Outras vezes, a necessidade não é satisfeita nem frustrada, mas é transferida ou compensada. Isso acontece quando a satisfação de outra necessidade reduz ou aplaca a intensidade de uma necessidade que não pode ser satisfeita, como indicado na Figura 2.7. É o que acontece quando o motivo de uma promoção para um cargo superior é contornado por um bom aumento de salário ou por uma nova sala de trabalho.

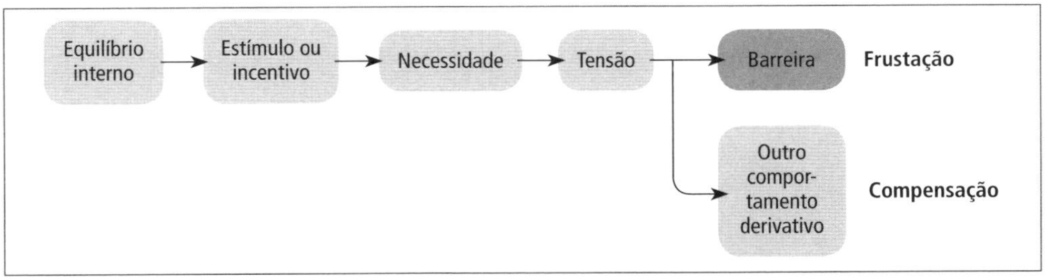

Figura 2.7 – Ciclo motivacional, frustração e compensação.

A satisfação de algumas necessidades é temporal e passageira, ou seja, a motivação humana é cíclica e orientada pelas diferentes necessidades. O comportamento é quase um processo de resolução de problemas, de satisfação de necessidades, à medida que elas vão surgindo.

Flash	**O fluxo constante das necessidades**

A satisfação de certas necessidades é temporal e passageira, ou seja, a motivação humana é cíclica: o comportamento é um processo contínuo de resolução de problemas e satisfação de necessidades à medida que vão surgindo.

As teorias mais conhecidas sobre a motivação são as relacionadas com as necessidades humanas. É o caso da teoria de Maslow sobre a hierarquia das necessidades humanas.

Hierarquia das necessidades, segundo Maslow

Maslow[16] formulou uma teoria da motivação com base no conceito de hierarquia de necessidades que influenciam o comportamento humano. Ele concebeu essa hierarquia pelo fato de o homem ser uma criatura que expande suas necessidades no decorrer de sua vida. À medida que o homem satisfaz suas necessidades básicas, outras mais elevadas tomam o predomínio do seu comportamento.

A hierarquia das necessidades de Maslow está reproduzida na figura a seguir:[17]

---

[16] MASLOW, Abraham H. "A theory of human motivation". *Psychological Review*, jul. 1943, p.370-396.

[17] Idem. *Motivation and personality*. Nova York: Harper & Row, 1954.

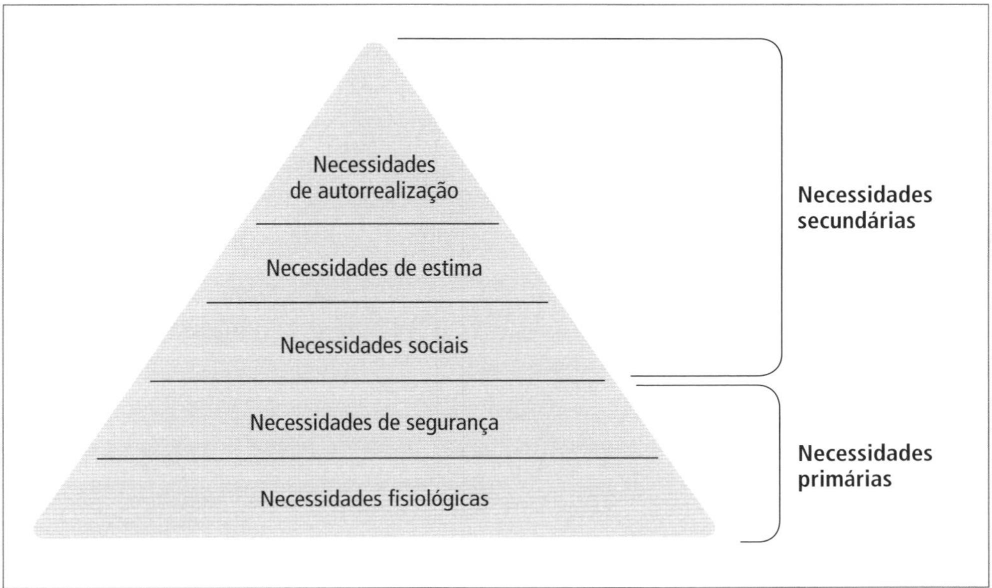

Figura 2.8 – Hierarquia das necessidades humanas, segundo Maslow.

a) *Necessidades fisiológicas* (ar, comida, repouso, abrigo).
b) *Necessidades de segurança* (proteção contra o perigo ou a privação).
c) *Necessidades sociais* (amizade, aceitação social, inclusão em grupos, etc.).
d) *Necessidades de estima* (reputação, reconhecimento, autorrespeito, amor, etc.).
e) *Necessidades de autorrealização* (realização do potencial, utilização plena dos talentos individuais, etc.).

A maior parte das pessoas nas sociedades com elevado padrão de vida tem suas necessidades primárias (fisiológicas e de segurança) regularmente satisfeitas sem muito esforço e sem muito efeito motivacional. Nesse caso, passam a predominar as necessidades secundárias (sociais, de estima e de autorrealização). Contudo, à medida que se desce aos níveis socioeconômicos mais baixos, as necessidades primárias, por não serem regulares ou totalmente satisfeitas, passam a predominar no comportamento, como objetivos básicos que orientam as suas ações. Assim, o indivíduo que tem fome procura algo para comer e o que se sente ameaçado busca a segurança.

Em linhas gerais, a teoria de Maslow apresenta os seguintes aspectos:

1) Uma necessidade satisfeita não é motivadora de comportamento. Apenas as necessidades não satisfeitas influenciam o comportamento, dirigindo-o para objetivos individuais.
2) O indivíduo nasce com certa bagagem de necessidades fisiológicas, que são necessidades inatas ou hereditárias. Inicialmente, seu comportamento é exclusivamente voltado para a satisfação dessas necessidades, como fome, sede, ciclo sono-atividade, sexo, etc.
3) A partir de certa idade, o indivíduo ingressa em uma longa trajetória de aprendizagem de novos padrões de necessidades. Surgem as necessidades de segurança, voltadas para a proteção contra o perigo, ameaças ou privação. As necessidades de segurança, bem como as fisiológicas, são as necessidades primárias do indivíduo, voltadas para sua conservação pessoal.
4) À medida que o indivíduo passa a satisfazer e a controlar suas necessidades fisiológicas e de segurança, surgem lenta e gradativamente as necessidades secundárias: sociais, de estima e de autorrealização. Quando o indivíduo alcança a satisfação das necessidades sociais, surgem as necessidades de estima, e, somente quando estas são satisfeitas surgem as necessidades de autorrealização. Isso significa que as necessidades de estima são complementares às necessidades sociais, enquanto as de autorrealização são complementares às de estima. Os níveis mais elevados de necessidade somente surgem quando os níveis mais baixos estão relativamente controlados e satisfeitos pelo indivíduo. Nem todos os indivíduos conseguem chegar ao nível das necessidades de autorrealização, ou mesmo ao nível das necessidades de estima. É uma conquista individual.
5) As necessidades mais elevadas não somente surgem à medida que as mais baixas vão sendo satisfeitas, mas predominam as mais baixas de acordo com a hierarquia das necessidades traçada por Maslow. O comportamento do indivíduo é influenciado simultaneamente por um grande número de necessidades concomitantes, porém as necessidades mais elevadas têm ativação predominante em relação às necessidades mais baixas.
6) As necessidades mais baixas requerem um ciclo motivacional relativamente rápido (comer, dormir, etc.), enquanto as necessidades mais elevadas requerem um ciclo motivacional extremamente longo. No entanto, se alguma necessidade mais baixa deixar de ser satisfeita durante muito tempo, ela se torna imperativa, neutralizando o efeito das necessidades mais elevadas. A privação de uma necessidade mais baixa faz com que as energias do indivíduo se desviem para a luta pela sua satisfação.

Maslow procurou desfazer o mito de que é preciso satisfazer totalmente determinado nível de necessidade para que o nível superior possa tornar-se predominante. Como mostra a Figura 2.9, o ponto mais alto de cada nível ocorre antes de o nível seguinte tornar-se dominante. Com o autodesenvolvimento, o número e a variedade de necessidades aumentam. No ponto mais alto da necessidade de estima, por exemplo, todas as necessidades diferentes do indivíduo estão ativas em diferentes graus de intensidade.

Figura 2.9 – Hierarquia das necessidades humanas.

A abordagem de Maslow – embora genérica e ampla – representa para a ARH um valioso modelo de atuação sobre o comportamento das pessoas, como veremos adiante.

Teoria dos dois fatores de Herzberg

Enquanto Maslow fundamenta sua teoria da motivação nas diferentes necessidades humanas (abordagem intraorientada), Herzberg[18] alicerça sua teoria no ambiente externo e no trabalho do indivíduo (abordagem extraorientada).

[18] HERZBERG, Frederick. *Work and nature of man*. Cleveland: The World Publishing, 1966.

Em um estudo sobre engenheiros e contadores, Herzberg et al.[19] verificaram a evidência de que dois fatores distintos devem ser considerados na satisfação do cargo. Um conjunto de fatores, que denominou fatores motivacionais ou "satisfacientes", provoca satisfação com o cargo e com as aparentes melhorias no desempenho. Os fatores motivacionais geralmente fazem parte do desempenho do cargo e estão relacionados com as necessidades mais elevadas da hierarquia de Maslow. Os fatores satisfacientes ou motivacionais são: realização, reconhecimento, responsabilidade, crescimento e trabalho em si. Suas relações positivas com melhoria no desempenho, rotação no trabalho, atitudes quanto à administração e à "saúde mental" receberam muita ênfase no trabalho de Herzberg. Os meios práticos de proporcionar ou incentivar os fatores satisfacientes incluem:

- Delegação de responsabilidade.
- Liberdade de exercer discrição.
- Promoção e oportunidades de futuro.
- Uso pleno das habilidades e competências pessoais.
- Estabelecimento de objetivos e avaliação relacionada com eles.
- Simplificação do cargo (pelo próprio ocupante).
- Ampliação ou enriquecimento do cargo (horizontal ou vertical).

O outro conjunto de fatores – a que denominou fatores higiênicos ou "insatisfacientes" – tende a atuar em uma direção negativa. Se os fatores higiênicos se situam em um nível abaixo do "adequado", em termos de expectativas dos empregados, podem causar insatisfação. Melhorando esses fatores ou as condições, pode-se remover a insatisfação, com efeitos benéficos. Todavia, elevando as condições acima desse nível adequado, não se obtém nenhuma satisfação e nenhum desempenho elevado é com ela associado. Enquanto os fatores satisfacientes são intrínsecos, os insatisfacientes são periféricos e extrínsecos em relação ao cargo em si ou à atividade do indivíduo. Enquanto ótimos, esses fatores apenas evitam a insatisfação, mas,

---

[19] HERZBERG, Frederick; MAUSNER, Bernard; SNYDERMAN, Barbara B. *The motivation to work*. NovaYork: John Willey, 1959.

quando precários, provocam insatisfação. É por meio deles que as organizações têm tradicionalmente tentado motivar seus empregados.

Os fatores insatisfacientes incluem:

- Condições de trabalho e conforto pessoal.
- Políticas da empresa e administração.
- Relacionamento com o supervisor.
- Competência técnica do supervisor.
- Salários e benefícios sociais.
- Segurança no cargo.
- Relacionamento com colegas.

Os fatores insatisfacientes estão relacionados com os três níveis inferiores da hierarquia de Maslow.

Herzberg considera que tanto o ambiente externo (contexto ambiental) como o trabalho em si são fatores importantes na motivação humana. Contudo, apenas o ambiente em que o empregado trabalha e as circunstâncias externas que o envolvem têm sido enfatizados pela grande maioria das políticas de ARH das organizações. Em suma, sobressaem mais as condições que o rodeiam e aquilo que ele recebe externamente, em troca do seu trabalho do que o trabalho propriamente dito. Herzberg, em função de pesquisas[20] cuja validade tem sido amplamente discutida, define uma teoria de dois fatores:

1) *Fatores higiênicos*: condições que rodeiam o empregado enquanto trabalha, englobando condições físicas e ambientais de trabalho, salário, benefícios sociais, políticas da empresa, tipo de supervisão recebido, clima de relações entre a direção e os empregados, regulamentos internos, oportunidades existentes, etc. Correspondem à perspectiva ambiental. São os fatores tradicionalmente utilizados pelas organizações para se obter motivação. Herzberg, contudo, considera esses fatores higiênicos muito limitados em sua capacidade de influenciar poderosamente o comportamento dos empregados. Escolheu a expressão "higiene" exatamente para refletir seu caráter

---

[20] HUNT, J.G.; HILL, J.W. "The new look in motivational theory of organizational research". In: DALTON, Gene W.; LAWRENCE, Paul R. (Org.). *Motivation and control in organizations.* Homewood: Richard D. Irwin and The Dorsey Press, 1973, p.337-351.

preventivo e profilático e para mostrar que se destinam simplesmente a evitar fontes de insatisfação do meio ambiente ou ameaças potenciais ao seu equilíbrio. Quando esses fatores são ótimos, simplesmente evitam a insatisfação, uma vez que sua influência sobre o comportamento não consegue elevar substancial e duradouramente a satisfação. Contudo, quando são precários, provocam insatisfação.

2) *Fatores motivadores*: conteúdo do cargo, tarefas e deveres relacionados com o cargo em si. São os fatores motivacionais que produzem efeito duradouro de satisfação e de aumento de produtividade em níveis de excelência, isto é, acima dos níveis normais. O termo "motivação", para Herzberg, envolve sentimentos de realização, crescimento e reconhecimento profissional manifestados por meio do exercício das tarefas e atividades que oferecem suficiente desafio e significado para o trabalhador. Quando os fatores motivacionais são ótimos, elevam substancialmente a satisfação; quando precários, provocam ausência de satisfação.

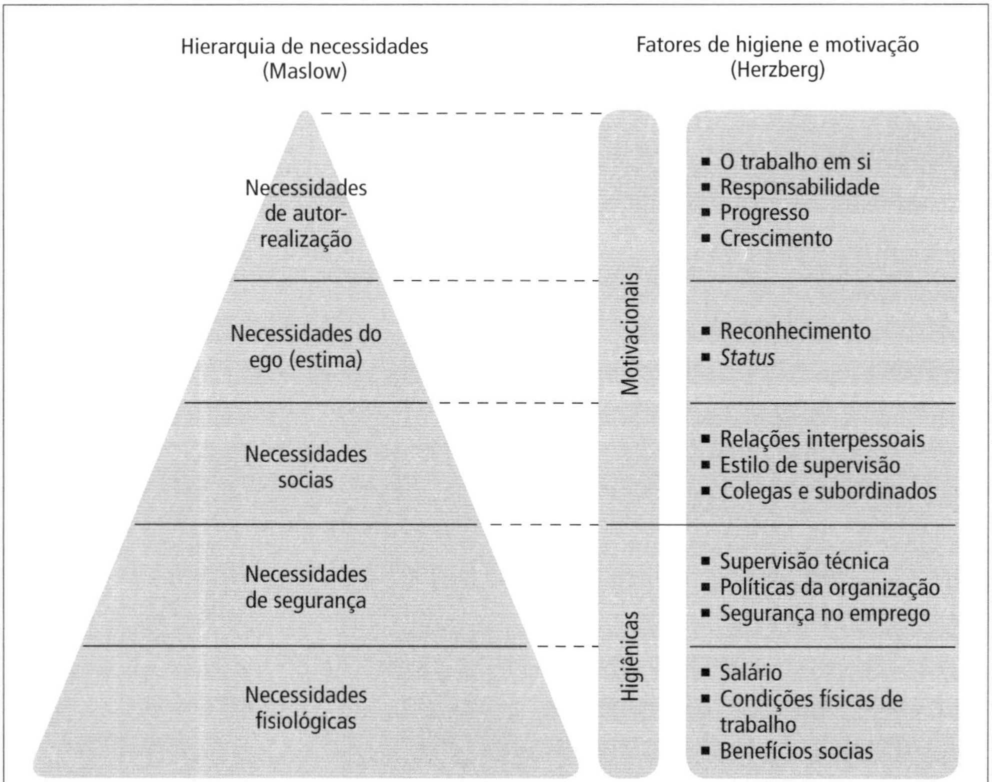

Figura 2.10 – Comparação dos modelos de motivação de Maslow e Herzberg.
Fonte: DAVIS, Keith. *Human behavior at work*. Nova York: McGraw-Hill, 1972, p.59.

A análise de Herzberg focaliza principalmente a natureza das tarefas do cargo. De modo geral, as tarefas do cargo são definidas inicialmente com a única preocupação de atenderem aos princípios de eficiência e economia, o que tem levado a um esvaziamento dos componentes de desafio e de oportunidade para a criatividade no conteúdo das tarefas do cargo. Assim, as tarefas passaram a provocar um efeito de "desmotivação": a apatia e a alienação são os resultados naturais da existência de tarefas que não são capazes de oferecer ao trabalhador nada mais além de um lugar decente para trabalhar. Os fatores de higiene podem evitar que o trabalhador se queixe, mas não fazem com que ele queira trabalhar mais ou com maior eficiência. Caso se ofereçam ainda mais fatores higiênicos – em forma de prêmios ou pagamentos de incentivos monetários -, os efeitos serão temporários. Herzberg salienta que os investimentos em fatores higiênicos atingem rapidamente o ponto de diminuição de retorno e não representam, portanto, uma sólida estratégia de motivação.[21]

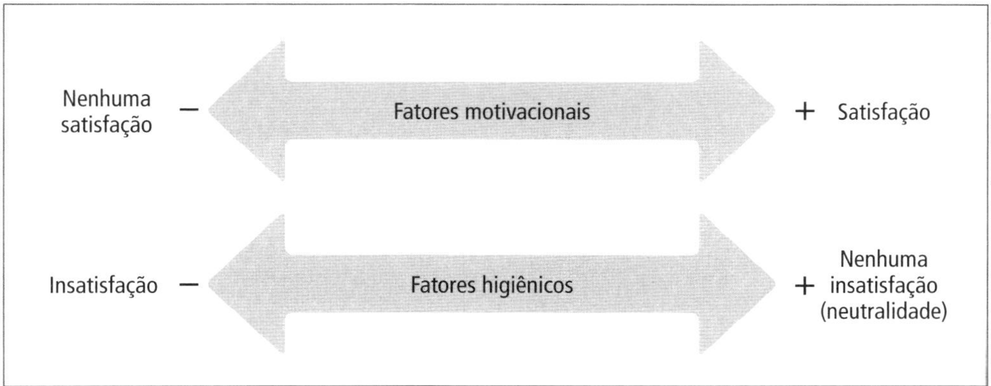

Figura 2.11 – Teoria dos dois fatores: os satisfacientes e os insatisfacientes como dois *continuuns* separados.

Em essência, a *teoria dos dois fatores* sobre a satisfação no cargo afirma que:[22]

---

[21] MYERS, M. Scott. "Quem são seus trabalhadores motivados?". In: HAMPTON, David R. (Org.). *Conceitos de comportamento na administração*. São Paulo: EPU, 1973, p.63-92.

[22] KORMAN, Abraham K. *Industrial and organizational psychology*. Englewood Cliffs: Prentice Hall, 1971, p.147.

1) *Satisfação no cargo*: função do conteúdo ou atividades desafiadoras e estimulantes do cargo. São os chamados fatores "motivadores".
2) *Insatisfação no cargo*: função do ambiente, da supervisão, dos colegas e do contexto geral do cargo. São os chamados fatores "higiênicos".

Como indicado na Figura 2.11, Herzberg chegou à conclusão de que os fatores responsáveis pela satisfação profissional são totalmente desligados e distintos dos fatores responsáveis pela insatisfação profissional: "o oposto de satisfação profissional não seria a insatisfação, mas, sim, nenhuma satisfação profissional; e, da mesma maneira, o oposto de insatisfação profissional, seria nenhuma insatisfação profissional, e não a satisfação".[23]

Para introduzir maior dose de motivação no trabalho, Herzberg propõe o "enriquecimento de tarefas" (*job enrichment*), que consiste em deliberadamente ampliar a responsabilidade, os objetivos e o desafio das tarefas do cargo. Na parte relacionada com os *subsistemas de aplicação de recursos humanos*, serão debatidos alguns aspectos do *enriquecimento de tarefas* ou *enriquecimento do cargo*.

A pesquisa de Herzberg sugere que, enquanto os insatisfacientes raramente atuam como satisfacientes, estes podem causar insatisfação, como no caso de falta de reconhecimento, insucesso na realização, etc. Os satisfacientes apresentam um efeito máximo na ausência de insatisfacientes ativos, mas tendem a ultrapassar o efeito dos insatisfacientes quando estes estão presentes.

Em uma réplica ao trabalho de Herzberg, Myers[24] concluiu que um ambiente de trabalho rico em satisfacientes (oportunidades para satisfazer às necessidades mais elevadas) estimula o desenvolvimento da pessoa, enquanto um ambiente pobre em tais oportunidades conduz a uma preocupação com os fatores insatisfacientes. Estudando uma amostra de operários, Lodahl[25] obteve resultados similares aos de Herzberg.

---

[23] HERZBERG, Frederick. "O conceito de higiene como motivação e os problemas do potencial humano de trabalho". In: HAMPTON, David R. (Org.). *Conceitos de comportamento na administração*. São Paulo: EPU, 1973. p.54.

[24] MYERS, M. Scott. "Who are your motivated workers?" *Harvard Business Review*, v.42, 1964, p.73-88.

[25] LODAHL, T.M. "Patterns of job attitudes in two assembly technologies". *Administrative Science Quartely*, v.9, 1964, p.482-519.

Na prática, a abordagem de Herzberg enfatiza fatores que tradicionalmente são negligenciados e desprezados pelas organizações em favor dos fatores insatisfacientes nas tentativas de elevar o desempenho e a satisfação do pessoal.

Até certo ponto, as conclusões de Herzberg coincidem com a teoria de Maslow de que os níveis mais baixos de necessidades humanas têm relativamente pequeno efeito motivacional quando o padrão de vida é elevado. As abordagens de Maslow e de Herzberg apresentam alguns pontos de concordância que permitem uma configuração mais ampla e rica a respeito da motivação do comportamento humano. Não obstante, apresentam também importantes diferenças. A Figura 2.10 facilita uma comparação dos dois modelos.

Enquanto Maslow afirma que qualquer necessidade pode ser motivadora de comportamento se ela for relativamente insatisfeita, Herzberg salienta que apenas as necessidades mais elevadas atuam como motivadoras e que uma pessoa pode simultaneamente ter insatisfeitas as necessidades motivacionais e as higiênicas. Pode-se asseverar que as necessidades mais elevadas são motivadoras porque as necessidades mais baixas estão relativamente satisfeitas. Todavia, Herzberg apresenta alguma evidência de que, mesmo em serviços de baixo nível, em que as necessidades mais baixas são menos satisfeitas, as necessidades elevadas são percebidas pelas pessoas como motivadoras.

Durante muitos anos, a concepção de motivação com respeito às organizações formais foi eminentemente baseada nos modelos de Maslow e Herzberg. No entanto, essas teorias, amplamente aceitas e divulgadas, careciam de verificação empírica. Pesquisas recentes têm demonstrado que a teoria de Maslow apresenta evidência empírica relativamente pequena,[26] enquanto a de Herzberg continua ainda cheia de controvérsias.[27]

---

[26] Ver: PORTER, L.W. *Organizational patterns of managerial job attitudes.* Nova York: American Foundation for Management Research, 1964; BEER, Michael. *Leadership, employees needs and motivation.* Columbus Bureau of Business Research, 1966; CLARK, J.V. "Motivation in work groups, a tentative view". *Human Organization*, v.19, 1960, p.199-208; LAWLER III, E.E.; PORTER, L.W. "The effect of performance on job satisfaction". *Industrial Relations*, v.7, n.1, 1967, p.20-28; Idem. *Managerial attitudes and performance.* Homewood: Richard D. Irwin and The Dorsey Press, 1968, p.143-150.

[27] Ver: DUNNETTE, M.D.; CAMPBELL, J.P.; HAKEL, M.D. "Factors contributing to job satisfaction and job dissatisfaction in six occupational groups". In: *Organizational behavior and human performance*, v.2, 1967, p.143-174. HULIN, C.L.; SMITH, P.A. "An empirical investigation of two implications of the two-factor theory of job satisfaction". *Journal of Applied Psychology*,

Modelo contingencial de motivação de Vroom

Enquanto a teoria de Maslow está baseada em uma estrutura uniforme e hierárquica de necessidades, a teoria de Herzberg baseia-se em duas classes de fatores. Ambas as teorias repousam na presunção implícita de que existe uma maneira melhor (*the best way*) de motivar as pessoas, seja por meio do reconhecimento da pirâmide de necessidades humanas, seja através da aplicação dos fatores motivacionais e do enriquecimento do cargo. Todavia, a evidência tem demonstrado que diferentes pessoas reagem de diferentes maneiras, conforme a situação em que estejam colocadas. As limitações tecnológicas de alguns cargos podem, muitas vezes, restringir ou mesmo impedir a plena utilização de fatores motivacionais e do enriquecimento do cargo. Em outros termos, a motivação individual, para produzir em dado momento, depende não só dos objetivos individuais, mas também da percepção da utilidade relativa do desempenho pessoal como um meio gradativo de atingir aqueles objetivos.

Victor H. Vroom[28] desenvolveu uma teoria da motivação que rejeita noções preconcebidas e que reconhece as diferenças citadas. A teoria de Vroom está mais dentro da linha atualmente aceita pelos psicólogos e sociólogos contemporâneos. É bastante parecida com a teoria desenvolvida por Atkinson et al.[29] e Edwards[30] na Psicologia Experimental, e por Peak,[31] Rosenberg[32] e Fishbein[33] na Psicologia Social.

---

v.51, 1967, p.396-402; LINDAY, C.A.; MARKS, E.; GORLOW, L. "The Herzberg theory: a critique and reformulation". *Journal of Applied Psychology*, v.51, 1967, p.330-339; HINRICHS, J.R.; MISCHKING, L.A. "Empirical and theoretical limitations of the two fartar hypothesis". *Journal of Applied Psychology*, v.51, 1967, p.191-200.

[28] VROOM, Victor H. *Work and motivation*. Nova York: John Wiley, 1964.

[29] ATKINSON, J.W. et al. "The achievement motive, goal setting, and probability preferences". *Journal of Abnormal and Social Psychology*, v.60, 1960, p.27-36.

[30] EDWARDS, W. "Behavioral decision theory". *Annual Review of Psychology*. Palo Alto, 1961, p.473-499.

[31] PEAK, H. "Attitude and motivation". *Nebraska Symposium on Motivation*. Lincoln: University of Nebraska Press, 1955, p.148-184.

[32] ROSENBERG, M. "Cognitive structure and attitudinal effect". *Journal of Abnormal and Social Psychology*, v.53, 1956, p.367-372.

[33] FISHBEIN, M. "An operational definition of belief and attitude". *Human Relations*, v.15, 1962, p.35-43.

Para Vroom, o nível de produtividade individual parece depender de três forças básicas que atuam no indivíduo:

1) Objetivos individuais, ou seja, a força do desejo de atingir objetivos.
2) Relação que o indivíduo percebe entre produtividade e alcance dos seus objetivos individuais.
3) Capacidade de o indivíduo influenciar seu próprio nível de produtividade, à medida que acredita poder influenciá-lo.

Essas três forças estão indicadas na figura a seguir.

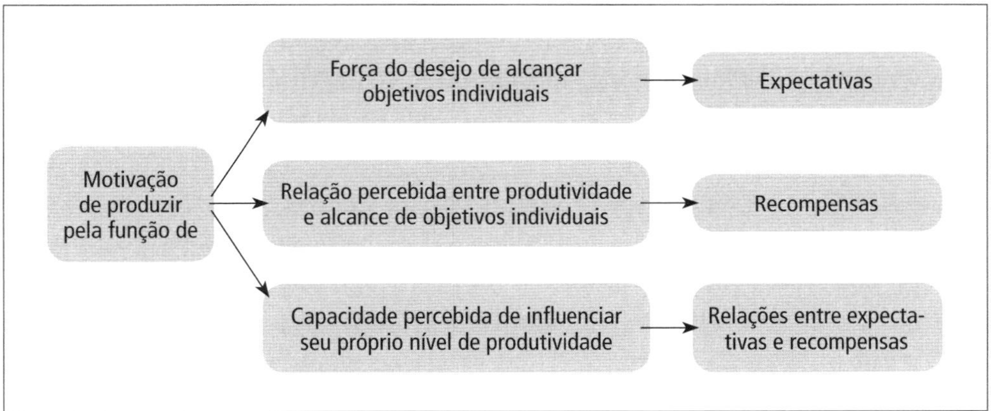

Figura 2.12 – Dimensões básicas da motivação, segundo Vroom.

Para Vroom, a pessoa pode desejar aumentar a produtividade quando três condições se impõem:

1) *Objetivos pessoais*: podem incluir dinheiro, segurança no cargo, aceitação social, reconhecimento, trabalho interessante, etc. Existem outras combinações de objetivos que se pode satisfazer simultaneamente.
2) *Relação percebida entre satisfação dos objetivos e alta produtividade*: se um operário tem como importante objetivo ter salário maior e se ele trabalha na base de remuneração por produção, poderá ter uma forte motivação para produzir mais. No entanto, se sua necessidade de aceitação social pelos outros membros do grupo é mais importante, poderá produzir abaixo do nível que o grupo consagrou como padrão de produção informal, pois produzir mais pode significar a rejeição do grupo.

3) *Percepção de sua capacidade de influenciar a produtividade*: se um empregado acredita que um grande volume de esforço despendido tem pouco efeito sobre o resultado, tende a não se esforçar muito, como é o caso de alguém em um cargo sem treinamento adequado ou do operário em uma linha de montagem de velocidade fixa.

Segundo Vroom, esses três fatores determinam conjuntamente a motivação do indivíduo para produzir em dado tempo. O modelo de motivação de Vroom apoia a teoria da motivação de objetivos gradativos, desenvolvida anteriormente por alguns autores,[34] denominado modelo de expectação de motivação. Esse modelo é baseado na hipótese de que a motivação é um processo que governa escolhas entre comportamentos. O indivíduo percebe as consequências de cada alternativa de ação como um conjunto de possíveis resultados provenientes de seu particular comportamento. Esses resultados podem ser frequentemente representados como uma cadeia de relações entre meios e fins. Assim, quando o indivíduo procura um resultado de primeiro nível (produtividade elevada, por exemplo), está buscando meios para alcançar resultados de nível final (dinheiro, benefícios sociais, apoio do supervisor, promoção ou aceitação do grupo), como indicado, esquematicamente, na Figura 2.13.

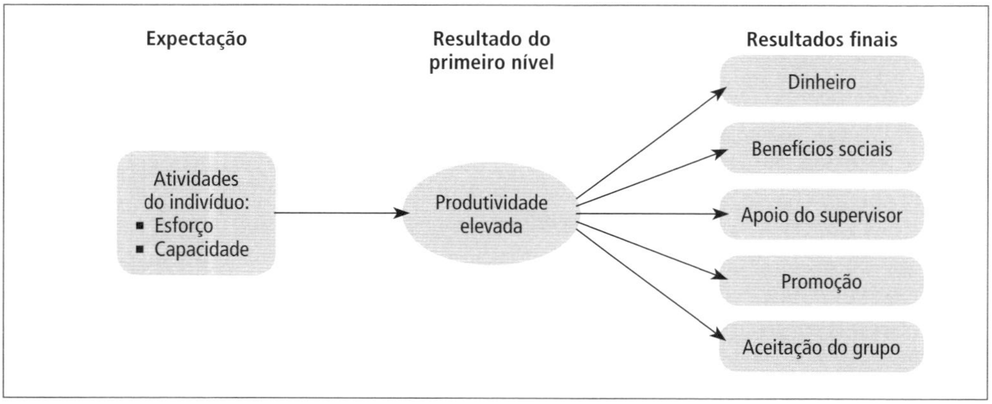

Figura 2.13 – Modelo de expectação aplicado.
Fonte: HELLRIEGEL, Don; SLOCUM JR., John W. *Management*: a contingency approach. Reading: Addison Wesley, 1974, p.321.

[34] GEORGOPOULOS, B.S.; MAHONEY, G.M.; JONES, N.W. "A path-goal approach to productivity". *Journal of Applied Psychology*, v.41, 1957, p.345-353.

Para Vroom, cada pessoa tem preferências para determinados resultados finais, aos quais denomina valências, lembrando a teoria de campo de Lewin. Valência positiva indica desejo de alcançar determinado resultado final, enquanto valência negativa implica desejo de fugir de determinado resultado final. Os resultados de primeiro nível apresentam valência em função de sua relação percebida com os resultados finais desejados. Na Figura 2.13, a produtividade elevada (resultado de primeiro nível) não tem valência em si, mas ganha-a enquanto estiver relacionada com o desejo do indivíduo de atingir determinados resultados finais. Essa relação causal entre resultado de primeiro nível e resultado final é denominada instrumentalidade. A instrumentalidade apresenta valores que variam de + 1,0 a –1,0 (como os coeficientes de correlação), dependendo de estar diretamente ligada ao alcance dos resultados finais ou não. Se, no caso, o indivíduo perceber que não há relação alguma entre sua produtividade elevada e o dinheiro, a instrumentalidade será zero, ou, em outros termos, de nada adianta para ele a produtividade elevada para alcançar dinheiro.

O desejo do indivíduo (valência) para uma produtividade elevada é determinado pela soma das instrumentalidades e valências de todos os resultados finais. Assim, a motivação de um indivíduo e seu esforço motivado podem influenciá-lo a perceber que suas ações podem alterar seu nível de desempenho. Essa percepção subjetiva de ação-resultado é definida como expectância. Os valores de expectância (como os níveis de probabilidade) podem variar de 0 a + 1,0, dependendo do grau de certeza percebida com que as atividades do indivíduo podem influenciar seu nível de desempenho. Assim, um indivíduo somente procurará trabalho extraordinário quando perceber que seu esforço e sua capacidade podem resultar em produtividade elevada, a qual, por seu turno, pode proporcionar-lhe dinheiro, promoção, apoio do supervisor, etc.

A teoria de Vroom é denominada Modelo Contingencial de Motivação, porque enfatiza as diferenças entre as pessoas e entre os cargos. O nível de motivação é contingente sob duas forças que atuam em uma situação de trabalho: as diferenças individuais e as maneiras de operacionalizá-las. A teoria de Vroom é uma teoria da motivação, e não do comportamento. Embora apresente interessantes perspectivas de predição do comportamento individual nas organizações, deixa muitas questões no ar.[35] Em muitos cargos relacionados com a produção, a tarefa é projetada para limitar e restringir as alternativas de comportamento do operário. Somente quando o operário pode escolher entre várias alternativas e é capaz de selecionar uma escolha é que o modelo pode ser utilizado. Em segundo lugar, é muito difícil conhecer de antemão os objetivos que têm valência positiva em uma situação de trabalho. Em terceiro, é difícil conhecer quanto uma diferença é necessária entre alternativas de resultados para levar o indivíduo a escolher uma alternativa em vez de outra.[36]

Assim, a motivação para o trabalho envolve uma complexa inter-relação entre variáveis, como:[37]

1) *Expectativas*: cuja natureza e força variam no mesmo indivíduo conforme as necessidades e aspirações ao longo do tempo.
2) *Recompensas*: a percepção do indivíduo de potenciais satisfacientes na situação.
3) *Relações entre expectativas e recompensas*: a percepção do indivíduo de possíveis recompensas para seus resultados.

A Figura 2.14 mostra o processo motivacional em termos sistêmicos e contingenciais. As atividades de um indivíduo constituem função de entradas (*inputs*), seja de tarefa ou de tarefas percebidas ou de recompensas percebidas. O indivíduo avalia as entradas (*inputs*) de acordo com sua motivação e força das necessidades no momento, o que resulta em uma atitude ou em um mecanismo de direção de seu comportamento. Essa atitude determina seu comportamento (*output*) e a quantidade e qualidade de seu desempenho.

---

[35] HUNT, J.G.; HILL, J.W. "The new look in motivational theory of organizational research". In: DALTON, Gene W.; LAWRENCE, Paul R. (Org.). *Motivation and control in organizations.* Homewood: Richard D. Irwin and The Dorsey Press, 1973, p.337-351.

[36] GALBRAITH, J.R.; CUMMINGS, L. "An empirical investigation of the motivational determinants of task performance interative effects between instrumentality-valence and motivation-ability". *Organizational Behavior and Human Performance*, v.2, 1967, p.237-257.

[37] HUSE, Edgar F.; BOWDITCH, James L. *Behavior in organizations:* a systems approach to managing. Reading: Addison-Wesley, 1973, p.73.

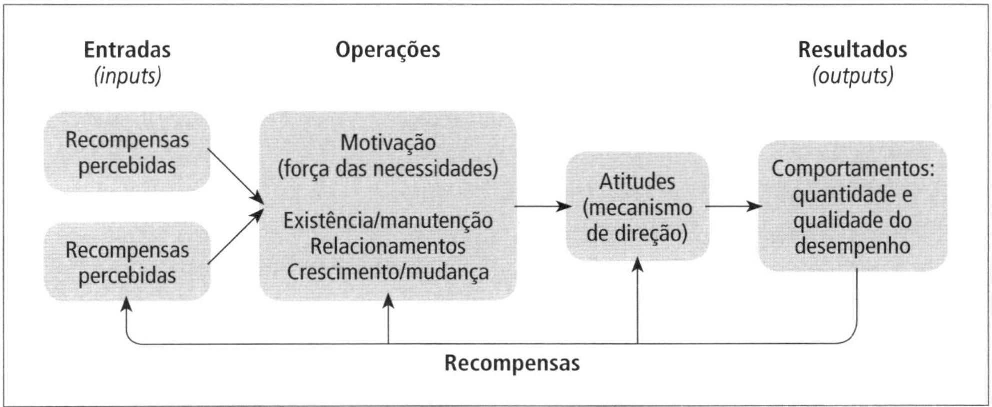

Figura 2.14 – Modelo sistêmico de motivação e comportamento.

Fonte: HUSE, Edgar F.; BOWDITCH, James L. *Behavior in organizations*: a systems approach to managing. Reading: Addison-Wesley, 1973, p.73.

Teoria de expectação

Em seus trabalhos sobre motivação, Lawler III[38] encontrou evidências de que o dinheiro pode motivar não apenas o desempenho, mas também outros tipos de comportamento, como o companheirismo e a dedicação à organização. Apesar do resultado óbvio, verificou que o dinheiro tem apresentado pouca potência motivacional em virtude da sua incorreta aplicação pela maior parte das organizações. A relação não consistente entre o dinheiro e o desempenho, em muitas organizações, é devida a várias razões:

1) O enorme lapso de tempo entre o desempenho da pessoa e o fraco incentivo salarial decorrente. A fraqueza do incentivo e a demora para recebê-lo dão, geralmente, a falsa impressão de que os ganhos das pessoas são independentes do seu

---

[38] Ver: LAWLER III, Edward E. *Pay and organizational effectiveness*. Nova York: McGraw-Hill, 1971; LAWLER III, Edward E.; PORTER, L.W. *Managerial attitudes and performance*. Homewood: Richard D. Irwin and The Dorsey Press, 1968; e PORTER, L.W.; LAWLER III, Edward E., HACKMAN, J. Richard. *Behavior in organizations*. Nova York: McGrawHill, 1975, cap. 12.

desempenho. O reforço é fraco e demorado. A relação entre dinheiro e desempenho torna-se frágil.

2) As avaliações de desempenho não produzem distinções salariais, pois os gestores e os avaliadores não gostam de se confrontar com pessoas de baixo desempenho e que não estão preparadas para receber nenhum ou menor incentivo salarial do que os demais colegas que têm bom desempenho. Assim, os salários tendem a ser mantidos pela média e acabam não recompensando o desempenho excelente oferecido por algumas pessoas e provocando uma relação não consistente entre dinheiro e desempenho. A relação torna-se dissonante.
3) A política de remuneração das organizações está, geralmente, atrelada às políticas governamentais ou a convenções sindicais, que são genéricas e abrangentes, e que procuram regulamentar indistintamente os salários a fim de neutralizar o efeito da inflação. Os salários tornam-se planos e não distinguem o bom e o mau desempenho.
4) O forte preconceito gerado pela antiga Teoria das Relações Humanas a respeito do salário em si e das limitações do modelo do *homo economicus* difundido pela Teoria da Administração Científica de Taylor e seus seguidores e que ela tanto combateu. Esse preconceito existe até os dias de hoje e parece transformar o dinheiro em algo vil e sórdido, quando, na realidade, ele é uma das razões principais que levam as pessoas a trabalhar em uma organização.

Lawler III conclui que existem duas bases sólidas para a sua teoria:

1) As pessoas desejam dinheiro porque lhes permite não somente a satisfação de necessidades fisiológicas e de segurança, mas também lhes dá plenas condições para a satisfação das necessidades sociais, de estima e de autorrealização. O dinheiro é um meio e não um fim em si mesmo. Ele pode comprar muitas coisas que satisfazem múltiplas necessidades pessoais;
2) Se as pessoas percebem e crêem que o seu desempenho é, ao mesmo tempo, possível e necessário para obter mais dinheiro, elas certamente desempenharão da melhor maneira possível. É só estabelecer esse tipo de percepção.

Assim, a teoria da expectação pode ser expressa pela equação reproduzida na figura a seguir.

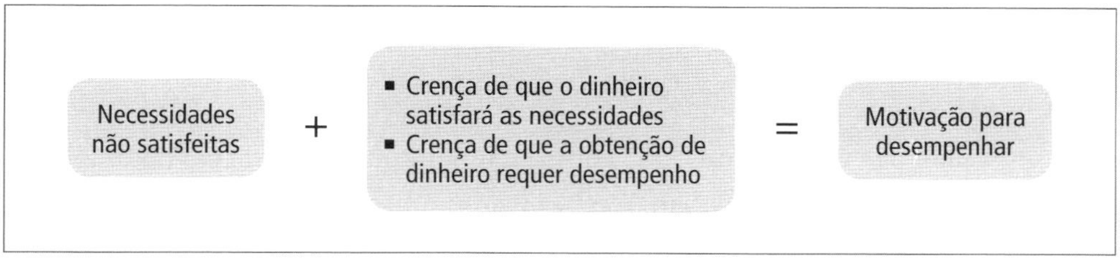

Figura 2.15 – Teoria da expectação.
Fonte: HAMPTON, David R. *Contemporary management*. Nova York: McGraw-Hill, 1977, p.384.

Desde que as pessoas acreditem que há ligação entre diferenças de remuneração e de desempenho, o dinheiro poderá ser um excelente motivador.

Clima organizacional

O conceito de motivação – ao nível individual – conduz ao de clima organizacional – ao nível da organização. Os seres humanos estão continuamente engajados no ajustamento a uma variedade de situações, no sentido de satisfazer suas necessidades e manter um equilíbrio emocional. Isso pode ser definido como um estado de ajustamento. Tal ajustamento não se refere somente à satisfação das necessidades fisiológicas e de segurança, mas também à satisfação das necessidades de pertencer a um grupo social de estima e de autorrealização. É a frustração dessas necessidades que causa muitos dos problemas de ajustamento. Como a satisfação dessas necessidades superiores depende muito de outras pessoas, particularmente daquelas que estão em posições de autoridade, torna-se importante para a administração compreender a natureza do ajustamento e do desajustamento das pessoas.

O ajustamento – assim como a inteligência ou as aptidões – varia de uma pessoa para outra e dentro do mesmo indivíduo de um momento para outro. Varia dentro de um *continuum* e pode ser definido em vários graus, mais do que em tipos. Um bom ajustamento denota "saúde mental". Uma das maneiras de se definir saúde mental é descrever as características de pessoas mentalmente sadias. As características básicas da saúde mental são:[39]

---

[39] MENTAL Health is 1 – 2 – 3. *National Association for Mental Health*. Nova York, 10, Columbus Circle.

1) As pessoas sentem-se bem consigo mesmas.
2) As pessoas sentem-se bem em relação às outras pessoas.
3) As pessoas são capazes de enfrentar por si as demandas da vida.

Daí, o nome de clima organizacional dado ao ambiente interno existente entre os membros da organização. O clima organizacional está intimamente relacionado com o grau de motivação de seus participantes. Quando há elevada motivação entre os membros, o clima motivacional se eleva e traduz-se em relações de satisfação, animação, interesse, colaboração, etc. Todavia, quando há baixa motivação, seja por frustração ou barreiras à satisfação das necessidades, o clima organizacional tende a diminuir, caracterizando-se por estados de depressão, desinteresse, apatia, insatisfação, etc., podendo, em casos extremos, chegar a estados de agressividade, tumulto, inconformidade, etc., típicos de situações em que os membros se defrontam abertamente com a organização (como nos casos de greves, piquetes, etc.).

Atkinson desenvolveu um modelo para estudar o comportamento motivacional que leva em conta os determinantes ambientais da motivação. Esse modelo baseia-se nas seguintes premissas:[40]

1) Todas as pessoas têm certos motivos ou necessidades básicas que representam comportamentos potenciais e somente influenciam o comportamento quando provocados.
2) A provocação ou não desses motivos depende da situação ou do ambiente percebido.
3) As propriedades particulares do ambiente servem para estimular ou provocar certos motivos. Em outras palavras, um motivo específico não influencia o comportamento até que seja provocado por uma influência ambiental apropriada.
4) Mudanças no ambiente percebido resultam em mudanças no padrão da motivação provocada.

[40] ATKINSON, J.W. *As introduction to motivation.* Princeton: Vali Nostrand, 1964, p.240-314.

5) Cada espécie de motivação é dirigida para a satisfação de uma diferente espécie de necessidade. O padrão da motivação provocada determina o comportamento, e uma mudança nesse padrão resulta em mudança de comportamento.

No modelo de Atkinson, existem dois determinantes situacionais ou ambientais da motivação: expectância e valor de incentivo. Expectância refere-se à probabilidade subjetiva ou plausibilidade de satisfação da necessidade (ou sua frustração). Valor de incentivo é a quantidade de satisfação ou frustração ligada ao resultado da sequência do comportamento. Essas duas variáveis são particularizadas e moleculares, pois, na vida real, são geradas centenas de expectâncias e de valores de incentivos. O conceito de clima organizacional envolve um quadro mais amplo e flexível da influência ambiental sobre a motivação dos membros. O clima organizacional é a qualidade ou propriedade do ambiente organizacional que:[41]

a) É percebida ou experimentada pelos membros da organização.
b) Influencia o seu comportamento.

O termo "clima organizacional" refere-se especificamente às propriedades motivacionais do ambiente organizacional, ou seja, aos aspectos do ambiente que levam à provocação de diferentes espécies de motivação: "é o sumário do padrão total de experiências e valores de incentivos que existem em dado conjunto organizacional".[42] A Figura 2.16 possibilita uma clara visualização dos fatores determinantes e das variáveis dependentes (variáveis intermediárias e finais) do clima organizacional.

O clima organizacional depende de seis dimensões:[43]

---

[41] LITWIN, George H. "Climate and motivation: an experimental study". In: KOLB, David A.; RUBIN, Irwin M.; McINTYRE, James M. *Organizational psychology:* a book of readings. Englewood Cliffs: Prentice Hall, 1971, p.111.
[42] ATKINSON, J.W. Op. cit. p.310.
[43] LITWIN, George H.; STRINGER JR., R.A. *Motivation and organizational climate.* Boston: Division of Research, Harvard Business School, 1968.

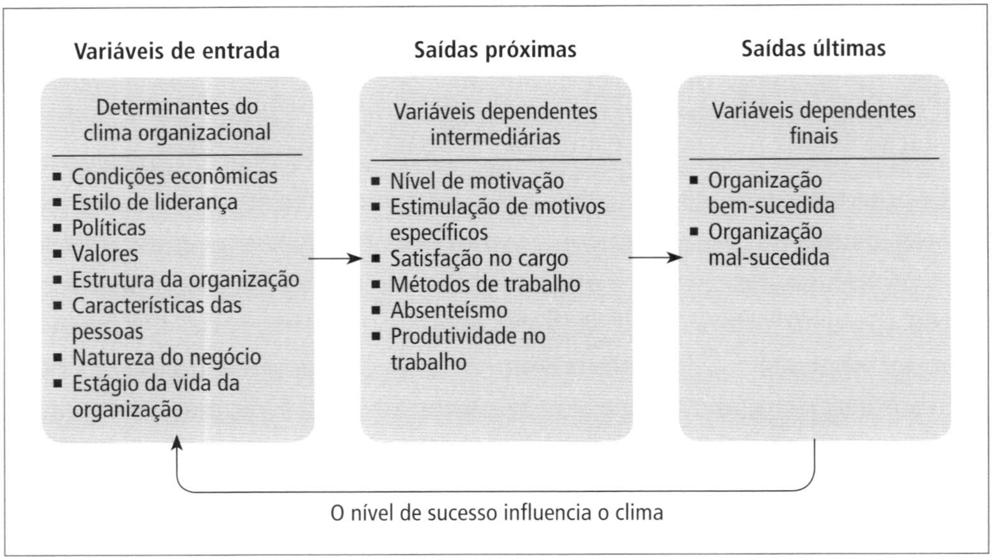

Figura 2.16 – Fatores determinantes do clima organizacional.

Fonte: DuBRIN, Andrew J. *Fundamentals of organizational behavior*: an applied perspective. Nova York: Pergamon Press, 1974, p.333.

1) *Estrutura da organização*: afeta o sentimento sobre as restrições em situação de trabalho, como regras excessivas, regulamentos, procedimentos, autoridade hierárquica, disciplina, etc.
2) *Responsabilidade*: produz o sentimento de ser seu próprio chefe e de não haver dependência nem dupla verificação em suas decisões.
3) *Riscos*: levam à iniciativa e ao senso de arriscar e de enfrentar desafios no cargo e na situação de trabalho.
4) *Recompensas*: conduzem ao sentimento de ser recompensado por um trabalho bem feito; são a substituição do criticismo e das punições pela recompensa.
5) *Calor e apoio*: sentimento de "boa camaradagem" geral e de ajuda mútua que prevalecem na organização.
6) *Conflito*: sentimento de que a administração não teme diferentes opiniões ou conflitos. É a colocação das diferenças no "aqui e agora".

Climas organizacionais distintos também podem ser criados pela variação no estilo de liderança empregado na organização. Alguns climas organizacionais podem ser criados em um curto período e suas características permanecem estáveis. Uma vez criados, apresentam significativos e dramáticos efeitos sobre a motivação e correspondentemente sobre o desempenho e a satisfação no cargo,[44] como esquematizado na figura a seguir.

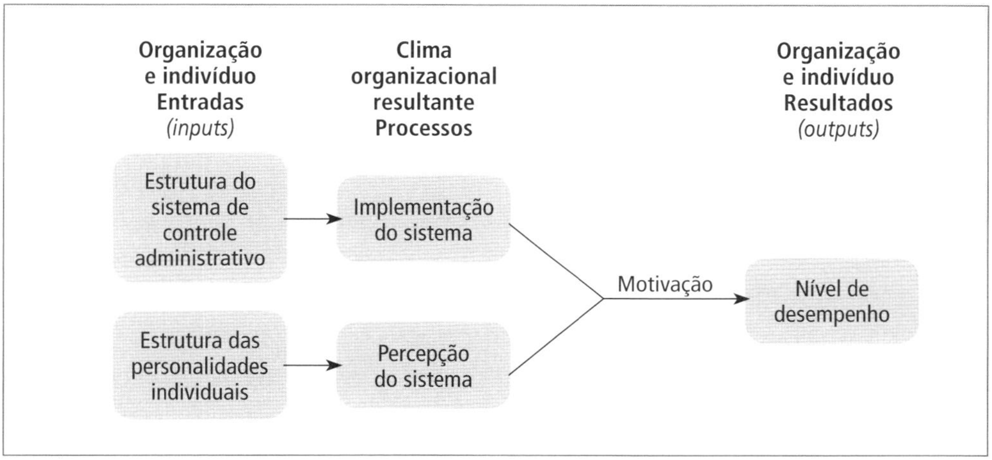

Figura 2.17 – Efeitos do clima organizacional.

Fonte: STRINGER JR., Robert A. "Achievement motivation and management control". In: DALTON, Gene W.; LAWRENCE, Paul R. (Org.). *Motivation and control in organizations*. Homewood: Richard D. Irwin and The Dorsey Press, 1971, p.331.

Comunicação

As pessoas não vivem isoladas e nem são autossuficientes. Elas se relacionam continuamente com outras pessoas e seus ambientes pela comunicação.

Existem três conceitos preliminares importantes para a compreensão da comunicação:

1) *Dado*: registro a respeito de determinado evento ou ocorrência ou pessoa. Um banco de dados é um meio de acumular conjuntos de dados para serem poste-

[44] LITWIN, George H. "Climate and motivation: an experimental study". In: KOLB, David A.; RUBIN, Irwin M.; McINTYRE, James M. *Organizational psychology*: a book of readings. Englewood Cliffs: Prentice Hall, 1971. p.111.

riormente combinados e processados. Quando um conjunto de dados possui um significado (um conjunto de números ao formar uma data ou um conjunto de letras ao formar uma frase), temos uma informação.

2) *Informação*: conjunto de dados com determinado significado, ou seja, que reduz a incerteza a respeito de algo ou que permite o conhecimento a respeito de algo. O conceito de informação, tanto do ponto de vista popular como científico, envolve um processo de redução de incerteza.
3) *Comunicação*: ocorre quando uma informação é transmitida a alguém e é então compartilhada também por esse alguém. Para que haja comunicação, é necessário que o destinatário da informação receba-a e compreenda-a. A informação simplesmente transmitida – mas não recebida – não foi comunicada. Comunicar significa tornar comum a uma ou mais pessoas determinada informação.

A comunicação envolve transações entre pessoas. Davis define-a "como o processo de passar informação e compreensão de uma pessoa para outra".[45] É essencialmente uma ponte de significados entre as pessoas. Toda comunicação envolve pelo menos duas pessoas: a que envia e a que recebe uma mensagem. Uma pessoa sozinha não pode comunicar; somente com outra pessoa receptora é que pode completar o ato de comunicação. A comunicação é feita por um processo composto por cinco elementos, resumidos na Figura 2.18. Esses elementos são os seguintes:

1) *Emissor ou fonte*: pessoa, coisa ou processo que emite a mensagem para alguém.
2) *Transmissor ou codificador*: equipamento que liga a fonte ao canal, isto é, codifica a mensagem emitida pela fonte para torná-la adequada ao canal.
3) *Canal*: parte do sistema referente ao transporte de alguma forma de mensagem entre pontos fisicamente distantes.
4) *Receptor ou decodificador*: equipamento situado entre o canal e o destino, isto é, que decodifica a mensagem para o destino.
5) *Destino*: pessoa, coisa ou processo para o qual a mensagem é enviada.

---

[45] DAVIS, Keith. *Human relations at work:* the dynamics of organizational behavior. Nova York: McGraw-Hill, 1972, p.317.

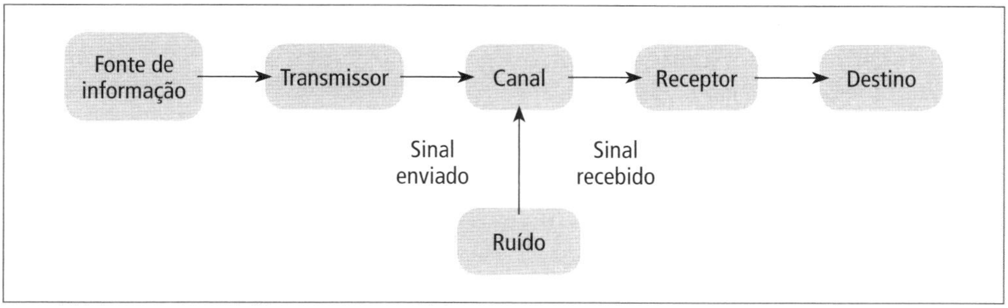

Figura 2.18 – Processo de comunicação.

Fonte: SHANNON, Claude E.; WEAVER, Warren. *The mathematical theory of comunication*. Urbana: University of Illinois Press, 1949, p.5.

O processo de comunicação funciona como um sistema aberto em que ocorre certa quantidade de ruído, ou seja, uma perturbação indesejável que tende a deturpar, distorcer e alterar, de maneira imprevisível, as mensagens transmitidas. Ocorrem, então, interferências que tendem a provocar alterações em seu funcionamento.

Ruído significa perturbação indesejável que tende a deturpar, distorcer ou alterar, de maneira imprevisível, a mensagem transmitida. Geralmente, dá-se o nome de ruído a alguma perturbação interna no sistema, enquanto se dá o nome de interferência a alguma perturbação externa vinda do ambiente.

A Figura 2.19 apresenta alguns exemplos de sistemas de comunicação para facilitar a compreensão do conceito.

Em todo sistema de comunicação, a fonte serve para fornecer sinais ou mensagens. O transmissor opera as mensagens emitidas pela fonte no sentido de codificá-las, isto é, transformando-as em formas adequadas ao canal. O canal leva a mensagem sob a nova forma para um local distante. O receptor decodifica e decifra a mensagem enviada ao canal e transforma-a em uma forma adequada e compreensível ao destino ou destinatário. O ruído perturba a mensagem no canal e nas demais partes do sistema. Todavia, para comunicar sinais ou mensagens, o processo de comunicação exige que a fonte pense e codifique suas ideias com palavras ou símbolos, para que estes sejam transmitidos rumo ao canal, de onde o destino recebe, codifica as palavras ou símbolos para entendê-los e interpretá-los como ideias ou significados. A comunicação somente se efetiva quando o destino

Sistema	Sistema telefônico	Porta automática	Televisão
Fonte	Voz humana	Afluência de pessoas que rompem o raio de luz	Programa de TV
Transmissor	Aparelho telefônico	Célula fotoelétrica e circuitos auxiliares	Câmara, transmissor e antena transmissora
Canal	Rede de fios condutores que ligam um aparelho ao outro	Fio conduzido ao solenoide que move a porta automática	Espaço livre
Receptor	Outro aparelho telefônico	Mecanismo solenoidal	Antena receptora e aparelho de TV
Destino	Ouvido humano	Porta automática	Telespectador
Ruído	Estática, ruídos, linhas cruzadas, interferências	Mau funcionamento dos dispositivos elétricos	Estática, interferência, chuviscos

Figura 2.19 – Exemplos de sistema de comunicação.

interpreta e compreende a mensagem. Isso significa que a comunicação é um processo de mão dupla e envolve necessariamente retroação.

O processo de receber e utilizar informações compõe o mesmo processo de ajustamento do indivíduo à realidade, o que lhe permite viver e sobreviver no ambiente que o rodeia. Um dos grandes desafios da ARH reside no problema das comunicações entre a organização e seus participantes e vice-versa.

O processo de comunicação pode ser abordado matematicamente, não do ponto de vista determinístico, mas probabilístico, pois nem todo sinal emitido pela fonte de informação percorre o processo de modo a chegar incólume ao destino. O sinal pode sofrer perdas, mutilações, distorções; pode também sofrer ruídos, interferências, vazamentos e, ainda, ampliações ou desvios. O boato é um exemplo típico de comunicação distorcida, ampliada e, muitas vezes, desviada. Em um sistema de comunicações, toda fonte de erros ou distorções está incluída no conceito de ruído. Uma informação ambígua ou que induz a erros contém ruído. Em uma conversa telefônica, por exemplo, o ambiente barulhento, as interferências, o cruzamento de linhas, as interrupções e a impossibilidade de ver o interlocutor provocam ruídos. Daí a necessidade de recorrer-se à repetição redundante – para superar os vários tipos de ruído.

Comunicação humana

O conceito de comunicação está sujeito a algumas complicações adicionais quando se trata de comunicação humana. Cada pessoa tem seu próprio sistema cognitivo, suas percepções, seus valores e suas motivações, constituindo um padrão de referência que torna bastante pessoal e singular sua interpretação das coisas. Esse padrão pessoal de referência age como um filtro codificador, de modo a condicionar a aceitação e o processamento de qualquer informação. Esse filtro seleciona e rejeita toda informação não ajustada (dissonante) a esse sistema ou que possa ameaçá-lo. Há uma codificação perceptiva (seleção perceptiva) que atua como mecanismo de defesa, bloqueando informações não desejadas ou não relevantes. Essa defesa pode prejudicar tanto o envio como a recepção de informação, ou mesmo obliterar a retroação da informação. São as lentes por meio das quais as pessoas vêem seu mundo exterior e o interpretam a sua maneira. Assim, existe forte relação entre cognição, percepção e motivação. Aquilo que duas pessoas comunicam entre si é determinado pela percepção de si mesmas

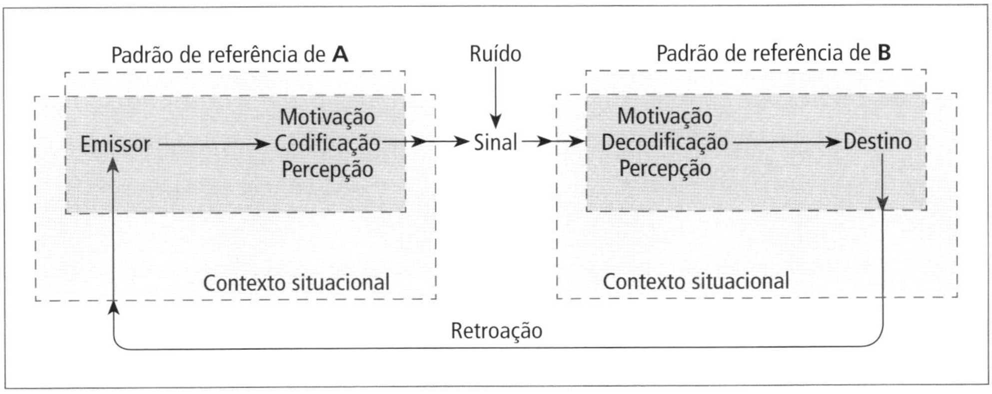

Figura 2.20 – Comunicação interpessoal.

Fonte: adaptada de TORGERSEN, Paul E.; WEINSTOCK, Irwin T. *Management:* an integrated approach. Englewood Cliffs: Prentice Hall, 1972, p.388.

e da outra pessoa na situação. A ideia comunicada está intimamente relacionada com as percepções e motivações tanto da fonte (emissor), como do destinatário dentro de determinado contexto situacional. Daí resulta a percepção social.

Percepção

Toda pessoa tem seu sistema conceptual próprio, isto é, seu padrão de referência que age como filtro codificador, condicionando a aceitação e o processamento de qualquer informação. Esse filtro seleciona e rejeita toda informação não ajustada a esse sistema ou que possa ameaçá-lo. Há uma codificação perceptiva (percepção seletiva) que atua como defesa, bloqueando informações não desejadas ou não relevantes. Assim, cada pessoa desenvolve seu próprio conjunto de conceitos para interpretar o ambiente externo e interno e para organizar suas múltiplas experiências de vida cotidiana. Os padrões pessoais de referência são importantes para o entendimento do processo de comunicação humana. Existe uma relação entre cognição, percepção, motivação e comunicação. Aquilo que duas pessoas comunicam é definido pela percepção de si mesmas e de outra pessoa na situação, graças a seus diferentes sistemas cognitivos e sua motivação naquele momento. A ideia ou mensagem comunicada é intimamente relacionada com as percepções e motivações tanto do emissor como do destinatário, dentro do contexto ambiental que os envolve.

Daí resulta a percepção social. Ela nem sempre é racional ou consciente: "percepção social é o meio pelo qual a pessoa forma impressões de uma outra na esperança de compreendê-la. A empatia ou sensibilidade social é o meio pelo qual a pessoa consegue desenvolver impressões acuradas a respeito dos outros"[46]. No fundo, a empatia é um processo de compreensão dos outros. Muitos autores utilizam sinônimos para abordar a empatia, como compreensão de pessoas, sensitividade social ou acuracidade na percepção social.

---

[46] MASSARIK, Fred; WESCHLER, Irving R. "Empathy revisited: the process of understanding people". In: KOLB, David A.; RUBIN, Irwin M.; McINTYRE, James M. *Organizational psychology:* a book of readings. Englewood Cliffs: Prentice-Hall, 1971, p.189-190.

Existem três aspectos básicos que devem ser considerados na percepção social:[47]

1) *Percebedor*: pessoa que está "olhando" e tentando compreender.
2) *Percebido*: pessoa que está sendo "olhada" ou compreendida.
3) *Situação*: conjunto total de forças sociais e não sociais dentro das quais ocorre o ato da percepção social.

A acuracidade em perceber os outros não é uma habilidade simples. Todavia, a percepção social pode ser melhorada quando se leva em consideração que:[48]

1) Conhecendo-se a si mesmo, é mais fácil ver os outros acuradamente.
2) As próprias características do observador afetam as características que ele está propenso a ver nos outros.
3) A pessoa que se aceita é mais propensa a ver favoravelmente aspectos de outra pessoa.

Assim, a percepção social, isto é, a impressão a respeito dos outros, é influenciada por:

1) *Estereótipos*: distorções na percepção das pessoas.
2) *Generalizações (halo effect)*: processo pelo qual uma impressão geral favorável ou desfavorável influencia o julgamento e a avaliação de outros traços específicos das pessoas.
3) *Projeção*: mecanismo de defesa, mediante o qual o indivíduo tende a atribuir aos outros certas características próprias que rejeita inconscientemente.
4) *Defesa perceptual*: outra fonte de erro e distorção, na qual o observador distorce os dados da mesma forma como elimina a inconsistência (dissonância cognitiva).

---

[47] Ibid. p.190.

[48] ZALKIND, Sheldon S.; COSTELLO, Timothy W. "Perception implications for administration". In: KOLB, David A.; RUBIN, Irwin M.; McINTYRE, James M. Op. cit. p.205-207.

Cada pessoa tem o seu sistema conceptual próprio, seu próprio padrão de referência que age como um filtro codificador, de modo a condicionar a aceitação e o processamento de qualquer informação. Esse filtro seleciona e rejeita toda informação não ajustada a esse sistema ou que possa ameaçá-lo. Há uma codificação perceptiva (percepção seletiva) que atua como uma defesa, bloqueando informações não desejadas ou não relevantes. Essa defesa pode prejudicar a reformulação da percepção, impedindo a obtenção de novas informações adicionais, ou seja, obliterando a retroalimentação de dados (*feedback*).

Cada pessoa desenvolve seu próprio conjunto de conceitos para interpretar seu ambiente externo e interno e para organizar suas múltiplas experiências da vida cotidiana. O processo de percepção interpessoal é profundamente influenciado por essa codificação perceptiva. Além do mais, a interação social normal é basicamente conservadora. As normas sociais operam para preservar os padrões de interação e de percepção existentes.

Barreiras à comunicação

Além de tudo isso, o processo de comunicação humana está sujeito a chuvas e tempestades, pois existem barreiras que servem como obstáculos ou resistências à comunicação entre as pessoas. São variáveis que intervêm no processo de comunicação e que o afetam profundamente, fazendo com que a mensagem como é enviada se torne diferente da mensagem como é recebida.

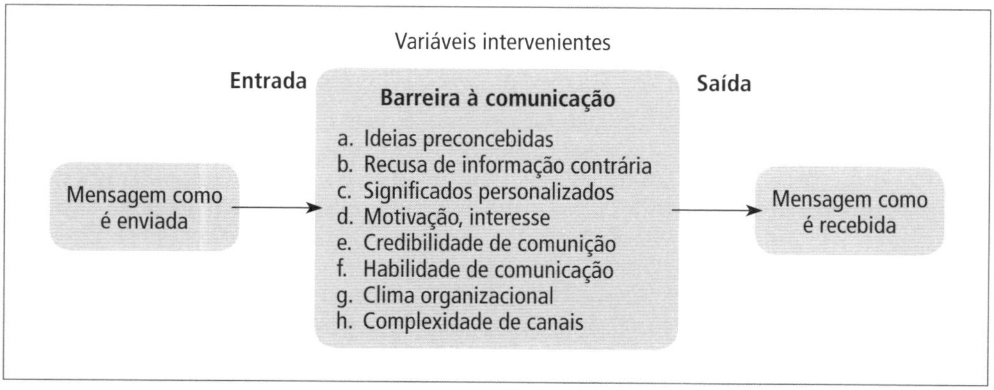

Figura 2.21 – Barreiras ao processo de comunicação.

Fonte: DuBRIN, Andrew J. *Fundamentals of organizational behavior:* an applied perspective. Nova York: Pergamon Press, 1974, p.281.

Na realidade, ocorrem três tipos de barreiras à comunicação humana: pessoais, físicas e semânticas.

Barreiras humanas	Barreiras físicas	Barreiras semânticas
Limitações pessoais	Espaço físico	Interpretação de palavras
Hábitos de ouvir	Distância	Translação de linguagem
Emoções	Interferências físicas	Significado dos sinais
Preocupações	Falhas mecânicas	Significado de símbolos
Sentimentos	Ruídos ambientais	Decodificação de gestos
Motivações	Ocorrências locais	Sentido das lembranças

Figura 2.22 – Barreiras no processo de comunicação.

1) *Barreiras pessoais*: interferências que decorrem das limitações, emoções e valores humanos de cada um. As barreiras mais comuns em situações de trabalho são os hábitos deficientes de ouvir, as emoções, as motivações e os sentimentos. As barreiras pessoais podem limitar ou distorcer as comunicações com outras pessoas.
2) *Barreiras físicas*: interferências que ocorrem no ambiente em que acontece o processo de comunicação. Um trabalho que possa distrair, uma porta que se abre no decorrer da aula, a distância física entre as pessoas, canal saturado e congestionado, paredes que se interpõem entre a fonte e o destino, ruídos estáticos na comunicação por telefone, etc.
3) *Barreiras semânticas*: limitações ou distorções decorrentes dos símbolos por meio dos quais a comunicação é feita. As palavras ou outras formas de comunicação – como gestos, sinais, símbolos – podem ter diferentes sentidos para as pessoas envolvidas no processo e podem distorcer seu significado. As diferenças de idioma são barreiras semânticas.

Esses três tipos de barreiras podem ocorrer simultaneamente, fazendo a mensagem ser filtrada, bloqueada ou distorcida, como mostra a Figura 2.23. Além da influência das barreiras, a comunicação pode ainda sofrer de três males: omissão, distorção e sobrecarga.

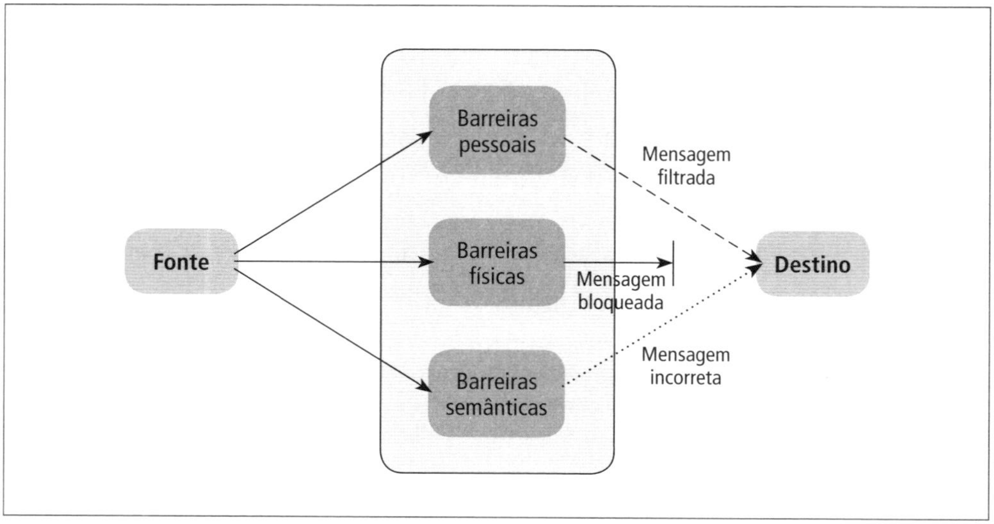

Figura 2.23 – Como funcionam as barreiras à comunicação.

1) *Omissão*: certos aspectos ou partes importantes da comunicação são omitidos ou cortados por alguma razão, seja pela fonte, seja pelo destinatário, fazendo com que a comunicação não seja completa ou com que seu significado perca alguma substância.
2) *Distorção*: a mensagem sofre alteração, deturpação, modificação, afetando e modificando seu conteúdo e significado original.
3) *Sobrecarga*: o volume ou quantidade de informação é muito grande e ultrapassa a capacidade pessoal do destinatário de processar as informações, perdendo grande parte delas ou distorcendo seu conteúdo. Muitas vezes, a sobrecarga produz um colapso que paralisa o sistema.

Dicas — **Comunicação e interações humanas**

A comunicação é a primeira área a ser focalizada no estudo das interações humanas e métodos de mudança do comportamento humano. Trata-se de uma área em que cada pessoa pode fazer grandes progressos na melhoria de sua própria eficácia e em seu relacionamento interpessoal ou com o mundo externo. É também o ponto de maiores desentendimentos e conflitos entre duas ou mais pessoas, entre membros de um grupo, entre grupos e dentro da organização como um sistema.

Janela de Johari

A Janela de Johari é um modelo conceitual criado por Luft e Ingham para analisar como o indivíduo ou o grupo processam as informações. Segundo esses autores, tanto a eficácia individual como a grupal podem ser avaliadas de acordo com as tendências de processamento da informação e de suas consequências sobre o desempenho. A Janela de Johari é um modelo cuja configuração gráfica é um retângulo dividido em quatro partes (células, quadrantes ou regiões), que procura retratar a interação de duas fontes de informação: a da própria pessoa e a dos outros, assim como os processos comportamentais requeridos para a utilização das informações. As informações tanto podem referir-se ao estabelecimento das relações interpessoais como às grupais; o modelo pode ser aplicado tanto a pessoas como a grupos. Todo o campo compreendido no interior do retângulo representa o espaço interpessoal e/ou o espaço grupal, que se subdividem em quatro quadrantes, cada um dos quais representando uma combinação específica de informações relevantes que visam a determinar a qualidade das relações existentes.

Na Janela de Johari, as duas fontes de informação – a da própria pessoa e a dos outros – estão divididas em duas categorias de conhecimento:

1) Conteúdo de informação que pertence ao indivíduo e que é por ele conhecido e outro conteúdo de informação que, embora desconhecido pelo indivíduo, também lhe pertence e influencia ativamente seu relacionamento com os outros.
2) Conteúdo de informação que pertence aos outros e é conhecido por eles e um conteúdo de informação relevante, porém desconhecido pelos outros.

As combinações entre próprio *versus* outros estabelecidas entre a informação conhecida e a desconhecida constituem os quatro quadrantes situados no espaço interpessoal, como mostra a Figura 2.24.

1) *Quadrante 1 – o "eu" aberto*: facetas da personalidade conhecidas pelo próprio indivíduo que está disposto a partilhá-las com os outros. É a área aberta da personalidade, da qual tanto o indivíduo como os outros têm percepções mutuamente partilhadas, ou seja, os outros o vêem exatamente como ele se vê.

2) *Quadrante 2 – o "eu" oculto:* aspectos da personalidade que o indivíduo conhece, mas que está consciente e deliberadamente tentando esconder dos outros. É a área secreta ou evitada que se tenta ocultar para proteger-se. Por exemplo, alguém sente-se inseguro, mas tenta mostrar uma aparência de muita segurança pessoal.
3) *Quadrante 3 – o "eu" cego*: área cega da personalidade do indivíduo, que inconscientemente esconde de si mesmo, mas que faz parte do comportamento que comunica aos outros. São os aspectos que ele não consegue perceber em si mesmo, embora sejam percebidos pelos outros. Por exemplo, apesar de não admitir o fato, os outros o veem como ansioso e notam que esse aspecto reduz sua eficiência.
4) *Quadrante 4 – o "eu" desconhecido*: facetas da personalidade do indivíduo, que nem ele nem os outros conhecem ou percebem, como certos sentimentos ou impulsos reprimidos e inconscientes, talentos ou habilidades inexplorados, potencialidades, etc.

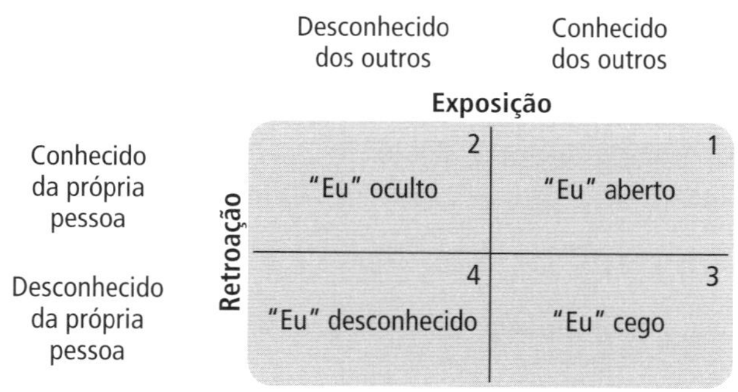

Figura 2.24 – Janela de Johari – o indivíduo e suas partes.

Fonte: LUFT, Joseph. "The Johari Window". *Human Relations Training News*, v.5, 1961, p.6-7; e "Of human interaction". Palo Alto: National Press Books, 1961.

Cada quadrante apresenta tamanho e forma de acordo com sua presença no espaço interpessoal, assumindo uma dimensão na eficácia interpessoal e grupal. São inúmeras as aplicações da Janela de Johari. Nosso interesse imediato reside em sua aplicação em dois níveis de relacionamento: interpessoal e grupal.

Relacionamento interpessoal

A interação entre duas pessoas pode, em função das alternativas que acabamos de ver, ocorrer em vários estágios de comunicação, como se encontra na Figura 2.25.

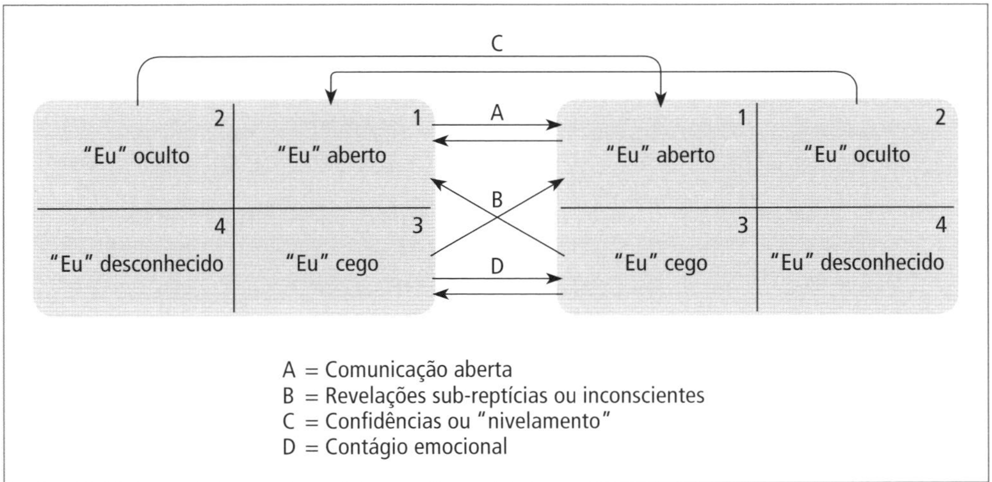

Figura 2.25 – A Janela de Johari no relacionamento interpessoal.

Fonte: SCHEIN, Edgard H. *Consultoria de procedimentos:* seu papel no desenvolvimento organizacional. São Paulo: Edgard Blücher, 1972, p.26.

1) *Seta A – comunicação aberta*: processa-se entre os dois "eus" abertos das pessoas. A interação aberta é o tipo de relacionamento interpessoal mais comum. É um estágio de relacionamento interpessoal superficial e pouco profundo.
2) *Seta B – revelações sub-reptícias ou inconscientes*: segundo estágio de relacionamento, em que já se pode perceber ou captar sinais ou significados do "eu" cego de alguém, cuja comunicação ele própria não percebe.
3) *Seta C – confidências ou "nivelamento"*: terceiro grau de comunicação, quando o indivíduo deliberadamente revela algo que geralmente esconde. Ele confidencia a alguém ou "nivela" quando compartilha reações ou sentimentos gerados por acontecimentos imediatos.
4) *Seta D – contágio emocional*: uma pessoa pode influenciar os sentimentos de outra, sem que nenhum dos "eus" de ambas tenha consciência da origem do sentimento ou da comunicação. Por exemplo, a tensão de quem comunica reflete-se na pessoa que recebe a comunicação, embora o emissor da mensagem negue seu estado de tensão.

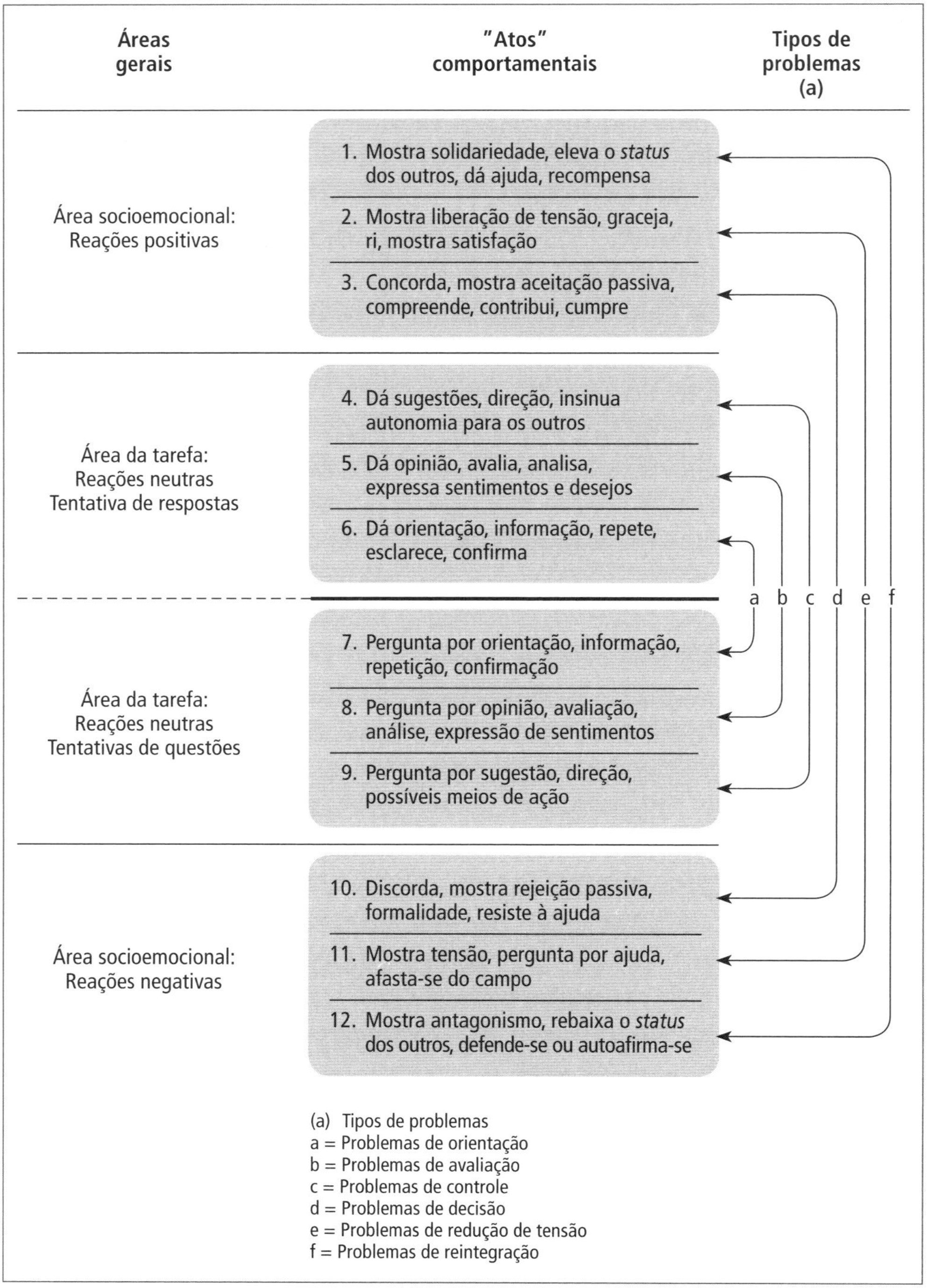

Figura 2.26 – Análise do processo de interação.

Fonte: BALES, Robert F. *Interaction process analysis*. Cambridge: Addison-Wesley, 1950, p.9.

Relacionamento grupal

Ao nível de relacionamento grupal, quando um grupo se encontra no seu estágio inicial de desenvolvimento, a área aberta (quadrante 1) é geralmente menor, enquanto as áreas oculta (quadrante 2) e desconhecida (quadrante 3) são bem maiores. Nos grupos novos existem menor liberdade de comportamento e muita precaução no relacionamento entre as pessoas. À medida que o grupo se desenvolve e amadurece, a área aberta tende a aumentar, havendo maior liberdade e confiabilidade no relacionamento entre as pessoas, que passam a comunicar-se mais de acordo com seu próprio "eu" e visualizam os outros como eles realmente são.

Quanto mais maduro for um grupo, maior a área aberta e provavelmente maior a confiança e a segurança dos membros. Assim, também é maior a eficiência do grupo, em função da área aberta que apresentar. Um grupo com predomínio na área secreta ou da área cega tem possibilidades de maior tensão e maior dificuldade nos relacionamentos interpessoais de seus membros e, consequentemente, necessidade de maiores recursos para garantir sua eficiência.

Nas duas figuras a seguir, deve-se observar o tamanho dos quadrantes em cada uma das situações apresentadas. Na Figura 2.27 está representado o estágio inicial do desenvolvimento de um grupo social em que a área oculta é maior.

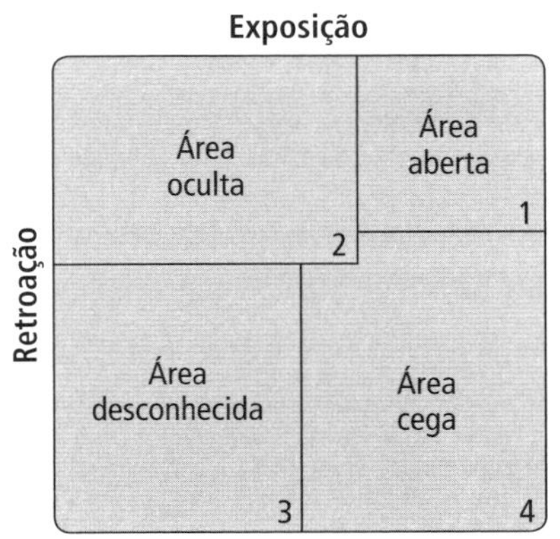

Figura 2.27 – Janela de Johari: estágio inicial do desenvolvimento de um grupo.

Na Figura 2.28 está representado o estágio final do desenvolvimento de um grupo social em que a área aberta é maior.

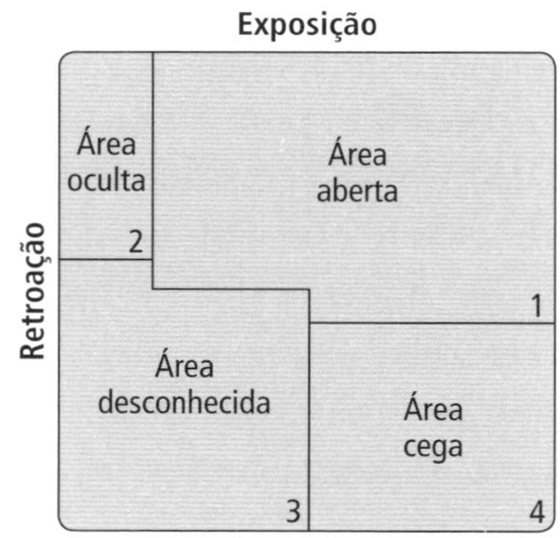

Figura 2.28 – Janela de Johari: estágio final do desenvolvimento de um grupo.

Comportamento humano nas organizações

Embora nossa intenção seja visualizar as pessoas como recursos, isto é, como portadoras de habilidades, capacidades, conhecimentos, motivação de trabalho, comunicabilidade, etc., nunca se deve esquecer que pessoas são pessoas, isto é, portadoras de características de personalidade, expectativas, objetivos pessoais, histórias particulares, etc. Convém, portanto, salientar algumas características genéricas das pessoas como pessoas, para melhorar nossa compreensão do comportamento humano nas organizações.

O comportamento das pessoas apresenta as seguintes características:[49]

1) *O ser humano é proativo*: o comportamento das pessoas é orientado para a satisfação de suas necessidades pessoais e para o alcance de seus objetivos e aspirações. Por isso, reagem e respondem ao seu ambiente, seja no trabalho, seja fora da organização. As pessoas podem tanto resistir como colaborar com as políticas e os procedimentos da organização, dependendo das estratégias de liderança ado-

[49] PORTER, Lyman W.; LAWLER III, Edward E.; RACKMAN, J. Richard. Op. cit. p.32-65.

tadas por algum supervisor. De modo geral, o comportamento nas organizações é determinado tanto pelas práticas organizacionais como pelo comportamento proativo (orientado para objetivos pessoais) dos participantes da organização.

2) *O ser humano é social*: a participação em organizações é muito importante na vida das pessoas, porque as conduz ao envolvimento com outras pessoas em grupos ou em organizações. Nos grupos ou nas organizações, as pessoas procuram manter sua identidade e seu bem-estar psicológicos. Muitas vezes, usam seus relacionamentos com outras pessoas para obter informação a respeito de si mesmas e sobre o ambiente em que vivem. Os dados obtidos são uma "realidade social" para o grupo e para as pessoas que nela se baseiam para testar e comparar suas próprias capacidades, ideias e concepções, no sentido de aumentar sua autocompreensão. Aliás, as relações sociais, mais do que qualquer outro fator isolado, determinam a natureza do autoconceito das pessoas.

3) *O ser humano tem diferentes necessidades*: as pessoas são motivadas por grande diversidade de necessidades. Um fator pode motivar o comportamento de alguém hoje e não ter potência suficiente para determinar seu comportamento no dia seguinte. Por outro lado, o comportamento das pessoas é simultaneamente influenciado por um grande número de necessidades, que apresentam valências e quantidades diferentes.

4) *O ser humano percebe e avalia*: a experiência de alguém com seu ambiente é um processo ativo porque seleciona os dados dos diferentes aspectos do ambiente, avalia-os em termos de suas próprias experiências passadas e avalia aquilo que está experimentando em termos de suas próprias necessidades e valores. Para dar sentido a seu ambiente, o membro de uma organização defronta-se com duas tarefas perceptivas: (1) decidir o que deve aceitar ou ignorar a respeito do ambiente; e (2) interpretar e dar um sentido aos itens que presencia no contexto organizacional. No fundo, a pessoa percebe, avalia e redefine os estímulos que recebe do ambiente em um conjunto de crenças a respeito dos vários aspectos da organização. As expectativas referem-se às crenças a respeito das relações entre o que a pessoa faz (custo) e os resultados (benefícios) que obtém no ambiente organizacional, constituindo uma das mais importantes classes de crença. A pessoa efetua redefinições ativas das expectativas (ou demandas) emitidas por outras pessoas, baseando-se nas recompensas esperadas e nos custos pessoais para aceitá-las da forma como foram originalmente percebidas por ela. Todavia, existem percepções distorcidas pela presença de necessidades e valores da própria pessoa.

5) *O ser humano pensa e escolhe*: o comportamento humano é proposital, proativo e cognitivamente ativo, e pode ser analisado em termos de planos comportamentais que escolhe, desenvolve e executa para lidar com os estímulos com que se defronta e para alcançar seus objetivos pessoais. A maneira genérica como a pessoa seleciona e escolhe as alternativas pode ser explicada pela teoria da expectância, abordada anteriormente neste mesmo capítulo.
6) *O ser humano tem limitada capacidade de resposta*: a pessoa tem uma limitada capacidade para desempenhar, de acordo com o que pretende ou ambiciona fazer. As pessoas não são capazes de se comportar de todas as formas, pois suas características pessoais são limitadas e restritas. As diferenças individuais fazem com que as pessoas variem consideravelmente em seus comportamentos. A capacidade de resposta é função das aptidões (características inatas) e da aprendizagem (características adquiridas). Tanto a capacidade mental como a física estão sujeitas a severas limitações.

O HOMEM COMPLEXO

Nas teorias das organizações surgiram diversas concepções desenvolvidas a respeito da natureza humana e das organizações. Desde as concepções simplificadas e generalizadas acerca do ser humano – seja a do *homo economicus* ou a do *homo social* – até as concepções mais amplas e sofisticadas como a do homem organizacional ou a do homem administrativo ou, ainda, a do homem funcional –, a tônica tem sido a tendência à construção de um modelo de criatura mais ou menos pronto e acabado e que não leva em consideração as diferenças individuais. O homem, contudo, é um indivíduo muitíssimo mais complexo do que o que se acha caracterizado nessas concepções: não é somente mais complexo com relação à sua natureza, às suas características, às suas múltiplas necessidades e potencialidades, como também é singularmente diferente de seus semelhantes quanto à própria estrutura de sua complexidade. Além do mais, é diferente de si mesmo em relação ao tempo, à medida que, por meio da experiência e da aprendizagem, sua personalidade e seu comportamento sofrem profundas modificações.

A ideia sempre foi a de construir um modelo mais ou menos pronto do homem, isolando as diferenças individuais para caracterizar certas pressuposições e concepções de como tratar as pessoas dentro das organizações. Vários modelos foram propostos desde o início do século XX:

1) *Homo economicus*: proposto pelos engenheiros da Escola da Administração Científica iniciada por Taylor e seus seguidores. Foi a concepção dominante nas quatro primeiras décadas do século XX. Parte da suposição de que as pessoas são motivadas exclusivamente por recompensas salariais e materiais. Em outros termos, as pessoas vão trabalhar apenas para ganhar dinheiro. O trabalho é um meio para alcançar um fim: o salário. Assim, se a organização quer motivar seu pessoal, deve fazê-lo por meio de prêmios ou incentivos salariais; se a organização deve punir alguém, deve fazê-lo por meio da redução do ganho. Daí, a utilização do salário por produção ou por peça e a enorme divulgação de planos de prêmios e incentivos salariais, como meio de obter o máximo de eficiência possível dos empregados.
2) *Homo social*: modelo proposto no final da década de 1930 pela Escola das Relações Humanas para combater o conceito do *homo economicus*. Segundo essa concepção, as pessoas são motivadas exclusivamente por recompensas sociais e simbólicas, e não por incentivos salariais e materiais. O comportamento das pessoas é predominantemente social, isto é, agem não como entidades individuais, mas como participantes de grupos sociais, respeitando as normas, expectativas e sanções sociais impostas pelo grupo. Assim, o padrão de produção não é individual nem depende de prêmios ou incentivos salariais – é determinado pelo grupo social, e as pessoas que produzem dentro de normas e expectativas do grupo merecem apoio, reconhecimento e participação no grupo (recompensas sociais), enquanto aqueles que produzem acima recebem punições sociais e simbólicas na forma de desprezo, congelamento, gozações, etc. Dentro dessas condições, as pessoas preferem enquadrar-se mais no padrão de comportamento grupal do que nos incentivos salariais oferecidos pela organização. Assim, esta utiliza a organização informal – os grupos sociais – como meios de obter a máxima eficiência das pessoas.
3) *Homem organizacional*: modelo proposto a partir da década de 1940 pela Teoria Estruturalista e profundamente influenciado pela abordagem sociológica na Administração. O modelo leva em consideração que vivemos em uma sociedade de organizações, das quais o homem depende para nascer, crescer, aprender, trabalhar, divertir-se, etc. Em cada uma das múltiplas organizações a que pertence, o

homem desempenha um papel diferente: em uma é o aluno, em outra é o cliente, em outra é o pai de família, em outra é o contribuinte, usuário, acionista, etc. Assim, o homem moderno é uma criatura que vive dentro de organizações, exercendo em cada uma um papel específico e diferente: é o *homem organizacional*. Contudo, ele é motivado simultaneamente por recompensas e incentivos salariais e materiais e por recompensas e incentivos sociais e simbólicos, que se alternam e superpõem-se ao longo de sua vida.

4) *Homem administrativo*: modelo mais recente, proposto a partir da década de 1950 pela Teoria do Comportamento Organizacional e, mais especificamente, por Herbert Simon, seu criador. Baseia-se no fato de que todos têm suas limitações pessoais para responder simultaneamente à multidão de estímulos e incentivos recebidos do ambiente organizacional. Assim, as pessoas não conseguem perceber, analisar e tomar decisões pessoais ótimas e com a máxima eficiência possível diante de um ambiente tão multivariado. Em vez disso, as pessoas preferem tomar decisões pessoais satisfatórias, sem tentar obter o máximo de cada situação específica. Assim, a otimização é substituída pela satisfação no comportamento pessoal e o critério da máxima eficiência é substituído pelo da eficiência satisfatória.

   Essas quatro concepções a respeito do homem não levam em consideração a natureza variável das tarefas individuais e a infinidade de variações possíveis dos fatores formais da organização de que o indivíduo participa. Essas concepções deixam de reconhecer também a variabilidade das predisposições dos diferentes indivíduos. Quanto mais complexas e diferenciadas a sociedade e as organizações que a compõem, tanto mais complexo e diferenciado o homem que as habita. Daí a enorme dificuldade de generalizar conceitos sobre os seres humanos.

5) *Homem complexo*: Schein propõe uma concepção contingencial, baseada em conceitos anteriores, a qual denomina *homem complexo*, embora considere que essas concepções contam apenas uma parte da história e vêem apenas um pedaço do todo. Schein leva em conta a complexidade do homem e os fatores que influenciam sua motivação para contribuir para as metas organizacionais. Nesse sentido, um indivíduo é concebido como um sistema de necessidades biológicas, de motivos psicológicos, de valores e de percepções: um sistema individual.[50]

---

[50] SCHEIN, Edgard H. *Organizational psychology*. Englewood Cliffs: Prentice Hall, 1970, p.60-61.

Em função dessas características do comportamento humano, avulta o conceito de *homem complexo*.

Flash O ser humano como um *satisfacer*

O processo decisório permite que a pessoa solucione problemas ou defronte-se com situações. A base do processo decisório individual é a racionalidade, isto é, a adequação dos meios aos fins desejados, ou seja, o comportamento ajustado aos objetivos desejados. Contudo, a racionalidade individual é limitada, pois como o indivíduo necessitaria de um grande número de informações a respeito da situação, para poder analisá-la e avaliá-la, toma decisões por meio de pressuposições, isto é, de premissas que assume subjetivamente e nas quais baseia sua escolha. Essa racionalidade, além de limitada, é subjetiva e estritamente pessoal. Por meio dela, cada um contribui para a organização com seus investimentos pessoais (esforço, dedicação, trabalho, etc.) à medida que percebe que lhes trazem retorno proporcional aos seus investimentos. Daí, a chamada reciprocidade: a pessoa está disposta a contribuir à medida que recebe incentivos ou alicientes adequados e suficientes para tanto. Contudo, cada um decide e age em função do que vê, percebe e interpreta em seu ambiente. Como o ambiente é vasto e complexo, o indivíduo não consegue buscar todas as informações possíveis para conhecê-lo em sua totalidade, o que seria impossível e demandaria enorme tempo, mas busca apenas uma parte ou amostra de situação.

Assim, o tomador de decisões não consegue analisar integralmente toda a situação e nem procurar todas as alternativas possíveis. Daí, o comportamento humano é satisfaciente, e não otimizante, pois procura a maneira satisfatória entre aquelas que conseguiu comparar: o *homem administrativo* toma decisões, sem procurar todas as alternativas possíveis. Procura apenas a maneira satisfatória, e não a melhor maneira possível de fazer um trabalho; não procura o máximo lucro, mas o lucro satisfatório; não o preço ótimo, mas o preço acessível. O termo *satisfacer* foi introduzido por *Simon* para significar que o homem sempre considera suas satisfações, contentando-se com o que está a seu alcance, mesmo que seja um mínimo, mas que na situação ou no momento represente para ele o máximo. Suas aspirações são relativas e levam em conta cada situação com que se defronta.

Quadro 2.1 – Diversas concepções do ser humano segundo a teoria das organizações

Concepção de:	Teoria:	Motivação básica:
Homem econômico	Administração Científica	Recompensas salariais e financeiras
Homem social	Relações Humanas	Recompensas sociais e simbólicas
Homem organizacional	Estruturalista	Recompensas salariais e sociais
Homem administrativo	Comportamental	Processo decisório e busca de soluções satisfacientes
Homem complexo	Contingencial	Microssistemas individual e complexo

O sistema do indivíduo opera de forma a manter seu equilíbrio interno diante das demandas que continuamente lhe são feitas pelas forças externas do ambiente. Esse sistema interno desenvolve-se em resposta à necessidade do indivíduo de solucionar os problemas apresentados em seu defrontamento com o ambiente externo, seja na família, com os amigos, na organização em que trabalha, seja o indivíduo uma criança, um adolescente ou um adulto.

A concepção de homem complexo é baseada nas seguintes justificativas:

"1) O homem não só é complexo, mas é também muito variável: tem muitas motivações que se encontram dispostas em certa hierarquia de importância. Contudo, essa hierarquia está sujeita a mudanças de momento a momento e de situação a situação. Além disso, os motivos se inter-relacionam entre si e combinam-se em perfis motivacionais mais complexos.

2) O homem é capaz de assimilar novas motivações: por intermédio de suas experiências organizativas, e, em último termo, seu perfil de motivação e a interação psicológica que estabelece com a organização são o resultado de uma inter-relação complexa entre as necessidades iniciais e as experiências da organização.

3) As motivações do ser humano nos diferentes tipos de organização ou nas diversas subpartes da mesma organização podem divergir; a pessoa que se acha alienada em uma organização formal cumpriria suas necessidades essenciais e de autorrealização no sindicato ou nas organizações informais. Se a tarefa em si é complexa, como a de um dirigente, algumas partes podem implicar certas motivações, enquanto outras implicam motivos diferentes.

4) O homem envolve-se de uma maneira produtiva com as organizações na base de muitos tipos de motivações. Sua satisfação última e a eficácia definitiva da organização dependem só em parte da natureza de sua motivação. A natureza da tarefa que deve ser realizada, as habilidades e experiências no posto de trabalho e a natureza de outras pessoas na organização inter-relacionam-se de tal maneira que produzem um perfil determinado quanto ao trabalho e aos sentimentos concomitantes. Por exemplo, um operário qualificado, porém com escassas motivações, pode ser tão eficaz e sentir-se tão satisfeito como um operário não qualificado, porém, em contrapartida, muito motivado.

5) O homem pode responder a muitos tipos diferentes de estratégias diretivas e isso depende de suas próprias motivações e capacidades e da natureza da tarefa que realiza. Contudo, não existe nenhuma estratégia diretiva correta que possa influenciar a todas as pessoas em todos os momentos."[51]

O conceito de *homem complexo* pressupõe que, em suas transações com o ambiente organizacional, os indivíduos sejam motivados por um desejo de usar suas habilidades de solucionar problemas ou de dominar os problemas com os quais se defrontam, ou, em outros termos, que se esforcem para dominar o mundo externo. No sistema particular de personalidade individual, o padrão de valores, de percepções e de motivações é o resultado da interação das características biológicas do indivíduo com a experiência de desenvolvimento que ele acumula desde a infância até a vida adulta. A variabilidade de experiências faz com que cada sistema individual se desenvolva diferentemente. Também os problemas que aparecem frente aos indivíduos variam infinitamente. Assim, cada sistema individual tem características únicas e complexas.

Todavia, dois pontos são essenciais na compreensão do *homem complexo*.[52]

1) Diferentes sistemas individuais desenvolvem-se com diferentes padrões de percepções, de valores e de motivos:
   - *Percepções*: informação que o sistema individual recolhe sobre seu ambiente.
   - *Valores*: conjunto de crenças sobre o que é certo e o que é errado, importante e sem importância, e que é conservado e apoiado conscientemente.
   - *Motivos*: impulsos subjacentes ou necessidades que se desenvolvem inconscientemente à medida que o indivíduo experimenta êxito ou fracasso ao dominar seu ambiente.

   Essas três variáveis são altamente inter-relacionadas. O que um indivíduo percebe em uma situação particular é influenciado por seus valores e motivos. O desen-

[51] SCHEIN, Edgard H. Op. cit. p.60-61.

[52] LAWRENCE, Paul R.; LORSCH, Jay W. *O desenvolvimento de organizações:* diagnóstico e ação. São Paulo: Edgard Blücher, 1972, p.74.

volvimento de motivos e valores é influenciado pelo processo de percepção que determina a informação recolhida pelo sistema.

2) Os sistemas individuais, cujo desenvolvimento é mostrado na figura a seguir, não são estáticos, mas continuam a se desenvolver enquanto e à medida que encontram novas experiências com problemas. Os mecanismos perceptuais que filtram as informações para dentro e para fora do indivíduo permitem, de um lado, a manutenção do sistema individual e, de outro, a aprendizagem por intermédio de novas experiências.

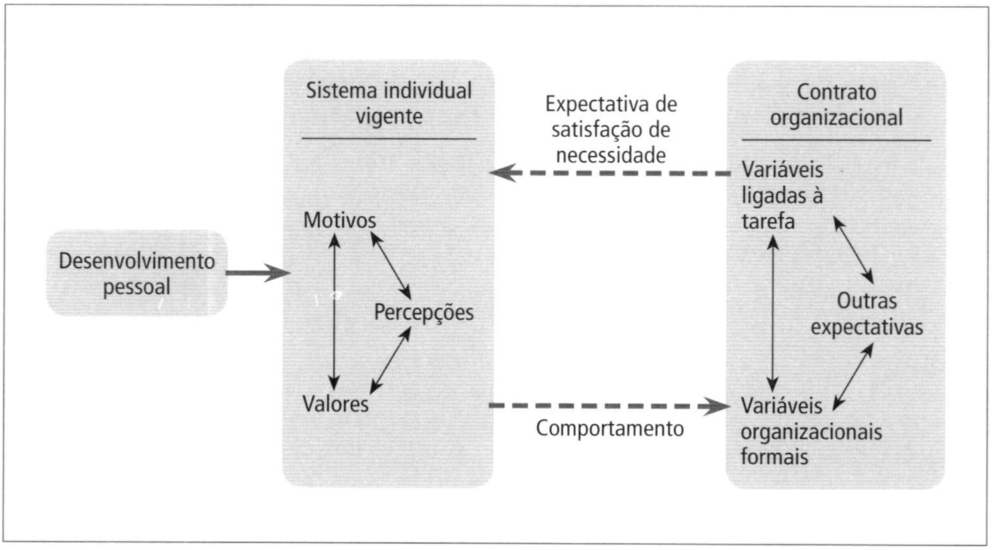

Figura 2.29 – Sistema individual.

Fonte: LAWRENCE, Paul R.; LORSCH, Jay W. *O desenvolvimento de organizações*: diagnóstico e ação. São Paulo: Edgard Blücher, 1972, p.77.

A visão do *homem complexo* voltado para a solução de problemas encontra muitas evidências empíricas. A própria abordagem motivacional de Herzberg[53] já fizera distinção entre *fatores higiênicos* ou *de manutenção* (condições físicas de trabalho, salários, benefícios sociais, tipos de supervisão, políticas da companhia, etc.) e entre *fatores motivacionais* ou *intrínsecos* (a natureza do trabalho em si). Basicamente, Herzberg procurava mostrar que a motivação real do indivíduo provém de um senso de cumprimento da tarefa. M. Scott Myers, em um estudo de empregados da Texas Instruments Co. – desde cientistas e engenheiros até trabalhadores da linha de montagem –, verificou que, em muitas funções e em vários níveis, os membros da organização eram motivados para o desempenho dos seus trabalhos pelo desafio e pela oportunidade.[54] Da mesma forma que Herzberg, Myers concluiu que o envolvimento intrínseco no trabalho e o senso de realização dele derivado eram motivadores mais importantes do que outros fatores como recompensas sociais, *status*, condições físicas de trabalho e mesmo recompensas econômicas.

Também a classificação de motivos de McCleland[55] dentro do sistema de personalidade está intimamente ligada à concepção do homem complexo. As três necessidades descritas por McCleland – realização, afiliação e poder – estão inter-relacionadas com a necessidade de solução de problemas. Aliás, parece que a necessidade de solução de problemas forma a base para esses três motivos e outros que ainda não chegaram a ser identificados e avaliados. O sistema individual esforça-se para dominar problemas e, à medida que mostram ser consistentemente recompensadores, ou seja, à medida que fornecem soluções para os problemas com os quais o indivíduo se defronta, certos comportamentos passam a ser aprendidos e repetidos, e o indivíduo aprende a confiar neles. Como resultado desse processo de aprendizagem em situações diferentes, indivíduos desenvolvem os diferentes padrões de motivos (realização, afiliação e poder), que se desenvolvem em função do tempo. E o comportamento de um indivíduo em uma situação organizacional particular não é apenas uma função das características de seu sistema individual, mas é também o resultado dos problemas e desafios que percebe no ambiente organizacional. A natureza desses desafios é afetada não apenas pelo que a organização fornece. Essa realidade é determinada pelas expectativas dos outros, pela natureza da tarefa que o indivíduo é solicitado a desempenhar e pelas variáveis organizacionais formais (como o estilo de supervisão, de recompensas e punições, de regras, de procedimentos de controle, etc.), com as quais o indivíduo se defronta. O sistema individual, as expectativas dos outros, a tarefa e as variáveis organizacionais formais interagem para formar a opinião do indivíduo sobre o que dele é esperado pela organização. A interação dessas variáveis define o tipo de acordo ou *contrato psicológico* que o indivíduo e a organização fizeram.

---

[53] Ver a teoria de Frederick Herzberg, p.128.

[54] MYERS, M. Scott. "Who are your motivated workers?". *Harvard Business Review*, v. 42, jan.-fev. 1964.

[55] McCLELAND, David C. *The achieving society*. Nova York: D. Van Nostrand, 1961.

Usando as palavras de Lawrence e Lorsch, "a maneira pela qual um indivíduo é motivado a se comportar numa específica posição organizacional é função tanto da história do desenvolvimento do seu sistema individual quanto da natureza do contexto organizacional que o envolve. Cada indivíduo é motivado a se comportar na situação corrente de acordo com os padrões de comportamento passado que o ajudaram a dominar seu ambiente. Quando ele se vê diante de uma determinada situação organizacional ou de trabalho, sua história pessoal faz com que ele perceba certos aspectos da situação corrente como potencialmente satisfatórios e outros como menos satisfatórios".[56]

Homo digitalis

A teoria administrativa representa uma sequência de concepções a respeito das pessoas. Primeiro falou-se do *homo economicus* – motivado por incentivos salariais e materiais. Depois veio o *homo social* – motivado por incentivos sociais e simbólicos. A seguir, o *homem organizacional* – que nasce e vive dentro de organizações. Mais adiante, o *homem administrativo* – que age racionalmente e toma decisões de acordo com sua racionalidade. Finalmente, o *homem complexo*, que acabamos de ver. Agora, está surgindo o *homem digital* – aquele que se comunica com o mundo por meio da tecnologia da informação.

Dicas — **O mundo digital**

Na Era da Informação está crescendo o número de organizações virtuais e interligadas em redes digitais, assim como os negócios virtuais pela Internet. O volume de atividades relacionadas a *e-commerce*, *e-business* e *e-organization* está em intensa expansão. E qual é a razão? Os negócios tradicionais estão sendo substituídos por negócios digitais por meio da Web. É o foco em um novo cliente. E em um novo tipo de funcionário. Estamos falando do *homo digitalis*.

---

[56] LAWRENCE, Paul; LORSCH, Jay W. Op. cit. p.76-77.

CAPITAL HUMANO

Em seu conjunto, as pessoas são o capital humano da organização. Esse capital pode valer mais ou menos, na medida em que contenha talentos e competências capazes de agregar valor à organização e torná-la mais ágil e competitiva. Portanto, esse capital vale mais à medida que consegue influenciar as ações e destinos da organização. Para isso, a organização precisa utilizar intensivamente quatro alavancadores indispensáveis:[57]

1) *Autoridade*: dar poder às pessoas para que possam tomar decisões independentes sobre ações e recursos. Nesse sentido, cada líder reparte e delega autoridade às pessoas para que elas trabalhem de acordo com o que aprendem e dominam. Ou seja, dar autonomia às pessoas. É o chamado *empowerment*.
2) *Informação*: fomentar o acesso à informação ao longo de todas as fronteiras. Criar condições para disseminar a informação e torná-la útil e produtiva no sentido de facilitar a tomada de decisões e a busca de novos e diferentes caminhos.
3) *Recompensas*: proporcionar incentivos compartilhados que promovam os objetivos organizacionais. Um dos mais fortes motivadores é a recompensa pelo trabalho bem-feito. A recompensa funciona como um reforço positivo e um sinalizador do comportamento que a organização espera de seus participantes.
4) *Competências*: ajudar a desenvolver as habilidades e competências para utilizar amplamente a informação e a autoridade. É assim que se criam talentos na organização: definindo as competências que a organização precisa para alcançar seus objetivos e criando condições internas para que as pessoas aprendam e desenvolvam tais competências da melhor maneira possível.

Até certo tempo atrás, as pessoas eram visualizadas como recursos humanos das organizações. Afinal, o que é um recurso? Em geral, algo material, passivo, inerte e sem vida própria que supre os processos organizacionais em termos de matérias-primas, dinheiro, máquinas, equipamentos, etc. Mas serão as pessoas meros recursos organizacionais? Depende da maneira como se aborda a sua atividade dentro das organizações. Se essa atividade

---

[57] CHIAVENATO, Idalberto. *Construção de talentos*: coaching & mentoring. Rio de Janeiro: Elsevier/Campus, 2002, p.9-10.

é meramente rotineira, repetitiva, física ou muscular, ela apenas faz parte dos processos produtivos como qualquer máquina ou equipamento. Aqui estamos falando do conceito de mão de obra ou da aplicação da energia muscular ao trabalho. Parece que durante décadas a fio e em todo o decorrer da Era Industrial foi essa a abordagem predominante a respeito da atividade humana nas organizações.[58]

A Era da Informação mudou radicalmente esse panorama, pelas seguintes razões:[59]

1) O trabalho está se tornando cada vez menos físico e muscular e cada vez mais cerebral e mental. A atividade humana está deixando de ser repetitiva e imitativa para ser cada vez mais criativa e inovadora. As pessoas deixaram de ser fornecedoras de mão de obra para serem alçadas à categoria de fornecedoras de conhecimento e de competências, como parceiros – e não como empregados submetidos a um contrato formal de trabalho – da organização. Cada pessoa é uma cabeça, uma inteligência a serviço da organização, e não um simples conjunto de músculos e habilidades físicas.
2) As pessoas estão deixando de ser meras *commodities* nas organizações e assumindo seu caráter pessoal e singular em função das diferenças individuais. Antes, as práticas de RH – como seleção, treinamento, remuneração, benefícios – eram padronizadas e estereotipadas a fim de garantirem homogeneidade de comportamento. Hoje, pelo contrário, as diferenças individuais estão sendo realçadas e incentivadas, os talentos estão sendo procurados com sofreguidão e as competências pessoais aprimoradas para garantir a competitividade organizacional.[60] A diversidade está em alta. As pessoas estão deixando de ser meros recursos produtivos para ser o capital humano da organização.
3) O trabalho está deixando de ser individualizado, solitário e isolado para se transformar em uma atividade grupal, solidária e conjunta. Enquanto os cargos – conceito típico da Era Industrial – estão passando por uma total redefinição, as equipes estão cada vez mais em voga. A velha abordagem cartesiana de divisão do

---

[58] CHIAVENATO, Idalberto. *Construção de talentos*: coaching & mentoring. Op. cit. p.67.

[59] Ibid.

[60] CHIAVENATO, Idalberto. *Como transformar RH – de um centro de despesa – em um centro de lucro*. São Paulo: Makron Books, 2000, p.36-63.

trabalho e especialização já deu tudo o que tinha de dar. Hoje, em vez de dividir, separar e isolar, tornou-se importante juntar e integrar para obter efeito sinergístico e multiplicador. As pessoas trabalham melhor e mais satisfeitas quando o fazem juntas. Equipes, células de produção, times, trabalho conjunto, compartilhamento, participação, solidariedade, consenso, decisão em equipe, *empowerment*, autogerenciamento, multifuncionalidade, polivalência: estas estão sendo as palavras de ordem nas organizações.[61]

4) Hoje, não se trata apenas de reter talentos na organização. Possuir talentos é apenas uma parte da questão. O mais importante é o que fazer para que eles sejam rentavelmente aplicados: desenvolver talentos e saber aplicá-los no sentido de obter elevados retornos desse precioso capital humano.

5) O papel dos gestores e executivos está mudando rapidamente. Eles estão se transformando em líderes democráticos e incentivadores. O tradicional papel gestor de pensar e de comandar pessoas foi bom para uma época que já passou: a Era Industrial. O comando autocrático e impositivo de um lado e a obediência cega de outro funcionaram bem em uma época de manutenção do *status quo*, na qual a mudança era lenta e contínua. A área de RH tradicional era centralizadora e monopolizadora: selecionava, treinava, avaliava e remunerava de acordo com suas políticas e processos internos. Agora, quem cuida disso são os executivos: os atuais gestores de pessoas. A área de RH sofreu uma metamorfose de órgão executor e operacional para constituir uma equipe estratégica de consultoria interna. Lidar com pessoas tornou-se uma responsabilidade de linha e uma função de *staff*.

6) O desenvolvimento de pessoas deixou de ser uma tarefa exclusiva da área de treinamento e desenvolvimento (T&D) para se transformar em uma preocupação holística na organização. A gestão do conhecimento e das competências, a criação de universidades corporativas, a transformação das empresas em organizações de aprendizagem são decorrências típicas dessa transformação. Um verdadeiro mutirão de esforços conjuntos e integrados para incrementar a aprendizagem organizacional.

7) Cada executivo passou a ser inserido no esforço conjunto de desenvolver continuamente o talento humano. Aumentar e aplicar o capital humano passou a ser

---

[61] Ibid.

uma obsessão das empresas competitivas. E isso passou a ser totalmente descentralizado por toda a organização. Uma tarefa de todos.[62]

Esta é a nova ARH.

Debate **O HP Way**[63]

Desde que iniciaram sua empresa em uma pequena garagem de uma casa, William Hewlett e David Packard definiram os valores corporativos que deveriam guiar o comportamento da Hewlett-Packard (HP) e que até hoje orientam o comportamento da organização. O HP Way pode ter várias interpretações, mas pode ser sumarizado da seguinte maneira:

- Temos profundo respeito e confiança nas pessoas.
- Focamos um alto nível de desempenho e de contribuição das pessoas.
- Conduzimos nossos negócios com integridade descompromissada.
- Alcançamos nossos objetivos comuns por meio de equipes.
- Encorajamos a flexibilidade.

Na HP, esses valores são fundamentais para seu sucesso. O presidente, Lewis Platt, diz que passa a maior parte de seu tempo falando mais sobre valores da companhia do que sobre estratégias de negócios. O que você acha disso?

Composição do capital humano

Ter pessoas nem sempre significa ter talentos. Talento era uma moeda muito valiosa no tempo dos romanos. Hoje, talento significa uma pessoa muito valiosa. Ou seja, dotada de competências. Em outras palavras, talento significa alguém que consegue reunir quatro componentes básicos:

1) *Conhecimento*: as pessoas devem ser continuamente preparadas para receber novos conhecimentos. Isso implica aprender a aprender; aprender a aprender mais rapidamente e melhor; aprender continuamente para que sejam fornecedoras de conhecimento, e não simplesmente fornecedoras de mão de obra.

---

62 CHIAVENATO, Idalberto. *Gestão de pessoas*: o novo papel das pessoas nas organizações. Barueri: Manole, 2013.

63 WIND, Jerry Yoram; MAIN, Jeremy. *Driving change*: how the best companies are preparing for the 21st century. Nova York: The Free Press, 1998, p.103-104.

2) *Habilidades*: aprender a utilizar o conhecimento de maneira concreta e proveitosa. Em outras palavras, saber aplicar o conhecimento na solução dos problemas, na inovação e na contribuição ao sucesso da organização.
3) *Julgamento*: aprender a analisar e discernir as situações para tomar decisões a respeito de como aplicar suas habilidades, definir necessidades e prioridades a serem satisfeitas.
4) *Atitude*: postura empreendedora de sair da zona de conforto e assumir responsabilidades e iniciativa no sentido de trabalhar como parceiro da organização, e não simplesmente como elemento passivo e dependente das chefias.

Assim, talento representa o elemento básico do capital humano de uma organização. Contudo, ter talentos nem sempre significa ter capital humano. Como as sementes, os talentos requerem um terreno adequado para sobreviver e prosperar, condições climáticas razoáveis, chuva e certos cuidados. Também os talentos somente podem sobreviver e prosperar em condições organizacionais adequadas. Isso significa que, além de talentos, o capital humano exige mais três aspectos básicos e fundamentais:

1) *Organização adequada do trabalho*: uma estrutura organizacional que permita a interligação dos talentos, na qual eles possam ser aglutinados de maneira integrada. Quase sempre o modelo burocrático funciona como elemento bloqueador da iniciativa e empreendedorismo do talento no cenário organizacional. As organizações mais avançadas estão substituindo a clássica divisão do trabalho pela atuação em equipe dos talentos a fim de obter o máximo de sua potencialidade.
2) *Cultura organizacional*: também as organizações mais avançadas estão substituindo suas culturas tradicionais de desconfiança e controle externo por uma abordagem mais participativa e democrática para criar um clima de integração.
3) *Estilo de gestão*: como os gerentes são gestores de pessoas, eles precisam urgentemente adotar estilos de gestão participativos e democráticos para que os talentos sejam alavancados e impulsionados, e não mais aprisionados e controlados externamente.

Assim, o capital humano passa a ser constituído por talentos dentro de um contexto organizacional adequado e impulsionador.

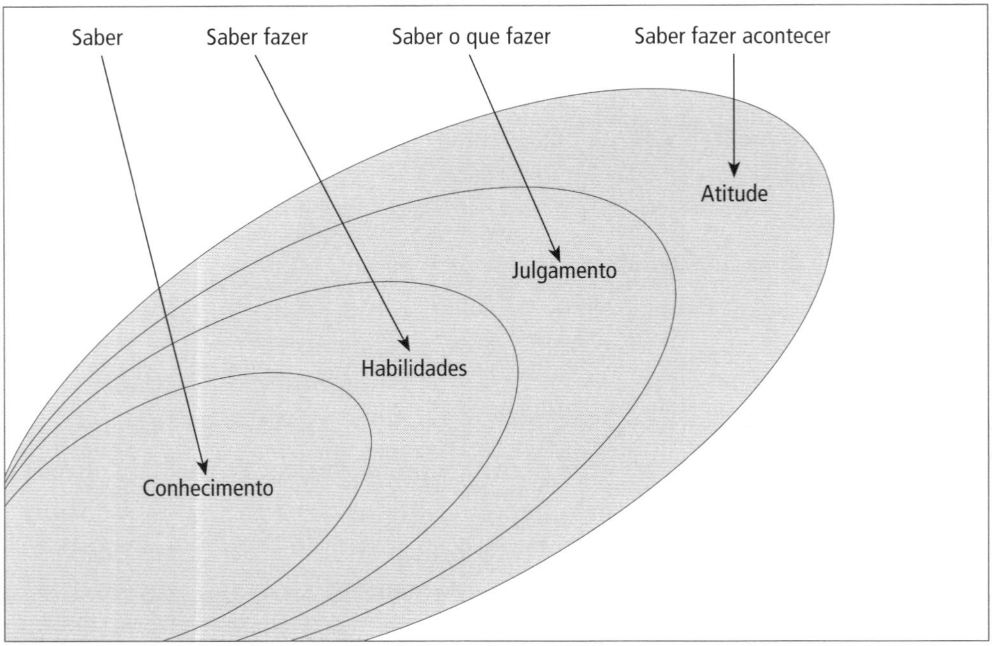

Figura 2.30 – Pessoas como talentos.

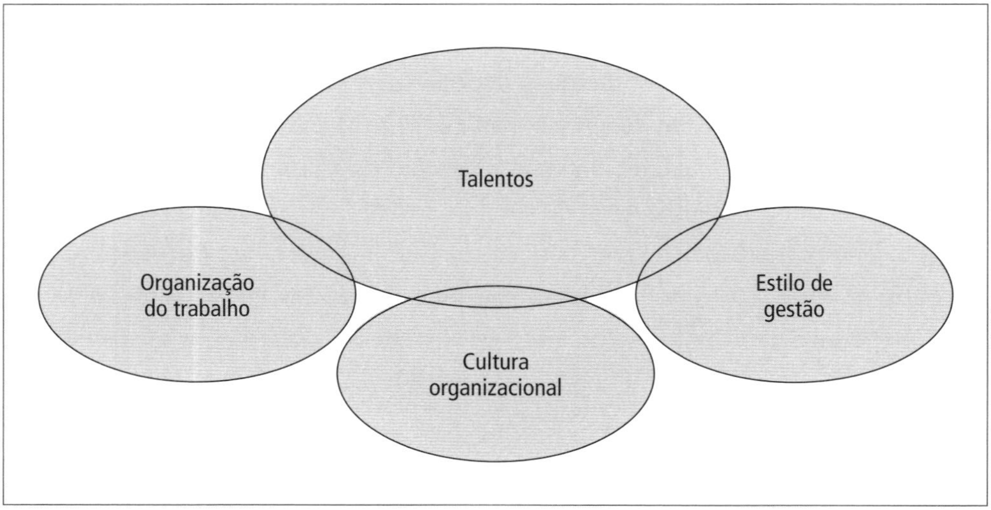

Figura 2.31 – Composição do capital humano.

Tópicos principais

- Campo psicológico.
- Ciclo motivacional.
- Dissonância cognitiva.
- Consonância.
- Hierarquia de necessidades.
- Motivação.
- Necessidades.
- Frustração.
- Satisfação.
- Compensação.
- Fatores higiênicos.
- Fatores motivacionais.
- Percepção.

Discussão — Bosch: o modelo de competências[64]

Fala-se muito em competências. Gestão por competências, treinamento por competências, remuneração por competências e coisas assim. A busca pelas competências – individual ou organizacional – é perseguida pelas pessoas e organizações como meio de garantir um lugar ao sol. Afinal, talento humano é uma questão de sobrevivência e de sucesso das organizações em um mundo em transformação e carregado de competitividade. Competência significa um repertório de comportamentos que certas pessoas ou empresas dominam melhor que outras e que as torna eficazes e competitivas em face de determinada situação. Na verdade, a competência é um conjunto de conhecimentos, práticas, comportamentos e tipos de raciocínio adquirido em função de aprendizado e vivência; um conjunto de conhecimentos, habilidades, atitudes e interesses que diferenciam pessoas ou organizações. Assim, as competências são observáveis em situações do cotidiano do trabalho ou em situações de teste.

A Robert Bosch Limitada tem unidades em Curitiba (PR), Aratú (BA), São Paulo (SP) e Campinas (SP) e iniciou a implantação do modelo de competências em meados de 1998, quando se percebeu a necessidade de um programa de competências capaz de identificar as necessidades de desenvolvimento, utilizando um processo objetivo para verificação de desempenhos individuais. O foco inicial era preparar pessoas para carreira e sucessão na empresa. O projeto seria o alavancador para um programa de retenção de talentos por meio do banco de talentos. A formatação do modelo foi baseada nos seguintes fatores:

1) Cultura da empresa.
2) Estrutura organizacional da empresa: níveis hierárquicos, necessidades futuras, cargos e carreira-chave.

3) Perfil profissional desejado para atender às demandas do negócio.
4) Modo de avaliação do perfil já existente na empresa.
5) Filosofia da organização, que prevê o processo de identificação e avaliação de competências como uma fonte de referência para o desenvolvimento e aproveitamento de potenciais, e não a eliminação de pessoas do processo.
6) Escolha de uma metodologia de avaliação de potenciais que atendesse à organização, dentro de seus padrões de qualidade.

Estratégia de implantação

Foi projetado um banco de talentos para suprir a necessidade de redimensionamento de pessoas em função dos cargos e carreiras-chave, com a participação dos gestores das áreas, que se responsabilizaram pela identificação dos candidatos. Os critérios de escolha foram baseados na avaliação do desempenho existente na ocasião, comparando-a com as competências demonstradas no cotidiano. A área de RH fez o papel de facilitadora do processo, contando com a parceria de todas as áreas da empresa.

O primeiro passo foi selecionar um grupo de pessoas-chave para iniciar as primeiras discussões sobre as competências importantes para o negócio da empresa. Em um elenco provisório, cada competência foi conceituada e desdobrada em conhecimentos básicos, habilidades necessárias e atitudes desejáveis.

O segundo passo foi definir o elenco de competências. O terceiro passo foi apresentar o projeto formal e angariar o comprometimento e participação da diretoria. A seguir, o projeto foi apresentado a toda a organização em uma reunião inaugural para conhecimento geral.

Como funciona o projeto

Cada profissional pode participar ou não e deve solicitar sua inclusão no banco de talentos. É feita uma análise do histórico funcional do candidato e procede-se a uma entrevista individual para se obter um perfil de cada participante do programa. Os candidatos são submetidos a um seminário de dois dias, em turmas com até 12 participantes, no qual constam atividades simuladas com base em jogos e dinâmica de grupo. Além das atividades vivenciais, são utilizados instrumentos e recursos técnicos com o objetivo de avaliar como as pessoas se comportam em face do perfil de competências profissionais da Bosch. Faz parte do seminário a entrevista individual de realimentação para verificar o estágio de desenvolvimento do funcionário em cada competência e seu comprometimento com o autodesenvolvimento. Esse processo não é eliminatório, mas aponta as competências que podem ser desenvolvidas e as que estão dentro do desempenho esperado. Essa fase proporciona os dados para elaboração de projetos de treinamento e desenvolvimento para ampliar as competências desejáveis. É o chamado mapeamento de competências internas.

Perfil de competências da Bosch

Todas as unidades da Bosch no Brasil assumem o perfil de três competências básicas: estratégicas, técnicas e de gestão. As dez competências privilegiadas pela Bosch são:

---

[64] FARES, José Antônio; VICENTINI, Antonio Marcos. *Relato Bosch*. Disponível em: http://www.revistadivulgar.com.br.

1) Visão do negócio:
- Acompanha mudanças e tendências amplas e focadas no negócio.
- Está atualizada sobre mercado e clientes.
- Conhece os produtos que fornece.
- Domina missão, objetivos e recursos internos e externos existentes.
- Pesquisa e detecta oportunidade com foco no cliente.

2) *Profit oriented*:
- Administra por resultados efetivos (dono do negócio).
- Faz planejamento estratégico, avaliando e redirecionando periodicamente.
- Divulga e operacionaliza amplamente seus objetivos.
- Decide por meio de análise do que agrega valor e relação custo/benefício.
- Aprende e melhora com os resultados obtidos.

3) Espírito empreendedor:
- Possui clareza de propósito e de meios.
- Tem iniciativa própria com parcerias (autonomia).
- Cria alternativas de solução novas e eficazes.
- Age proativa e rapidamente.
- Corre e assume riscos.

4) Gerador de mudanças:
- Influencia a organização/pessoas com suas ideias (missionário).
- Provoca novas reflexões sobre assuntos conhecidos.
- Persiste na concretização de mudanças.
- Enfrenta a dúvida e erros decorrentes de novos desafios.
- Rompe paradigmas e experimenta soluções inovadoras.

5) Líder *coaching*:
- É o modelo de princípios éticos e de confiança para a equipe.
- Escala o melhor time.
- Desenvolve a equipe para os desafios (treina, orienta, prepara, informa).
- Aproveita o melhor de cada pessoa.
- Atinge resultados com a equipe em um clima de motivação e de comprometimento.

6) Facilitador:
- Modera e apoia os processos/atividades da equipe.
- Fornece constantemente retroação (*feedback*) à equipe (positivo ou negativo).
- Descentraliza objetivos, decisões e tarefas.
- Assume os resultados da equipe como sendo dele próprio.
- Contribui e coopera em equipes multidisciplinares.

7) Motivador:
- É automotivado e entusiasta.
- Coloca desafios à equipe perante os objetivos organizacionais.
- Oferece oportunidades de crescimento/aprendizado.
- Cuida do ambiente e das necessidades tanto profissionais como pessoais.
- Reconhece e recompensa explicitamente e com justiça.

8) Comunicador:
- Mantém a equipe atualizada e envolvida com os negócios, do estratégico ao operacional.
- Compartilha informações e ideias em todos os níveis.
- Utiliza transparência, credibilidade e rapidez na troca de dados e informações em geral.
- Confere o grau de compreensão ao interlocutor.

(continua)

(continuação)

9) Negociador:
- Utiliza seu poder pessoal para influenciar o poder institucional.
- É assertivo e convincente, mas flexível.
- Usa a diversidade de estilos/opiniões a favor dos objetivos organizacionais.
- Desenvolve sua intuição.
- Sabe ouvir.

10) Objetivo e veloz:
- Organiza e agiliza as informações.
- Utiliza metodologias específicas de análise de problemas e tomada de decisões.
- Apresenta com clareza, simplicidade e poder de síntese seus pontos de vista.
- Administra bem seu tempo e consequentemente os de outrem.
- Encaminha suas atividades com dinamismo.

Projeto de sucessão Bosch

O projeto de sucessão está fundamentado no banco de talentos, a fim de desenvolver potencias e suprir eventuais necessidades de promoções, remanejamentos e atender ao crescimento da organização. Trata-se de um investimento que se fundamenta em 12 competências (como bússola), que constituem o foco dos programas de treinamento e desenvolvimento:

1) Capacidade empreendedora.
2) Capacidade de trabalhar sob pressão.
3) Comunicação.
4) Criatividade.
5) Cultura de qualidade.
6) Flexibilidade.
7) Liderança.
8) Negociação.
9) Planejamento.
10) Relacionamento interpessoal.
11) Tomada de decisão.
12) Visão sistêmica.

O próximo passo será utilizar o banco de talentos na implantação da remuneração variável por competência.

Questões para discussão

1) Explique a teoria de campo.
2) Explique a teoria da dissonância cognitiva.
3) Explique a natureza complexa do homem.
4) Defina e explique o ciclo motivacional e sua resolução em termos de satisfação, frustração ou compensação.

5) Explique a hierarquia das necessidades e sua dinâmica.
6) Explique a teoria dos dois fatores.
7) Explique o modelo contingencial de motivação.
8) O que significa instrumentalidade, valência, resultados intermediários e resultados finais?
9) Explique o clima organizacional.
10) Dê algumas características do comportamento humano nas organizações.
11) Explique a concepção do *homem complexo*.

Resumo

As pessoas são o mais valioso recurso da organização. O dilema da ARH é: tratar as pessoas como pessoas (dotadas de características próprias de personalidade, motivações, valores pessoais, etc.) ou como recursos (dotadas de habilidades, capacidades e conhecimentos, etc.). Como as organizações são compostas por pessoas, o estudo delas é fundamental para a ARH.

Para se compreender o comportamento das pessoas, é necessário entender que elas vivem e comportam-se em um "campo psicológico" e que procuram reduzir suas dissonâncias em relação ao seu ambiente.

Além disso, o estudo do comportamento humano deve considerar a complexa natureza do homem ser transacional, voltado para objetivos e atuando como um sistema aberto. Entre os fatores internos e externos que influenciam o comportamento humano, está a motivação humana; o comportamento pode ser explicado por meio do ciclo motivacional que se completa com a satisfação, ou frustração, ou ainda com a compensação de necessidades humanas. As necessidades humanas podem ser classificadas em uma hierarquia, na qual as necessidades primárias estão na base (necessidades fisiológicas e de segurança), enquanto as necessidades secundárias (necessidades sociais, de estima e de autorrealização) estão no topo. Essas necessidades atuam simultaneamente, com a prevalência das secundárias ou superiores. Por outro lado, a motivação pode ser explicada pela influência de dois fatores: os higiênicos ou insatisfacientes e motivacionais ou satisfacientes. Contudo, a motivação ainda pode ser explicada por um modelo contingencial; a motivação para produzir depende da instrumentalidade dos resultados intermediários (produtividade, por exemplo) em relação aos resultados finais (dinheiro, benefícios, promoção, etc.). O estado motivacional das pessoas produz o clima organizacional e é por este influenciado. Em função disso tudo, o comportamento humano nas organizações apresenta características importantes para a ARH, e o fato de o homem ser uma entidade complexa complica-a enormemente.

Caso nº 2

A fim de fazer com que alguns de seus supervisores se atualizassem em relação às técnicas de relações humanas com seus subordinados, a diretoria da Metalúrgica Santa Rita S.A. (Mesarisa) resolveu inscrever alguns deles em um curso de treinamento sobre estilos de gerência, realizado por uma entidade dedicada ao desenvolvimento gerencial. O curso previa uma duração de uma semana em tempo integral – cerca de 40 horas – entre aulas expositivas, debates e atividades grupais, exigindo total afastamento dos participantes de suas atividades normais de trabalho. Foram escolhidos os quatro melhores supervisores, como prêmio pela sua dedicação à empresa. Terminado o curso, o diretor industrial, Raimundo Correia Filho perguntou aos quatro supervisores a respeito de suas impressões sobre o curso e como poderiam aplicar na prática tudo aquilo que tinham aprendido.

O primeiro a falar foi João Conrado, supervisor do almoxarifado de matérias-primas. Conrado foi taxativo: nunca em sua vida havia participado de um curso tão brilhante, no qual se sentira não um simples aluno em sala de aula, mas um participante ativo e importante. Contudo, ainda era cedo para opinar sobre sua aplicação na prática. O segundo supervisor, Pedro Saldanha, da oficina de manutenção, concordou com Conrado, nada acrescentando em suas observações. O terceiro supervisor, Jovêncio Batista, de contas a pagar, entrou em mais detalhes: aprendeu coisas importantes sobre a natureza humana e sobre a motivação do comportamento humano, a teoria sobre a hierarquia das necessidades humanas, a teoria dos dois fatores, etc. Na prática, teria de aprender a aplicar esses conceitos de forma ampla e de acordo com as diferenças individuais de seus subordinados. O quarto supervisor, Henrique Bueno, da usinagem, reagiu de maneira completamente diferente e inesperada. Explicou que havia aprendido que o ser humano é uma criatura dotada de necessidades e que cria outras novas necessidades, trabalhando quase que exclusivamente para satisfazê-las, o que nem sempre consegue. Como o ser humano é um ser complexo, cada pessoa tem as suas necessidades muito individualizadas e o que é bom para um pode não ser para outro. Disse que estranhou muito a pergunta colocada pelo diretor industrial aos supervisores ali presentes. Como poderia responder àquela pergunta se, como simples supervisor de uma seção, não tinha poderes para alterar as políticas e os procedimentos da companhia? Deveria ser o diretor industrial ou o diretor-presidente, ou ainda, o gestor de recursos humanos quem deveria traçar a maneira pela qual cada diretor, cada gestor, cada supervisor deveria proceder em relação ao seu pessoal. Além do mais, ponderou Henrique, de tudo aquilo que aprendeu no curso, pouco ou nada se falou em salário: e todas aquelas coisas bonitas, aqueles conceitos e teorias, não enchem a barriga de ninguém.

Como explicar a Henrique a importância da motivação?

Capítulo

3 As pessoas e as organizações

Tópicos deste capítulo

- Conceito de equilíbrio organizacional
- Reciprocidade entre indivíduo e organização
- Relações de intercâmbio
- Cultura organizacional
- Tópicos principais
- Questões para discussão
- Resumo
- Caso nº 3

A integração entre o indivíduo e a organização não é uma problemática nova. As primeiras preocupações surgiram com os antigos gregos. Mais recentemente, Weber levantou a hipótese de que as organizações pudessem destruir a personalidade individual com o surgimento de uma "arregimentação desumana".[1] Mayo[2] e Roethlisberger[3] fizeram extensas análises do impacto causado pela organização industrial e pelo sistema de autoridade unilateral sobre o indivíduo. Criticaram a "abordagem molecular" e desumana desenvolvida pela Administração Científica de Taylor e seguidores. Aos poucos, a abordagem clássica – centrada na tarefa e no método – foi dando lugar à abordagem humanística centrada no homem e no grupo social. A ênfase dada à técnica e à tecnologia cedeu lugar à ênfase às relações

---

1 GOULDNER, Alvin W. "Organizational analysis". In: MERTON, Robert K.; BROOM, Leonard; COTTRELL, Leonard S. (Org.). *Sociology today*. Nova York: Basic Books, 1959, p.402.

2 MAYO, Elton. *The human problems of an industrial civilization*. Boston: Harvard University Press, 1933.

3 ROETHLISBERGER, Fritz J.; DICKSON, William J. *Management and the worker*. Cambridge: Harvard University Press, 1939.

humanas. Essa mudança radical aconteceu por volta de 1930.[4] De lá para cá, percebeu-se a existência do conflito industrial, ou seja, a existência de interesses antagônicos entre o trabalhador e a organização, e a necessidade de uma harmonia industrial baseada em uma mentalidade voltada para as relações humanas.

A fim de atingir certos objetivos, as pessoas se agrupam em organizações para transpor as suas limitações individuais e obter sinergia de esforços por meio do esforço conjunto. A união faz a força. À medida que as organizações são bem-sucedidas no alcance dos objetivos, elas tendem a sobreviver e a crescer. Ao crescer, as organizações necessitam de maior número de pessoas para a execução das suas atividades e, certamente, de mais pessoas capazes de supervisionar e gerenciar outras. Todas essas pessoas, ao ingressarem nas organizações, naturalmente perseguem objetivos individuais diferentes dos objetivos daquelas que originalmente formaram as organizações. Isso faz com que, gradativamente, os objetivos organizacionais formulados originalmente distanciem-se cada vez mais dos objetivos individuais dos novos participantes que ingressam posteriormente.

Assim, tanto as pessoas como as organizações desejam alcançar objetivos. De um lado, as organizações recrutam e selecionam pessoas para com elas e por meio delas alcançar objetivos organizacionais (como produção, rentabilidade, qualidade, produtividade, atendimento ao mercado, satisfação do cliente, lucro, etc.). Todavia, de outro lado, as pessoas, uma vez

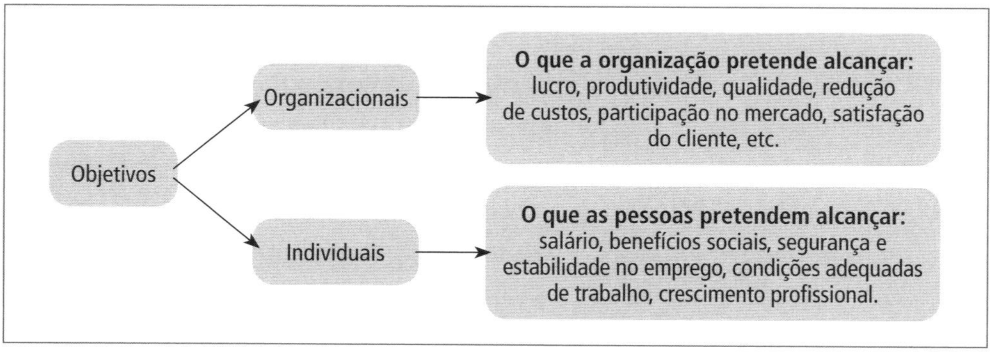

Figura 3.1 – Objetivos organizacionais e objetivos individuais.

[4] CHIAVENATO, Idalberto. *Introdução à teoria geral da administração.* 9.ed. Barueri: Manole, 2014.

recrutadas e selecionadas, têm objetivos individuais pelos quais lutam para alcançar e, muitas vezes, servem-se da organização para atingi-los mais adequadamente.

A interação entre pessoas e organizações é tema complexo e dinâmico e pode ser visualizado de diferentes maneiras. Barnard[5] faz uma interessante distinção entre eficiência e eficácia quanto aos resultados da interação entre pessoas e organização. Para ele, toda pessoa precisa ser eficiente para satisfazer as suas necessidades individuais mediante a sua participação na organização, mas também precisa ser eficaz para atingir os objetivos organizacionais por meio da sua participação. Essa dupla preocupação pode ser mostrada na Figura 3.2.

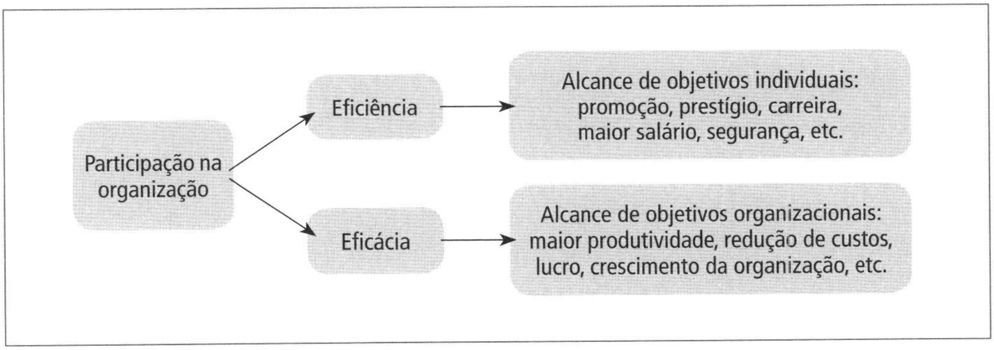

Figura 3.2 – Eficiência e eficácia segundo Barnard.

Segundo esse enfoque, de nada adianta ser somente eficiente, pois o indivíduo será avaliado negativamente pela organização por lutar apenas pelos seus próprios interesses e terá os seus dias contados. Ao contrário, o indivíduo somente eficaz produz resultados para a organização à custa dos seus interesses pessoais, sacrificando família e compromissos sociais. É preciso ser eficaz para proporcionar resultados à organização e eficiente para progredir na vida. A parcela maior de responsabilidade pela integração entre os objetivos organizacionais e os objetivos dos indivíduos recai sobre a alta administração.[6] É ela quem deve estabelecer meios, políticas, critérios e

[5] BARNARD, Chester I. *As funções do executivo.* São Paulo: Atlas, 1971, p.286.

[6] Ibid.

tudo o mais para que isso aconteça. A organização depende de pessoas, recurso indispensável e inestimável. Assim, a interdependência de necessidades da organização e do indivíduo é imensa, pois tanto as vidas como os objetivos de ambos estão inseparavelmente ligados e entrelaçados.

Em outros termos, o relacionamento indivíduo *versus* organização nem sempre é um relacionamento cooperativo e satisfatório. Muitas vezes, é um relacionamento tenso e conflitivo. Argyris[7] procura mostrar o conflito entre os objetivos que as organizações procuram atingir e os objetivos que individualmente cada participante pretende alcançar. Para ele, as metas organizacionais e as metas individuais nem sempre se deram muito bem. Para Argyris, a organização tende a criar nos indivíduos um profundo sentimento íntimo de frustração, de conflito, de malogro e uma curta perspectiva temporal de permanência, na medida em que é formalizada e rígida. Isso acontece em virtude das exigências que as organizações formais impõem aos indivíduos, bitolando o seu desempenho e confinando-os em tarefas restritivas e destituídas de oportunidades para a manifestação de responsabilidade, autoconfiança e independência. Assim, os indivíduos tornam-se apáticos, desinteressados e frustrados. Argyris preocupa-se em delinear rumos para uma integração indivíduo-organização realmente efetiva.[8] Para ele, a parcela maior de responsabilidade pela integração entre os objetivos da organização e os dos indivíduos recai sobre a alta administração. Enquanto os indivíduos buscam suas satisfações pessoais (salário, lazer, conforto, horário mais favorável de trabalho, oportunidades de carreira, segurança no cargo, etc.), as organizações, do mesmo modo, têm necessidades (capital, edifícios, equipamentos, potencial humano, lucratividade, oportunidades de mercado, etc.). As organizações dependem de pessoas, recurso indispensável e inestimável. Assim, a interdependência de necessidades do indivíduo e da organização é imensa, pois tanto as vidas como os objetivos de ambos estão inseparavelmente entrelaçados. Enquanto o indivíduo traz habilidades, conhecimentos, capacidades e destrezas, juntamente com sua aptidão para aprender e um indefinido grau de desempenho, a organização,

---

[7] ARGYRIS, Chris. *Personalidade e organização:* o conflito entre o indivíduo e o sistema. Rio de Janeiro: Renes, 1968.

[8] Idem. *A integração indivíduo-organização.* São Paulo: Atlas, 1975.

por sua vez, deve impor responsabilidades ao indivíduo, algumas definidas e outras indefinidas, algumas dentro ou abaixo da sua capacidade atual, outras demandando uma aprendizagem a médio ou a longo prazo, mas sempre com desafio.

Etzioni[9] aponta como reconhecimento crucial do dilema da organização as tensões inevitáveis – que podem ser reduzidas, mas não eliminadas – entre as necessidades da organização e as de seu pessoal entre a racionalidade e a irracionalidade; entre a disciplina e a autonomia; entre as relações formais e as informais; entre a administração e os trabalhadores, ou, mais genericamente, entre as posições e as divisões do trabalho. Em outro livro, Etzioni coloca como problema fundamental que "encontrar equilíbrio entre os elementos racionais e não racionais do comportamento humano é um ponto principal da vida, da sociedade e do pensamento modernos. É também o problema central da teoria organizacional".[10]

Conceito de equilíbrio organizacional

A interação entre pessoas e organizações pode ser explicada pelo modelo de induzimentos-contribuições proposto separadamente por Barnard[11] e Simon[12]. Esse modelo proporciona uma interessante base para a compreensão das relações entre os motivos pessoais e os objetivos organizacionais.

O modelo parte do pressuposto de que como a organização é um sistema cooperativo racional, torna-se necessário conhecer os motivos que levam as pessoas a cooperar. Para Simon, as pessoas estão dispostas a cooperar sempre que suas atividades dentro da organização contribuam diretamente para o alcance dos seus próprios objetivos pessoais. Em outros termos, as pessoas fazem contribuições à organização sempre que recebem dela os incentivos e alicientes desejados. Explicando melhor:

---

[9] ETZIONI, Amitai. *Organizações modernas*. São Paulo: Pioneira, 1967, p.68.

[10] Idem. *Organizações complexas*. São Paulo: Atlas, 1967, p.15.

[11] BARNARD, Chester I. Op. cit.

[12] SIMON, Herbert A. *O comportamento administrativo*. Rio de Janeiro: FGV, Serviço de Publicações, 1965.

a) *Incentivos* (alicientes ou induzimentos ou recompensas): pagamentos feitos pela organização a seus participantes (salários, prêmios de produção, benefícios sociais, oportunidades, satisfação profissional). Cada tipo de incentivo possui um correspondente valor de utilidade (função-utilidade) que é eminentemente subjetivo e varia de indivíduo para indivíduo.
b) *Contribuições*: pagamentos que cada participante efetua à organização a que está ligado (trabalho, dedicação, pontualidade, assiduidade, esforço pessoal, etc.). Cada tipo de contribuição possui um correspondente valor para a organização (função-utilidade) que varia conforme os objetivos organizacionais, a cultura organizacional, etc. Daí as várias modalidades de comportamento à disposição do participante.

Os conceitos de induzimentos e de contribuições levam-nos ao conceito de equilíbrio organizacional:

a) Uma organização é um sistema de comportamentos sociais inter-relacionados, de numerosas pessoas – os participantes da organização.
b) Cada participante e cada grupo de participantes recebe incentivos (recompensas) em troca dos quais faz contribuições à organização.
c) Todo participante somente manterá sua participação na organização enquanto os incentivos (recompensas) oferecidos forem iguais ou maiores (medidos em termos dos valores que representam para o participante e das alternativas que se lhe oferecem) do que as contribuições que lhe são exigidas.
d) As contribuições trazidas pelos vários grupos de participantes são a fonte na qual a organização se supre e "alimentam-se" dos incentivos que oferecem aos participantes.
e) A organização será "solvente" e continuará existindo somente enquanto as contribuições forem suficientes para proporcionar incentivos em grande quantidade para induzirem os participantes à prestação de contribuições.[13]

O equilíbrio organizacional reflete o êxito das organizações em "remunerar" seus integrantes com quantias adequadas (de dinheiro, de oportunida-

---

[13] MARCH, James G.; SIMON, Herbert A. *Teoria das organizações.* Rio de Janeiro: FGV, Serviço de Publicações, 1966, p.104.

des, de "tapinhas nas costas" ou de satisfações não materiais) e motivá-los a continuar fazendo parte da organização, proporcionando contribuições que garantam sua sobrevivência e eficácia.

Assim, toda organização oferece alicientes para induzir a um retomo equivalente ou maior de contribuições. É necessário que os incentivos sejam úteis aos participantes, da mesma forma que suas contribuições sejam úteis à organização, para que esta seja solvente. Este é um dos principais desafios da ARH: identificar quais os incentivos úteis aos participantes e quais as contribuições úteis à organização, obtendo-se um balanceamento adequado entre eles.

Existem três condições principais para que as recompensas funcionem adequadamente:

1) Precisam ser claramente percebidas como suficientemente grandes a fim de justificarem o esforço adicional necessário para consegui-las.
2) Precisam ser percebidas como diretamente relacionadas ao desempenho solicitado e ser concedidas imediatamente após o desempenho.
3) Precisam ser percebidas como equitativas pela maioria dos membros do sistema, muitos dos quais não as receberão.[14]

A situação complica, pois cada um dos participantes tem motivos pessoais próprios para dedicar-se à organização. O empresário, por exemplo, busca o lucro (excesso das receitas sobre as despesas), enquanto os empregados buscam salários e benefícios; o empresário adquire, mediante a assinatura de um contrato de trabalho, o direito de dispor dos empregados e obtém meios de pagar seus salários por intermédio da realização de contratos de venda com a clientela. Se esses dois tipos de contratos forem vantajosos, o empresário lucra e, o que é mais importante, a organização continua a existir. Se os contratos não forem satisfatórios, o empresário torna-se incapaz de manter seus empregados. Neste caso, a organização pode desaparecer, a menos que se consiga um equilíbrio em um nível compensador. Em qualquer organização, o empresário depende também de muitos outros

---

[14] KATZ, Daniel; KAHN, Robert L. *Psicologia social das organizações*. São Paulo: Atlas, 1970, p.398-399.

alicientes, além daqueles de natureza econômica, como prestígio, lealdade, engajamento, boa vontade, etc.

Reciprocidade entre indivíduo e organização

A interação psicológica entre empregado e organização é basicamente um processo de reciprocidade:[15] a organização realiza certas coisas para e pelo participante e inibe-se de outras, remunera-o, dá-lhe segurança e *status;* reciprocamente, o participante responde trabalhando e desempenhando suas tarefas e oferecendo resultados. A organização espera que o empregado obedeça à sua autoridade e, por seu turno, o empregado espera que a organização se comporte corretamente com ele e opere com justiça. A organização reforça sua *expectação* por meio do uso da autoridade e do poder de que dispõe, enquanto o empregado reforça sua expectação por meio de certas tentativas de influir na organização ou de limitar sua participação. Ambas as partes do contrato de interação estão orientadas por diretrizes que definem o que é correto e equitativo e o que não é.[16] Alguns sociólogos referem-se a uma norma de reciprocidade,[17] enquanto psicólogos chamam isso de contrato psicológico.

Todo contrato apresenta dois aspectos fundamentais:[18]

1) Contrato formal e escrito que é assinado com relação ao cargo a ser ocupado, ao conteúdo do trabalho, ao horário, ao salário, etc.
2) Contrato psicológico que a organização e o indivíduo esperam realizar e ganhar com o novo relacionamento.

O contrato psicológico refere-se à expectativa recíproca do indivíduo e ao fato de a organização estender-se muito além de qualquer contrato formal

---

[15] LEVINSON, Harry. "Reciprocation: the relationship between man and organization". *Administrative Science Quarterly*, v.IX, n.4, mar. 1965, p.373.

[16] JACQUES, Elliott. *Equitable payment.* New York: John Wiley, 1961.

[17] GOULDNER, Alvin W. "The norm of reciprocity". *American Sociological Review*, v.25, 1960, p.161-78.

[18] SCHEIN, Edgar H. *Consultoria de procedimentos:* seu papel no departamento organizacional. São Paulo: Edgard Blücher, 1972, p.89.

de emprego que estabeleça o trabalho a ser realizado e a recompensa a ser recebida. Embora não exista acordo formal ou coisa claramente dita, o contrato psicológico é um entendimento tácito entre indivíduo e organização, no sentido de que uma vasta gama de direitos, privilégios e obrigações, consagrados pelo uso, serão respeitados e observados por ambas as partes. O contrato psicológico é um elemento importante em qualquer relação de trabalho e que influencia o comportamento das partes. "O processo de realizar expectativas mútuas e satisfazer necessidades mútuas na relação entre um homem e sua organização de trabalho foi conceitualizado como um processo de reciprocidade. Reciprocidade é o processo de desenvolver um contrato psicológico entre uma pessoa e uma companhia ou qualquer outra instituição em que ela trabalha. É um processo complementar em que o indivíduo e a organização se tornam parte um do outro. A pessoa sente que é parte da organização ou instituição e, consequentemente, torna-se um símbolo, personificando a organização global".[19]

O conceito de contrato surgiu na psicologia de grupo. Para alguns autores, a vida como um todo é uma série de acordos e pactos (contratos) que as pessoas mantêm consigo mesmas e com os outros. O contrato torna-se um meio utilizado para a criação e troca de valores entre as pessoas. Cada pessoa, no fundo, representa seus próprios contratos que regem tanto as relações interpessoais, como os relacionamentos que ela mantém consigo mesma (relações intrapessoais). Uma fonte comum de dificuldades nos relacionamentos interpessoais é a falta de acordos explícitos e claros. As pessoas nem sempre dizem aberta e explicitamente o que querem e do que precisam. O esclarecimento dos contratos, tanto nas relações intrapessoais como nas interpessoais, é importante para a efetiva vivência interpessoal. As pesquisas têm revelado uma significativa evidência de que as pessoas e os grupos alcançam elevado grau de operacionalização somente quando os objetivos são bem definidos e quando existe clareza sobre os instrumentos necessários para alcançá-los.

---

[19] LEVINSON, Harry. *The exceptional executive.* Cambridge: Harvard University Press, 1968, p.39.

Relações de intercâmbio

Todo sistema social pode ser encarado em termos de grupos de pessoas, ocupadas com o intercâmbio de seus recursos com base em certas expectativas. Esses recursos são constantemente permutados e, sem dúvida, não se limitam apenas a recursos materiais, pois abrangem ideias, sentimentos, habilidades e valores. Além disso, no intercâmbio de recursos dentro dos sistemas sociais, desenvolvem-se contratos psicológicos entre pessoas e sistemas, pessoas e grupos, e sistemas e subsistemas, em que prevalece o sentimento de reciprocidade: cada um avalia o que está oferecendo e o que está recebendo em troca. Nesse intercâmbio de recursos, se desaparecer ou diminuir o sentimento de reciprocidade, ocorre uma modificação dentro do sistema.

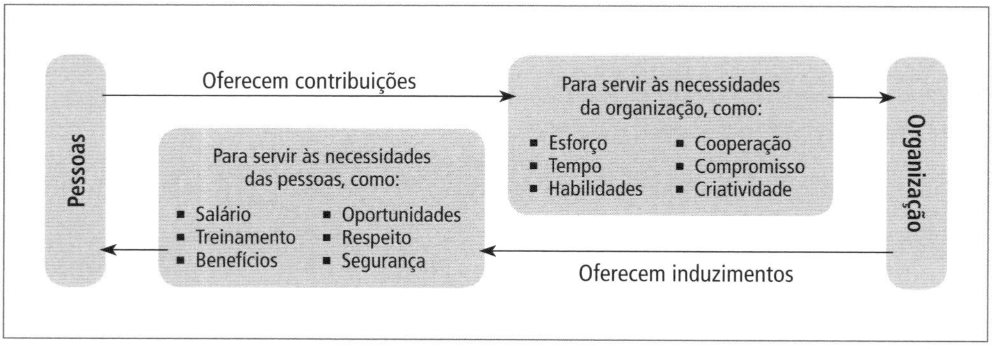

Figura 3.3 – Relações de intercâmbio entre pessoas e organizações.

De modo mais amplo, o objetivo básico de toda organização é atender às suas próprias necessidades e, ao mesmo tempo, às necessidades da sociedade por meio da produção de bens ou serviços, pelos quais recebe uma compensação monetária. As pessoas formam uma organização ou engajam-se em algumas delas porque esperam que sua participação satisfaça algumas necessidades pessoais. Para obter essas satisfações, as pessoas estão dispostas a incorrer em certos custos ou fazer certos investimentos e esforços na organização, pois esperam que as satisfações de suas necessidades sejam maiores do que os custos e avaliam suas satisfações esperadas e os custos por meio de seus sistemas de valores. Essas expectativas, quando equilibradas, podem ser expressas mediante a equação a seguir:[20]

$$\text{satisfações} - \text{custos} = 0$$

Ou, em outros termos:

$$\frac{\text{satisfações}}{\text{custos}} = 1$$

Cada parte avalia os seus investimentos e os retornos obtidos, os custos e os benefícios. Assim, sempre existe um relacionamento de intercâmbio entre os indivíduos e a organização: o modo pelo qual os objetivos individuais são satisfeitos determina a percepção do relacionamento, que pode ser avaliado como satisfatório para aquelas pessoas que pensam que as suas recompensas excederam as demandas feitas para obtê-las.

A pessoa ingressa, permanece e trabalha na organização quando espera que as suas satisfações pessoais sejam maiores que os seus esforços para alcançá-las. Contudo, se percebe ou acredita que os seus esforços ultrapassam as satisfações, torna-se propensa a reduzi-los ou a abandonar a organização.

Ao mesmo tempo, a organização espera que a contribuição de cada um ultrapasse os custos de ter pessoas na organização. Em outros termos, a organização espera que as pessoas contribuam mais do que ela lhes dá. Aqui, a soma algébrica das contribuições das pessoas com os custos da organização de mantê-las deve também exceder zero.

Se cada pessoa vê os benefícios de ser membro da organização como maiores do que os seus investimentos, ela percebe um relacionamento bem-sucedido. No entanto, se a organização percebe os benefícios de manter as pessoas como seus membros como maiores do que os custos incorridos em tê-las na organização, ela também enxerga um relacionamento bem-sucedido.

---

[20] HICKS, Herbert G.; GULLETT, C. Ray. *The management of organizations*. Nova York: McGraw-Hill,1976, p.5-6.

O estado ótimo da interação ocorre quando "uma parte da interação indivíduo-organização obtém seus recursos necessários no processo de satisfazer às demandas da outra parte – e vice-versa".[21] Outras maneiras de apresentar o problema foram focalizadas por diferentes autores. Argyris,[22] que já vimos anteriormente, fala em integração do indivíduo com a organização; McGregor[23] se refere ao alinhamento entre os objetivos das pessoas e os objetivos da organização. Bakke[24] fala em processo de "fusão" entre pessoas e organizações. A essência do problema é a mesma: pessoas e organizações atraem-se e selecionam-se mutuamente no sentido de que as pessoas encontrem as organizações mais adequadas às suas necessidades e aos seus objetivos e as organizações encontrem as pessoas mais adequadas às suas expectativas. Este é o primeiro passo. O segundo é a gradativa acomodação e ajustamento recíproco entre pessoas e organizações: ambos aprendem a acomodar-se e a ajustar-se continuamente um ao outro. O terceiro passo refere-se às pessoas que desenvolvem carreiras dentro das organizações, usando-as como trampolim profissional, e às organizações que desenvolvem as pessoas usando-as como trampolim para o alcance de seus objetivos organizacionais. Se o primeiro passo é uma escolha recíproca, o segundo é um processo de adaptação mútua e o terceiro um desenvolvimento recíproco. Cabe à ARH assegurar-se disso.

Assim, as expectativas recíprocas, quando bem atendidas, conduzem a uma melhoria incrível no relacionamento entre pessoas e organizações e vice-versa. Na prática, as expectativas das pessoas em relação à organização e as expectativas da organização em relação às pessoas podem ser sumarizadas conforme a Figura 3.4.

---

[21] PORTER, Lymam W.; LAWLER III, Edward E.; HACKMAN, J. Richard. *Behavior in organizations.* Tóquio: McGraw-Hill Kogakusha, 1975, p.114.

[22] ARGYRIS, Chris. Op. cit.

[23] McGREGOR, Douglas M. "O lado humano da empresa". In: BALCÃO, Yolanda Ferreira; CORDEIRO, Laerte Leite (Org.). *O comportamento humano na empresa:* uma antologia. Rio de Janeiro: FGV, Instituto de Documentação, 1971, p.45-60.

[24] BAKKE, E.W. *The fusion process.* New Haven: Labor and Management Center, Vale University, 1953.

O que as pessoas esperam da organização

- Um excelente lugar para trabalhar.
- Oportunidade de crescimento: educação e carreira.
- Reconhecimento e recompensas: salário, benefícios e incentivos.
- Liberdade e autonomia.
- Apoio e suporte: liderança renovadora.
- Empregabilidade e ocupabilidade.
- Camaradagem e coleguismo.
- Qualidade de vida no trabalho.
- Participação nas decisões.
- Divertimento, alegria e satisfação.

O que a organização espera das pessoas

- Foco na missão organizacional.
- Foco na visão de futuro da organização.
- Foco no cliente, seja ele interno ou externo.
- Foco em metas e resultados a alcançar.
- Foco em melhoria e desenvolvimento contínuo.
- Foco no trabalho participativo em equipe.
- Comprometimento e dedicação.
- Talento, habilidades e competências.
- Aprendizado constante e crescimento profissional.
- Ética e responsabilidade social.

Figura 3.4 – Expectativas das pessoas e organizações.

Cultura organizacional

Cada organização tem a sua própria cultura organizacional ou cultura corporativa. Para se conhecer uma organização, o primeiro passo é conhecer sua cultura. Fazer parte de uma organização significa assimilar sua cultura. Viver em uma organização, trabalhar nela, atuar em suas atividades e nela desenvolver carreira é participar intimamente de sua cultura organizacional. O modo como as pessoas interagem em uma organização, as atitudes predominantes, as pressuposições subjacentes, as aspirações e os assuntos relevantes nas interações entre os membros fazem parte da cultura da organização. A cultura organizacional é o DNA da organização.

Dicas O que faz a diferença?[25]

Vez ou outra, aparece uma pesquisa para desvendar as causas do sucesso de uma empresa. Jim Collins publicou sua pesquisa no livro *Feitas para durar* nos anos de 1990. Agora, Joyce, Tuck, Roserson e Nohria publicaram o livro *O que (realmente) funciona*, lançado no Brasil pela editora Campus. Durante mais de 10 anos, monitoraram 160 companhias por meio de 200 ferramentas de gestão para conhecer as práticas das empresas vencedoras e das perdedoras. As 40 companhias consideradas de sucesso excederam as expectativas em quatro práticas básicas – execução, estratégia, cultura e estrutura – e em dois dos quatro aspectos considerados secundários pelos autores – talento, inovação, liderança e parcerias. A combinação resultou na fórmula 4+2. Não se trata de uma teoria, mas de uma bússola que funciona em qualquer ambiente empresarial.

a) *Desempenho*: o segredo não está em seguir modismos gerenciais ou privilegiar uma ferramenta em detrimento de outra. O que realmente funciona é como os executivos gerenciam as ferramentas que escolhem. As melhores empresas primavam por uma implementação exemplar.

b) *Estratégia*: não importa a estratégia – vender barato ou prestar ótimos serviços – mas que ela seja clara para executivos, funcionários e clientes.

c) *Cultura*: para os autores, é um erro que o desenvolvimento de uma cultura corporativa não seja levado tão a sério quanto a operação. As melhores empresas se dedicam à criação de uma cultura voltada para o desempenho – não apenas entre os executivos, mas entre todos os funcionários. 90% das vencedoras ligavam recompensa financeira ao desempenho.

d) *Estrutura*: para os autores, não há nada de errado com a burocracia. A questão é quando procedimentos e protocolos – necessários em qualquer empresa – assumem proporções asfixiantes.

e) *Liderança*: as características pessoais do presidente – expansivo ou tímido, paciente ou impaciente, visionário ou voltado para detalhes – não se provaram determinantes. Outras qualidades sim, como: construir relacionamentos pela empresa e inspirar os demais executivos a fazer o mesmo, detectar oportunidades e problemas claramente.

f) *Talentos*: as vencedoras desenvolvem e mantêm talentos. Um dos sinais de avanço é quando a empresa consegue substituir com facilidade os profissionais perdidos para a concorrência. Em média, as perdedoras tiveram de buscar executivos fora da companhia duas vezes mais que as vencedoras. Ainda é comum que as empresas se desdobrem para não perder um cliente e não movam um dedo para manter um funcionário.

g) *Inovação*: coragem e vontade de canibalizar produtos ou processos antigos a favor de um novo. Mesmo nos detalhes mais simples do negócio.

h) *Parcerias*: fazer parcerias é uma maneira de crescer rapidamente. As empresas bem-sucedidas privilegiaram negociações menores e mais frequentes. Em geral, elas compraram empresas com 20% de seu tamanho a cada 2 ou 3 anos.

---

[25] ROSENBURG, Cynthia; MANO, Christiane. "O que faz a diferença?". *Exame*, 807.ed., 10 dez. 2003, p.140-141.

A cultura organizacional representa as normas informais e não escritas que orientam o comportamento dos membros de uma organização no dia a dia e que direcionam suas ações para a realização dos objetivos organizacionais.[26] É o conjunto de hábitos e crenças estabelecido por meio de normas, valores, atitudes e expectativas compartillhados por todos os membros da organização. A cultura espelha a mentalidade que predomina em uma organização.[27] Para Schein, a cultura organizacional é um padrão de aspetos básicos compartilhados – inventados, descobertos ou desenvolvido por um determinado grupo que aprende a enfrentar seus problemas de adaptação externa e integração interna – e que funciona bem a ponto de ser considerado válido e desejável para ser transmitido aos novos membros como a maneira correta de perceber, pensar e sentir em relação àqueles problemas.[28]

A cultura organizacional não é algo palpável que se possa tocar. Não é percebida ou observada em si mesma, mas através dos seus efeitos e consequências. Nesse sentido, ela lembra um *iceberg*. Na parte superior, que está acima do nível da água, estão os aspectos visíveis e superficiais observados nas organizações e que são decorrências da sua cultura. Quase sempre são as decorrências físicas e concretas da cultura, como o tipo de edifício, cores utilizadas, espaços, tipo de salas e mesas, os métodos e procedimentos de trabalho, as tecnologias utilizadas, os títulos e descrições de cargos, as políticas de gestão de pessoas. Na parte submersa, estão os aspectos invisíveis e profundos, cuja observação ou percepção é mais difícil. Nessa parte, estão as decorrências e aspectos psicológicos e sociológicos da cultura.[29]

---

[26] CHIAVENATO, Idalberto. *Administração nos novos tempos*. 3.ed. Barueri: Manole, 2014.
[27] Ibid. p.172-173.
[28] SCHEIN, Edgar. *Organizational culture and leadership*. São Francisco: Jossey-Bass, 1992.
[29] CHIAVENATO, Idalberto. *Comportamento organizacional*: a dinâmica do sucesso das organizações. 3.ed. Barueri: Manole, 2014.

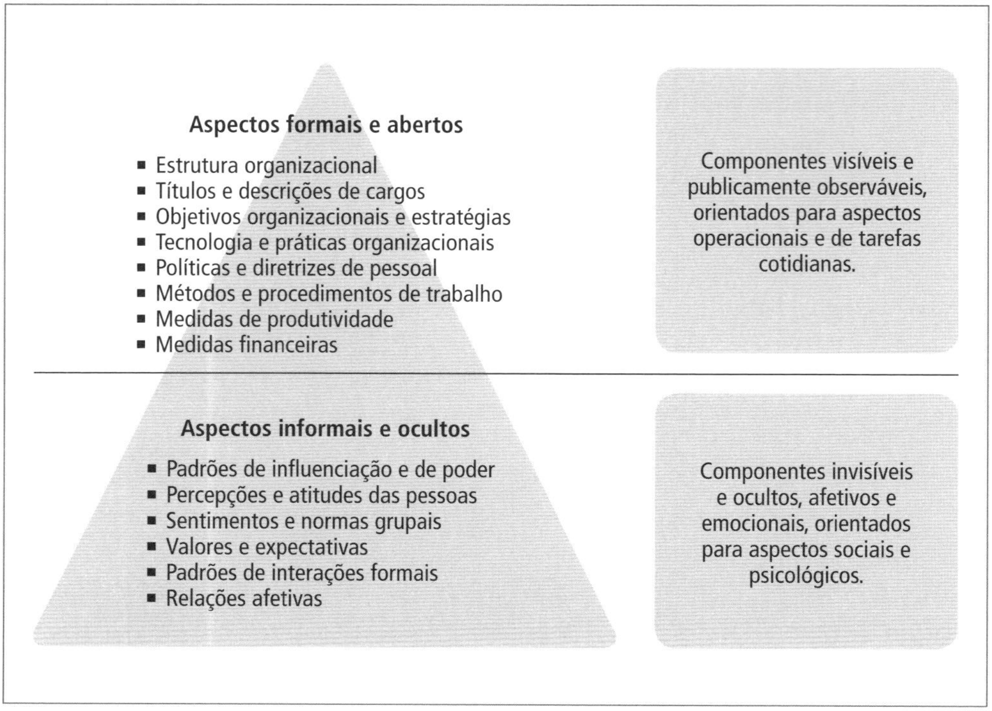

Figura 3.5 – *Iceberg* da cultura organizacional.
Fonte: CHIAVENATO, Idalberto. *Administração nos novos tempos*. 3.ed. Barueri: Manole, 2014.

A comparação com um *iceberg* tem uma razão evidente: a cultura organizacional apresenta várias camadas com diferentes níveis de profundidade e arraigamento. Para se conhecer a cultura de uma organização, é necessário conhecê-la em todos esses níveis. A Figura 3.6 é autoexplicativa e proporciona uma clara compreensão das diversas camadas da cultura organizacional.

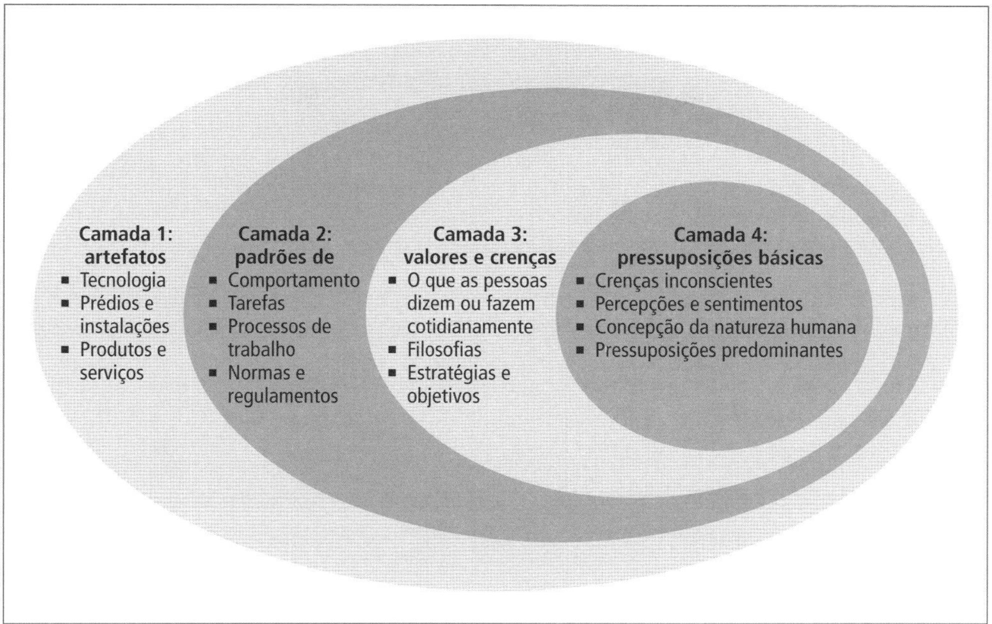

Figura 3.6 – As diversas camadas da cultura organizacional.

Fonte: adaptada de HUNT, James. *Leadership*: a new synthesis. Thousand Oaks: Sage Publ., 1991, p.221.

Quanto mais profunda a camada analisada, maior a dificuldade de mudar ou transformar a cultura. A primeira camada – a mais superficial e visível, constituída pelos artefatos que caracterizam fisicamente a organização – é a mais fácil de mudar, pois é formada por aspectos físicos e concretos, por instalações, móveis e coisas que podem ser mudados sem maiores problemas. À medida que se aprofunda nas outras camadas, a dificuldade de mudar se torna cada vez maior. Na camada mais profunda – a das pressuposições básicas –, a mudança cultural é mais difícil, problemática e demorada.

Dicas **Características da cultura organizacional**

A cultura organizacional reflete a maneira como cada organização aprendeu a lidar com o seu ambiente. É uma complexa mistura de pressuposições, crenças, comportamentos, histórias, mitos, metáforas e outras ideias que, tomadas juntas, representam o modo particular de uma organização funcionar e trabalhar.

A cultura organizacional apresenta seis características principais:[30]

1) *Regularidades nos comportamentos observados*: as interações entre os participantes se caracterizam por uma linguagem comum, terminologias próprias e rituais relacionados com condutas e deferências.
2) *Normas*: padrões de comportamento e que incluem guias sobre a maneira de fazer as coisas.
3) *Valores dominantes*: principais valores que a organização advoga e espera que seus participantes compartilhem, como qualidade do produto, baixo absenteísmo, alta eficiência.
4) *Filosofia*: políticas que afirmam as crenças sobre como os empregados ou clientes devem ser tratados.
5) *Regras*: guias estabelecidos e relacionados com o comportamento na organização. Os novos membros devem aprender essas regras para serem aceitos no grupo.
6) *Clima organizacional*: sentimento transmitido pelo local físico, como os participantes interagem, como as pessoas tratam os outros, clientes, fornecedores, etc.

Cada uma dessas características se apresenta em vários graus e controvérsias. Para facilitar a compreensão das características culturais de cada organização, podemos salientar dois tipos extremos dentro de um *continuum* de gradações: o estilo tradicional e autocrático e o estilo participativo e democrático de cultura, que veremos a seguir.

A cultura organizacional é considerada o aspecto mais básico e fundamental das organizações, sua característica mais importante. Por essa razão, a cultura organizacional é chamada de DNA organizacional.

---

30 LUTHANS, Fred. *Organizational behavior*. Nova York: McGraw-Hill Higher Education, 2002, p.123.

Debate — A ruptura organizacional[31]

As modernas organizações estão sofrendo uma total ruptura (*breakthrough*) com relação aos velhos padrões tradicionais. A livraria que mais cresce no mundo – a Amazon.com – não tem um metro quadrado de lojas. A maior indústria de tênis e roupas esportivas do mundo – a Nike – não tem fábrica alguma. A Microsoft chegou a valer cerca de cem vezes o seu ativo contábil. A Lótus foi vendida à IBM por quinze vezes o seu valor patrimonial tangível. A filial americana da Nokia tem apenas 5 funcionários e fatura 200 milhões de dólares por ano. A organização convencional representada pelo organograma tradicional – burocrático e jurássico – está passando por uma verdadeira carpintaria. Já não é mais aquela dos velhos tempos. Cada vez mais, as organizações estão focalizando suas energias, tempos e recursos naquilo que tem mais valor: o seu ativo intangível que lhe proporciona inteligência competitiva.

O capital intelectual está trazendo uma nova maneira de pensar e agir. Contabilizar, administrar, auditar, gerenciar, planejar, organizar, controlar e todos os demais verbos que formavam a velha administração tradicional estão destinados a representar apenas 20% do valor real de uma empresa. Os outros 80% que fortalecerão as mudanças organizacionais dependem de:

1) As organizações vão operar cada vez mais em redes (*networks*). Pequenos núcleos de grandes cérebros criarão negócios de grande porte através de sua capacitação de concertação, formação de empresas em rede e desenvolvimento de marca. O ativo intangível dessas redes será uma parcela cada vez menor do valor global do negócio estruturado.

2) O emprego tradicional tende a diminuir drasticamente. O empregado com carteira assinada passa a ser terceirizado junto com mesas, máquinas, tijolos, equipamentos. Tudo isso deixa de ser contabilizado no núcleo central de operações que passa a ser responsabilidade do parceiro que trabalha em rede.

3) A flexibilidade de horários será cada vez maior e o trabalho tradicional será cada vez mais feito em casa. Com o desmonte das grandes empresas e do tradicional conceito de ativo tangível, diminuirá cada vez mais o conjunto de bens físicos da organização. Esta está se tornando cada vez menos concreta e cada vez mais virtual.

4) Os serviços serão cada vez mais importantes na formação do PIB de cada país. As previsões apontam que logo mais, nos Estados Unidos, 2% das pessoas estarão produzindo todos os alimentos necessários ao restante da população. Outros 2% estarão produzindo todos os produtos físicos de que a nação necessita. Com isso, o trabalhador do conhecimento aumentará cada vez mais o valor agregado à produção, incorporando inteligência e não capital físico aos empreendimentos. Como contabilizar o cérebro de um trabalhador intelectual?

5) *Megasoftwares* irão revolucionar a organização das empresas. Com isso, a parte tradicional das organizações passará por uma total revolução ficando a atividade burocrática humana praticamente zerada e transferida para a máquina.

6) A competitividade – o paradoxo da melhoria da qualidade com diminuição de preços – será uma preocupação permanente. Funções divisionáveis – como RH, finanças, con-

(continua)

[31] Adaptado de VIANNA, Marco Aurélio Ferreira. *Capital intelectual, um futuro que já chegou.* Disponível em: http://www.guiarh.com.br/PAGINA21B.htm.

(continuação)

troladoria, etc. – serão incorporadas às unidades de operação, aumentando o valor agregado e diminuindo o patrimônio físico tradicional.

7) A inovação permanente será um fator crítico de sucesso, se não de sobrevivência das organizações. As maiores verbas serão destinadas à criação de novos produtos, serviços, sistemas e processos em um movimento obcecado rumo ao novo.

8) Treinamento e aprendizado contínuo – no conceito mais nobre da Organização de Aprendizagem (*Learning Organization*) – receberão recursos cada vez maiores como estratégia de enfrentamento do desafio da mudança.

9) Uma sólida cultura organizacional com o alinhamento de valores e princípios e a determinação de uma visão compartilhada será cada vez mais fator de diferenciação competitiva das organizações.

10) Diante das enormes dificuldades do ambiente externo, os talentos humanos serão cada vez mais escassos. Na eterna lei da oferta e da demanda, os talentos escolherão a empresa que ofereça o ambiente humano mais propício ao seu desenvolvimento e que recompense de forma mais justa o seu real valor.

11) No mundo do pluralismo e da multiplicidade – principalmente do comércio eletrônico –, deter e alimentar uma marca reconhecida e respeitada será uma estratégia cada vez mais perseguida. Por essa razão, a Phillips Morris vale 50 bilhões de dólares no mercado, enquanto seus ativos fixos não chegam a dois bilhões de dólares.

12) No mundo da infinitização do comércio virtual, a logística com base na forte capacitação informática será cada vez mais um atributo fundamental de sucesso. Qualquer produto pode ser comprado em qualquer lugar do mundo que exija custos compatíveis. A logística – disciplina que faz parte da administração e que trata do fluxo de produtos (bens + serviços) desde os fornecedores até os clientes finais – será fundamental. Sempre há um produto ou alguma forma transformada do produto fluindo dentro de ou para alguma organização.

Tudo isso envolve um novo estilo de administração e uma nova maneira de visualizar as pessoas. Como explicar a influência disso na gestão de RH?

Cada vez mais, a ARH se preocupa com a cultura organizacional, a fim de revitalizá-la continuamente.

Discussão — Natura: a fábrica transformada em comunidade[32]

Na nova fábrica da Natura em Cajamar, SP, os corredores externos envolvem e ligam o conjunto em um modelo de arquitetura que lembra um museu da arte moderna. No interior dos prédios, cerca de 3.000 pessoas trabalham em sincronia para colocar diariamente no mercado 800.000 itens de produtos com a marca da empresa. Máquinas, equipamentos e painéis eletrônicos – descendentes diretos do velho *kanban* japonês – estão por toda a parte. Mesmo assim, a fábrica da Natura, uma das maiores produtoras de cosméticos do país, é silenciosa, limpa e arejada. Uma potente rede de cabos de fibra óptica percorre toda a construção. Por ela, podem correr desde os comandos para a produção até filmes de cinema. O projeto modular faz com que a capacidade de produção possa ser duplicada em um fim de semana na busca de flexibilidade. Não há muros cercando a nova fábrica. Na busca de integração e transparência, suas estruturas translúcidas e minimalistas permitem que os funcionários trabalhem em meio a uma paisagem formada por um pedaço preservado de árvores nativas da Mata Atlântica, jabuticabeiras e uma ferrovia do início do século passado, desativada em 1983. A ideia é que uma pequena locomotiva circule de tempo em tempo trazendo visitantes à fábrica.

O Novo Espaço Natura – como a fábrica foi batizada – é uma revolução diante do que, em boa parte do século XX foi chamada linha de produção. As diferenças de aspecto, embora impressionantes, formam o lado menos importante da mudança de um modelo para outro. A arquitetura é apenas um reflexo de conceitos e de crenças corporativas que devem marcar o terceiro século da industrialização. Fábricas continuarão a existir e a dar empregos enquanto o mercado precisar de bens prosaicos, como roupas, carros, CDs, pipoca de micro-ondas, sabonetes e computadores pessoais. No entanto, elas farão tudo isso de forma diferente, com pessoas diferentes e, como consequência disso, exigirão um novo modelo de gestão e de liderança.

As pessoas querem sentir que são parte de algo maior. Elas têm necessidade de compartilhar ideias, problemas e objetivos, diz a prefeita do Espaço Natura. Ela é a gerente do Espaço Natura. Seu dia a dia consiste em cuidar para que os funcionários trabalhem em locais adequados, que as áreas de lazer funcionem e sejam conservadas, que as pessoas se encontrem e dividam experiências – quaisquer que sejam elas. A existência de uma prefeita na fábrica da Natura é um sinal da necessidade que as empresas hoje têm de se transformar em comunidades, com ritos próprios, autenticidade, valores em comum e intersecção entre trabalho e vida pessoal. Paixão, criatividade, compromisso: essas são as qualidades mais necessárias para as empresas que quiserem vencer no novo mundo dos negócios, diz o americano Jim Stuart, fundador do The Leadership Circle, um programa de desenvolvimento para presidentes de empresas. Essas são também as qualidades mais em falta na maioria das corporações. As pessoas ainda se sentem parte dos meios de produção. Por quê? Porque os líderes as tratam dessa forma, diz ele.

Os funcionários da Natura trabalham hoje em uma espécie de minicidade, onde podem deixar a roupa para lavar e as crianças na creche, ir ao banco, consultar livros na biblioteca, ir com a família ao clube nos fins de semana. O espaço está preparado para receber cerca de

(continua)

[32] VASSALLO, Cláudia. O futuro mora aqui. *Exame*, 734.ed., 21 fev. 2001, p.35-54.

(continuação)

10.000 visitantes por ano – um grupo formado por estudantes, fornecedores e revendedoras da marca. Consumidores são chamados a testar novos produtos em ambientes que reproduzem quartos de bebê e clínicas de beleza. Os funcionários dizem que as coisas estão sempre mudando, mas isso não significa pressão ou sacrifício. A coisa mais legal dessa empresa é que todos procuram fazer sempre melhor.

Para erguer o espaço, a Natura investiu cerca de 200 milhões de reais. Uma fábrica convencional certamente custaria bem menos. Pomares, piscinas, auditórios, salas de treinamento e berçários significam um custo extra. A razão do investimento foi criar um ambiente que revelasse – para o público interno e externo – seus valores básicos: qualidade, transparência, equilíbrio. Na fábrica do futuro, os funcionários não serão encarados como meios de produção – recursos humanos –, mas como membros de uma comunidade, com valores, objetivos e rituais em comum.

Tópicos principais

- Conflito.
- Contrato psicológico.
- Cultura organizacional.
- Objetivos individuais.
- Objetivos organizacionais.
- Relações de intercâmbio.
- Reciprocidade.

Questões para discussão

1) Por que existe um conflito entre objetivos organizacionais e objetivos individuais?
2) Explique o processo de reciprocidade na interação entre pessoas e organizações.
3) O que é contato psicológico?
4) Explique as relações de intercâmbio.
5) O que são incentivos e contribuições?
6) Explique o conceito de equilíbrio organizacional.

Resumo

As pessoas agrupam-se para formar organizações e por meio delas alcançar objetivos comuns que seriam impossíveis de atingir individualmente. As organizações que alcançam aqueles objetivos compartilhados – isto é, as organizações bem-sucedidas – tendem a sobreviver e a crescer com sustentabilidade. Esse crescimento exige maior número de pessoas, cada qual com seus objetivos individuais. Com o passar do tempo, isso provoca um crescente distanciamento entre os objetivos organizacionais (que eram comuns para aqueles que formaram a organização) e os objetivos individuais dos novos participantes. Para ultrapassar o possível conflito potencial entre esses objetivos, a interação entre pessoas e organizações torna-se cada vez mais dinâmica e complexa. Essa interação pode ser explicada como um processo de reciprocidade baseada em um contrato psicológico, recheado de expectativas recíprocas que regem as relações de intercâmbio entre pessoas e organizações. De um lado, as organizações oferecem incentivos ou alicientes enquanto as pessoas oferecem contribuições. O equilíbrio organizacional depende do intercâmbio entre os incentivos oferecidos às pessoas e as contribuições destas como retorno à organização.

Caso nº 3

Preocupado com o crescente problema das relações com os empregados, em virtude das notícias sobre greves e tumultos em outras fábricas, Raimundo Correia, diretor-presidente da Metalúrgica Santa Rita S.A. (Mesarisa), convocou uma reunião da diretoria para debater o assunto e, se possível, estabelecer os meios para evitar futuros problemas com o pessoal. Solicitou a presença do gerente de recursos humanos, Sr. Alberto Oliveira, para que explicasse a todos alguns aspectos do problema sob o ponto de vista humano.

Ao se preparar para a reunião, Alberto Oliveira procurou rabiscar alguns aspectos fundamentais sobre os quais apoiaria sua tese: desde que houvesse certos sentimentos de reciprocidade, jamais o pessoal da Mesarisa entraria em greve contra a empresa. Conhecia muito bem a diretoria e as ideias que o diretor-presidente pretendia introduzir por meio de uma filosofia baseada na livre iniciativa e no pleno respeito aos direitos humanos, mas sabia muito bem que essas ideias encontravam séria resistência entre alguns diretores. Um forte aliado do diretor-presidente era seu filho, Raimundo Correia Filho, diretor industrial da empresa. No entanto, as coisas não andavam nada fáceis para a Mesarisa: a recessão no mercado imobiliário e no mercado automobilístico, a forte elevação dos juros, a inflação cada vez mais elevada, as crescentes dificuldades com a exportação, os lucros cada vez menores, as disponibilidades financeiras quase inexistentes e a própria situação da empresa no mercado. Todas essas coisas juntas deixavam pouca margem de liberdade para se falar em concessões ao pessoal. Realmente, tudo indicava que a empresa precisa antes receber, para depois dar alguma coisa em troca. Qualquer plano que provocasse alguma despesa ou algum custo adicional seria fatalmente rejeitado ou adiado para um futuro remoto.

Alberto Oliveira não sabia exatamente por onde começar. Na qualidade de GRH da empresa, era ele o mais indicado para oferecer algum plano para melhorar as relações com os empregados e reduzir ou senão minimizar o risco de possíveis greves ou tumultos na Mesarisa. E esse plano não poderia onerar os cofres da companhia. O que propor? Como ajudá-lo?

PARTE II

SISTEMA DE ADMINISTRAÇÃO DE RECURSOS HUMANOS

A administração é a maneira de fazer com que as coisas sejam executadas da melhor forma possível, por meio dos recursos e competências disponíveis, a fim de atingir os objetivos da empresa. A administração envolve a coordenação de recursos humanos e materiais para o alcance de objetivos. Nessa concepção, estão configurados quatro elementos básicos:

1) Alcance de objetivos.
2) Por meio de pessoas.
3) Por meio de variadas técnicas.
4) Em uma organização.[1]

A tarefa da administração é basicamente integrar e coordenar recursos organizacionais muitas vezes cooperativos, outras vezes conflitivos – como pessoas, materiais, dinheiro, tempo e espaço, etc. em direção a objetivos definidos de maneira tão eficaz e eficiente quanto possível. Os recursos são

---

[1] KAST, Fremont E.; ROSENZWEIG, James E. *Organization and management:* a systems approach. Nova York: McGraw-Hill, 1970, p.6.

a base de operação de qualquer organização. São os meios utilizados para alcançar objetivos. A administração procura aplicá-los de maneira mais adequada e inteligente, de acordo com a situação.

RECURSOS ORGANIZACIONAIS

A organização é um ponto de convergência de inúmeros fatores de produção, isto é, de recursos produtivos que devem ser aplicados com eficiência e eficácia.

A abordagem tradicional salienta três fatores de produção em todo o processo produtivo: natureza, capital e trabalho. A natureza fornece os materiais e as matérias-primas que devem ser processados e transformados em produtos ou em serviços prestados. O capital proporciona os meios de pagamento para a aquisição ou obtenção dos materiais e matérias-primas necessários e para a remuneração da mão de obra empregada. O trabalho representa a intervenção humana ou física realizada sobre os materiais e matérias-primas para a sua conversão em produtos acabados ou serviços prestados.

Obviamente, essa colocação falha no exagerado simplismo e na superficialidade, pois o processo produtivo é muito mais complexo e envolve um número muito grande de variáveis intervenientes. Além disso, focaliza o processo produtivo do ponto de vista de um mero sistema fechado – mecanístico e determinístico – quando, na realidade, apresenta marcantes características de um sistema aberto, em face do intenso intercâmbio com o ambiente.

A organização é um empreendimento social por meio do qual se reúnem recursos variados para atingir determinados objetivos. Sem recursos não há como atingir os objetivos. Os recursos são meios que as organizações possuem para realizar suas tarefas e atingir seus objetivos: são bens ou serviços consumidos na realização das atividades organizacionais. Podem ser imaginados como os insumos necessários para produzir o produto final ou o serviço prestado pela organização. Geralmente, quando se fala em recursos, surge a imagem simplista de dinheiro, equipamento, materiais, pessoal. No entanto, como já vimos, os recursos organizacionais são extremamente diversificados e complexos. Podem ser próprios ou alheios, em outras palavras, podem ser de propriedade da empresa que os adquire e os incorpora para utilizá-los em suas atividades ou podem ser obtidos sob empréstimo, aluguel ou locação (*leasing*). Ao contrário do que acontece com os eventos ambientais, os recursos são coisas sobre as quais o sistema pode decidir e que estão sob seu controle.

Dicas | **Recursos organizacionais**

Antigamente, os produtos e serviços eram produzidos com capital, materiais e tecnologia. Na Era da Informação, esses tradicionais fatores de produção estão sendo engolfados por um fator novo e diferente: o conhecimento. Hoje, produtos e serviços são produzidos com capital, materiais, tecnologia, pessoas e conhecimento. Desses cinco componentes, apenas pessoas e conhecimento criam uma vantagem competitiva duradoura. O conhecimento é um ativo intangível e invisível esparso na cabeça das pessoas ou – em alguns casos – arquivado em sistemas de informações gerenciais por meio de relatórios, perfil de produtos/serviços, fluxogramas, etc. A maior parte das organizações não percebeu isso e nem notou que as organizações bem-sucedidas são aquelas que sabem administrar o conhecimento e convertê-lo em produtos e serviços altamente competitivos. Em outras palavras, elas sabem investir e obter retornos do conhecimento corporativo. Tudo isso por meio de pessoas!

Os recursos organizacionais podem ser genericamente classificados em cinco grupos:

1) *Recursos físicos ou materiais*: necessários para as operações básicas da organização, como prestar serviços especializados ou produzir bens ou produtos. Os recursos materiais são o próprio espaço físico, prédios, edifícios e terrenos, o processo produtivo em si, a tecnologia que o orienta, métodos e processos de trabalho voltados para a produção dos bens e serviços produzidos pela organização. Boa parte do que será tratado sobre tecnologia é aplicável à área dos recursos materiais e físicos da organização. Contudo, a tecnologia não se limita apenas aos recursos físicos ou materiais. O material e a maquinaria recebem a maior ênfase da tecnologia, mas esta não se limita a eles. Vai muito além.
2) *Recursos financeiros*: dinheiro sob a forma de capital, fluxo de caixa (entradas e saídas), empréstimos, financiamentos, créditos, etc., em disponibilidade imediata ou mediata para fazer frente aos compromissos da organização. Envolvem também

a receita decorrente das operações da empresa, investimentos de terceiros e toda forma de numerário que transite pela tesouraria ou pelo caixa da organização. Os recursos financeiros garantem os meios para a aquisição ou obtenção dos demais recursos necessários à organização. Até certo ponto, são os recursos financeiros que definem boa parte da eficácia da organização no alcance de seus objetivos, já que permitem a capacidade de a organização adquirir os recursos necessários para suas operações dentro de um volume adequado. É muito comum traduzir-se o desempenho da organização por meio da linguagem financeira, em termos de lucros em valores monetários ou de liquidez de suas ações. Também é muito comum o dimensionamento dos recursos físicos ou materiais em termos financeiros, como o valor de máquinas e equipamentos da organização, valor do estoque de matérias-primas ou de produtos acabados, etc.

3) *Recursos humanos*: nome tradicionalmente dado às pessoas que ingressam, permanecem e participam da organização, qualquer que seja seu nível hierárquico ou sua tarefa. Os recursos humanos estão distribuídos no nível institucional da organização (direção), no nível intermediário (gerência e assessoria) e no nível operacional (técnicos, funcionários e operários, além dos supervisores de primeira linha). São o único recurso vivo, dinâmico e inteligente da organização, aliás, o recurso que decide como manipular os demais recursos, que são inertes e estáticos por si. Além disso, constituem um tipo de recurso dotado de uma vocação dirigida para o crescimento e desenvolvimento. As pessoas trazem para as organizações suas habilidades, conhecimentos, competências, atitudes, comportamentos, percepções, etc. Sejam diretores, gerentes, funcionários, operários ou técnicos, as pessoas desempenham papéis altamente diferentes – os cargos – dentro da hierarquia de autoridade e responsabilidade existente na organização. Ademais, são extremamente diferentes entre si, constituindo um recurso altamente diversificado em face das diferenças individuais de personalidade, experiência, aptidões, motivação, etc.

4) *Recursos mercadológicos*: meios pelos quais a organização localiza, entra em contato e influencia os seus clientes ou usuários. Nesse sentido, os recursos mercadológicos incluem também o próprio mercado de consumidores ou clientes dos produtos ou serviços oferecidos pela organização. Assim, os recursos mercadológicos envolvem todas as atividades de pesquisa e análise de mercado (de consumidores e de concorrentes), toda a organização de vendas (incluindo previsão de vendas, execução e controle), promoção, propaganda, distribuição dos produtos por ca-

nais adequados, desenvolvimento de novos produtos necessários às demandas do mercado, definição de preços, assistência técnica ao consumidor, etc. Não fossem os recursos mercadológicos, de nada adiantariam os demais recursos da organização, pois se esta fosse despojada de seus clientes – consumidores ou usuários –, perderia fatalmente a própria razão de existir. São também chamados recursos comerciais, como denominação restritiva para distinguir apenas as atividades diretamente relacionadas com as operações de vendas. Correspondem ao termo "marketing", utilizado pelos autores americanos.

5) *Recursos administrativos*: todos os meios pelos quais as atividades organizacionais são planejadas, organizadas, dirigidas e controladas. Incluem todos os processos de tomada de decisão e distribuição da informação necessária, além dos esquemas de coordenação e integração utilizados pela organização. Constituem o chamado aparato administrativo.

Os grupos de recursos podem ser esquematizados da seguinte maneira:

Quadro II.1 – Classificação dos recursos organizacionais

Recursos	Conteúdo principal	Denominação tradicional	Concepção americana
Materiais ou físicos	■ Edifícios e terrenos ■ Máquinas ■ Equipamentos ■ Instalações ■ Matérias-primas ■ Materiais ■ Tecnologia de produção	Natureza	*Materials and machinery*
Financeiros	■ Capital ■ Fluxo de dinheiro ■ Crédito ■ Receita ■ Financiamentos ■ Investimentos	Capital	*Money*
Mercadológicos	■ Mercado de clientes, consumidores ou usuários	Não tem correspondente	*Marketing*
Administrativos	■ Planejamento ■ Organização ■ Direção ■ Controle	Empresa	*Management*

Em toda organização ocorre o fenômeno da divisão de trabalho e de especialização que provoca a diferenciação. Em geral, cada conjunto de recursos similares é administrado dentro de um esquema de divisão de trabalho e de especialização de atividades, ao qual já demos o nome de diferenciação. A cada área de recursos corresponde uma especialidade da administração:

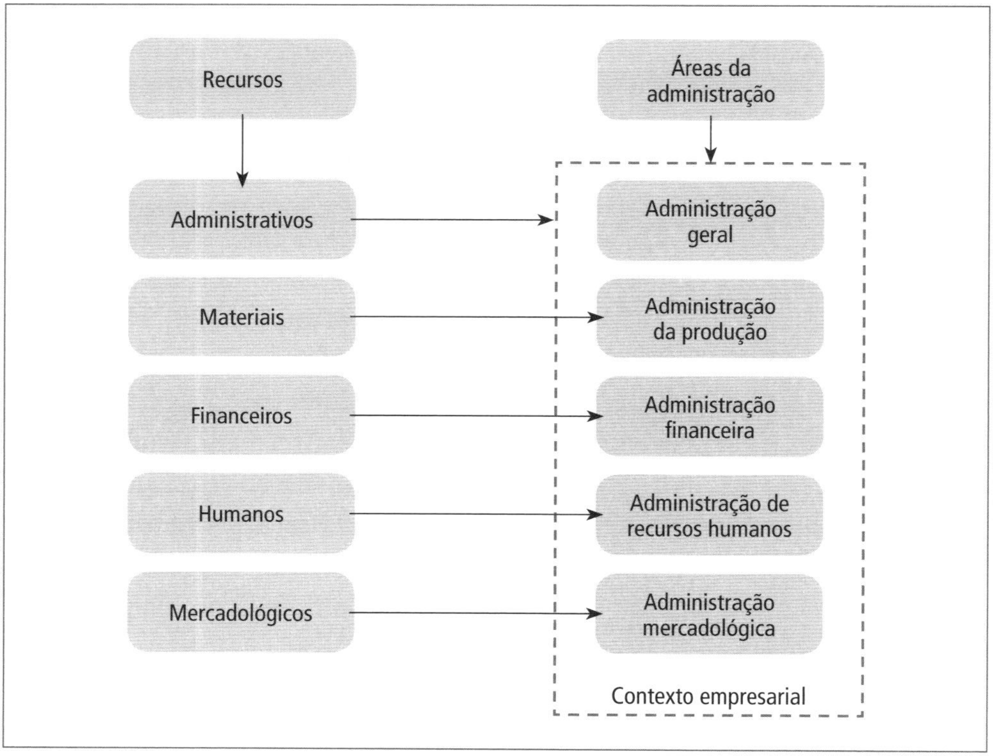

Figura II.1 – Recursos organizacionais e especialidades da administração.

Assim, a administração requer várias especializações: cada um dos recursos exige um tratamento especial. Em geral, a situação dessas especialidades em uma organização pode ser teoricamente demonstrada da seguinte maneira dentro de um esquema supersimplificado, como na figura a seguir:

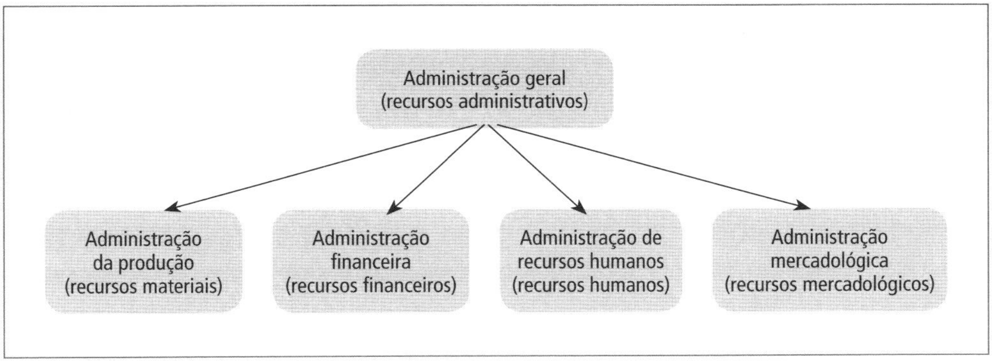

Figura II.2 – Especialidades da administração e recursos envolvidos.

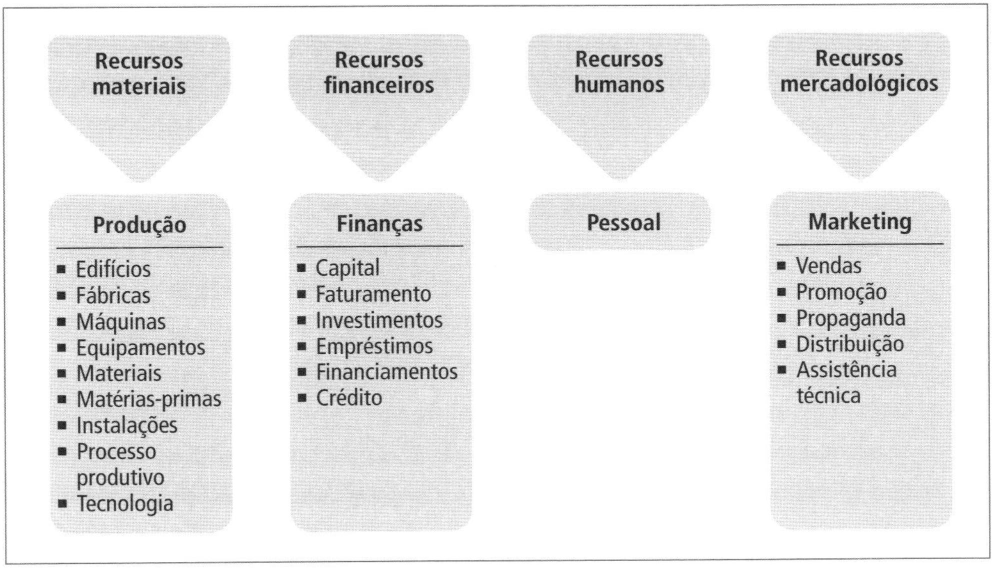

Figura II.3 – Os recursos e sua administração.

Cada recurso citado anteriormente é administrado por um subsistema específico, em que se trata dos aspectos diretamente a ele relacionados, como mostra a Figura II.3. Utilizando a terminologia convencional, teremos:

Recursos materiais ⟶ Administração da produção
Recursos financeiros ⟶ Administração financeira

Recursos humanos ⟶ Administração de recursos humanos
Recursos mercadológicos ⟶ Administração mercadológica
Recursos administrativos ⟶ Administração geral

Os recursos organizacionais – sejam materiais, financeiros, humanos ou mercadológicos – requerem complexos processos de administração. Todos precisam ser captados do ambiente, aplicados internamente dentro do sistema, mantidos, desenvolvidos e controlados, para que o sistema seja eficiente e eficaz. Focalizaremos nossa atenção sobre os recursos humanos. Verificamos ao longo dos capítulos iniciais que não há organização sem pessoas. Contudo, as organizações não existem simplesmente para ter pessoas. Em outros termos, ter pessoas não é um objetivo das organizações. As pessoas são meios, recursos para a organização alcançar seus objetivos. Aliás, as pessoas não são os únicos recursos, como já vimos anteriormente. No entanto, são os únicos recursos vivos capazes de processar os outros recursos inermes e inertes. Além do mais, são os recursos mais complexos de que uma organização dispõe: os recursos humanos. Assim, todos os demais recursos exigem a presença de recursos humanos para seu processamento. Isso significa que os executivos de Administração da produção, Administração financeira, Administração mercadológica e mesmo de Administração de recursos humanos necessitam de pessoas para processar seus recursos básicos. Como mostra a Figura II.4, as pessoas passam a ser os únicos recursos que permeiam a organização em todos os seus aspectos, áreas e níveis.

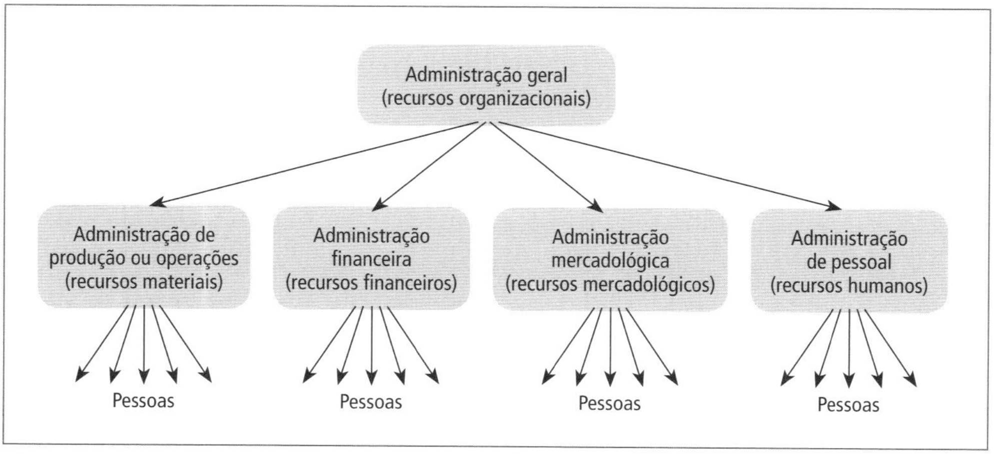

Figura II.4 – Pessoas como recursos que permeiam todas as áreas da organização.

Dentro desse contexto, administrar pessoas é uma tarefa existente em todas as áreas e níveis da organização. A administração de recursos humanos não é uma tarefa exclusiva do profissional de ARH, mas uma responsabilidade existente em todas as áreas e níveis da organização.

Dicas **Qual é o valor de mercado de uma organização?**

Você já pensou em avaliar quanto vale realmente uma empresa? Qual é o valor que ela alcança no mercado? Se a empresa vale somente o valor patrimonial que o contador atribui aos ativos tangíveis – como prédios, máquinas, equipamentos, instalações, matérias-primas, estoques, etc. –, ela nada mais é do que um punhado de coisas físicas e materiais. Uma simples soma de peças e de coisas usadas. Se for assim, ela nada acrescentou ao capital financeiro investido. Tudo o que foi feito ao longo do tempo não conseguiu agregar valor e nem sequer alterar o investimento inicial. Pelo contrário, se o contador contabilizou o desgaste das máquinas e equipamentos ou depreciou instalações e mobiliários, então a situação fica pior: houve uma redução do capital financeiro inicial. Estamos diante de uma empresa que perde a cada dia que passa e que reduz gradativamente seu valor de mercado, até chegar ao ponto zero. Aquele ponto em que ela não vale nada.

Os recursos físicos (como máquinas, equipamentos, prédios, matérias-primas, tecnologias, etc.) e financeiros (capital inicial e capital de giro) são inerentes, estáticos e passivos. Eles não fazem nada por conta própria, pois requerem a ação do homem para a sua aplicação e busca de rentabilidade. Além disso, os recursos físicos estão sujeitos à entropia. E quando a empresa os focaliza como prioridade e como foco fundamental, o resultado é geralmente decepcionante. As empresas que aplicam exclusivamente em recursos físicos e financeiros estão deixando de ser um bom negócio, pois o capital financeiro está cedendo lugar para o capital intelectual. O conhecimento – mais do que o dinheiro – está se tornando o recurso mais valioso na Era da Informação. Ele produz inovação e riqueza. O conhecimento não ocupa lugar, não é finito e nem é roubável. É o único recurso ilimitado e o único ativo que aumenta progressivamente com o uso. É ele o principal combustível da era digital.

Competências organizacionais

Não basta ter recursos. É preciso saber aplicá-los rentavelmente. Os recursos são constituídos por ativos e capacidades organizacionais. Ativos organizacionais são dons que uma organização acumulou como resultado de investimento em escala, plantas, localização e *brand equity*. Por outro lado, capacidades refletem a sinergia entre esses recursos, o que possibilita sua aplicação na construção de vantagem competitiva. As capacidades são conjuntos complexos de habilidades e aprendizado coletivo, o qual assegura a execução de atividades funcionais por meio de processos organizacionais.

A gestão do conhecimento é a capacidade determinante da organização para efeitos de obtenção de vantagem competitiva.

Os ativos organizacionais podem ser tangíveis ou intangíveis e incluem:[2]

1) *Ativos físicos*: terrenos, edifícios, máquinas e equipamentos, materiais e facilidades possuídos ou controlados pela empresa.
2) *Ativos financeiros*: na forma tangível de dinheiro em caixa e intangível como crédito.
3) *Ativos de operações*: fábrica, instalações e maquinário tangíveis para produzir bens e serviços e intangíveis como sistemas e processos.
4) *Ativos legais*: patentes e *copyrights* da organização. O McDonalds e a Virgin têm uma reputação de ir sempre à justiça para proteger ou defender seus direitos. Isso pode afugentar os concorrentes.
5) *Ativos humanos*: pessoal empregado pela organização (tangível) e seus conhecimentos, habilidades e competências (intangíveis).
6) *Ativos de marketing*: basicamente ativos intangíveis – como relações com consumidores e distribuições intermediárias, nome da marca e reputação, lealdade do cliente e posicionamento atual no mercado.

As capacidades da organização referem-se ao potencial da organização de organizar, gerenciar, coordenar ou empreender um conjunto específico de atividades e habilidades. Elas podem ser:[3]

1) *Capacidades estratégicas*: funcionam como guia de orientação que irá influenciar fortemente o rumo estratégico e referem-se à habilidade da organização de aprender (adquirir, assimilar e agir na informação) e à habilidade dos altos executivos de gerenciar a implementação de estratégia. Inclui, ainda, a capacidade de avaliação e julgamento, que é a aptidão de identificar oportunidades, alternativas e, então, selecionar mercados-alvo apropriados, nos quais os recursos da organização e capacidades são alinhados para o melhor efeito, alinhando-se recursos atuais e capacidades com mercados em transição, envolvendo diversas funções (como operações, finanças e P&D), assim como marketing.

---

[2] CHIAVENATO, Idalberto; SAPIRO, Arão. Planejamento estratégico: da intenção ao resultado. Rio de Janeiro: Elsevier/Campus, 2004.

[3] Ibid.

2) *Capacidades funcionais*: capacidades de marketing, de gestão financeira e de gestão de operações. É a capacidade de entender o que está acontecendo no ambiente externo, clientes, competidores e mudanças do macroambiente.
3) *Capacidades operacionais*: tarefas individuais importantes, como operação de maquinário, aplicação de sistemas de operação ou conclusão do processamento de ordens.

Dicas | **Os ativos intangíveis (1)**

Está havendo uma migração dos ativos tangíveis e físicos para os ativos intangíveis e abstratos. As empresas estão preocupadas em identificar indicadores para seus ativos intangíveis, como o capital humano (habilidades e competências de seus funcionários) e o capital estrutural interno (sistemas internos) e externo (apoio e interesse de seus clientes e idoneidade e rapidez de seus fornecedores). As pessoas passam a ser a prioridade fundamental das empresas.

As capacidades podem estar em indivíduos, grupos ou em nível corporativo:[4]

1) *Capacidades individuais*: habilidades e especializações de indivíduos dentro de uma organização. Incluem a habilidade do indivíduo de analisar criticamente e avaliar a situação (seja um presidente avaliando um problema estratégico ou um operário avaliando o impacto de uma falha mecânica).
2) *Capacidades coletivas*: reúnem habilidades individuais para a formação de equipes ou times *ad hoc*.
3) *Capacidades em nível corporativo*: habilidades da organização como um todo para empreender uma tarefa estratégica, funcional ou operacional. Isso inclui a habilidade da organização de repassar o aprendizado internamente de modo que as informações não serão apenas exclusividade de alguns indivíduos, mas de toda a organização.

---

[4] Ibid.

Dicas **Os ativos intangíveis (2)**

O problema atual não é somente congregar órgãos, pessoas, recursos, tarefas e atividades para direcioná-los ao alcance dos objetivos organizacionais por meio de uma estratégia. Hoje, o problema tornou-se maior. Agora, trata-se de definir objetivos organizacionais para formar competências essenciais para o negócio. A arquitetura estratégica representa uma ponte para o futuro e deve estar baseada na identificação das competências essenciais que devem ser criadas e formadas para a continuidade do sucesso da empresa. E como essa arquitetura organizacional deve ser? É claro que a resposta é diferente para cada empresa. Se a empresa cogitar se organizar em torno de produtos ou serviços, a resposta é uma e se ela pretende privilegiar as competências essenciais, a resposta passa a ser bem diferente. A arquitetura precisa tornar a alocação de recursos transparente para a organização inteira. E precisa responder a perguntas fundamentais, como:[5]

- Quanto tempo a empresa pode preservar a competitividade no seu negócio se não desenvolver essa específica competência essencial?
- Quanto essa competência essencial é fundamental para os benefícios percebidos pelo cliente?
- Que oportunidades futuras seriam perdidas se a empresa perder essa competência específica?

Prahalad e Hamel[6] – os criadores do conceito de competências essenciais da organização – alegam que a arquitetura organizacional precisa proporcionar consistência na alocação de recursos e no desenvolvimento de uma infraestrutura administrativa apropriada a essa alocação a fim de criar uma cultura gerencial dinâmica, trabalho em equipe, capacidade de mudar e vontade de compartilhar recursos para proteger habilidades proprietárias e para pensar no longo prazo. É por todas essas razões que uma arquitetura específica não pode ser copiada facilmente pelo concorrente. Ela deve ser uma ferramenta para se comunicar com os clientes e outros *stakeholders*. Por essa razão não deve haver fronteiras internas e nem externas.

No entanto, se as competências essenciais da empresa são seus recursos críticos e se a alta direção deve assegurar que os portadores dessas compe-

---

[5] PRAHALAD, C.K.; HAMEL, Gary. "A competência essencial da corporação". In: MONTGOMERY, Cynthia A.; PORTER, Michael (Orgs.). *Estratégia*: a busca da vantagem competitiva. Rio de Janeiro: Campus, 1998, p.311-312.

[6] Ibid.

tências não sejam aprisionados e tolhidos por algum negócio em particular, então as UEN deveriam fazer solicitações por competências essenciais da mesma forma que elas fazem solicitações por capital. Toda vez que a alta direção identificar competências internas, deve apontar os projetos e pessoas intimamente ligadas a eles. Isso dá uma nova identidade à empresa: as competências essenciais são recursos da corporação – e não de cada uma das suas UEN – e podem ser realocadas continuamente. Isso leva os gerentes de unidades a justificar porque mantêm a seu serviço pessoas portadoras de competências essenciais.

As competências essenciais são a fonte geradora de novos negócios.

Flash | **Como juntar os portadores de competências?**

Na Canon, os portadores da competência essencial em ótica estão espalhados por todos os negócios – câmeras, copiadoras e equipamentos litográficos de semicondutores. Quando a Canon identificou uma oportunidade em impressoras digitais a *laser*, deu aos gerentes das UEN o direito de procurar em outras UEN para tirar talentos delas e montar o necessário grupo de talentos para aquela tarefa. Isso se repete toda vez que se identifique uma nova competência. A arquitetura organizacional da empresa é fluida e maleável. Os gerentes se reúnem para identificar as competências da próxima geração, decidir o investimento que deve ser feito para criar cada competência futura e qual a contribuição em suporte de capital e equipe que cada divisão tem que fazer. Isso leva a um senso de permuta equitativa. Os portadores de competências se reúnem regularmente, vindos de todos os pontos da corporação, para trocar ideias e observações para criar um sentimento de comunidade entre eles.

Falar em competências essenciais passa obrigatoriamente pelos conceitos de Prahalad e Hamel[7]. Para eles, a maneira mais poderosa de se vencer na competição global é ainda invisível para muitas empresas. Na década de 1980, os altos executivos eram julgados por sua capacidade de reestruturar, corrigir confusões e eliminar camadas hierárquicas nas corporações. A partir da década de 1990, eles passaram a ser julgados por sua capacidade de identificar, cultivar e explorar as competências essenciais que tornam o crescimento empresarial possível. No passado, a corporação diversificada podia fixar suas unidades de negócios em mercados específicos de produtos para

[7] Ibid.

que se tornassem líderes mundiais. Contudo, com as fronteiras de mercado mudando cada vez mais rapidamente, os alvos são enganadores e móveis e a captura é quase sempre temporária. Poucas foram as empresas capazes de inventar novos mercados, entrando em mercados emergentes e mudando drasticamente padrões de escolha de clientes em mercados estabelecidos. E esse parece ser o caminho para o futuro. Há muito que aprender.

Dicas **Competências essenciais**

Recursos são importantes, mas o sucesso organizacional está em função das habilidades e competências que a organização possui ou possuirá para concretizar sua missão e visão. A competência é o conjunto de habilidades e tecnologias aplicadas de maneira integrada e convergente. Assim, a competência para uma organização produzir em tempo de ciclo rápido está baseada no conjunto de habilidades que se integram, entre elas a capacidade de maximizar processos comuns em uma linha de produção, flexibilidade para alterações no planejamento e execução da produção, execução de sistemas sofisticados de informação, gestão dos estoques e desenvolvimento do compromisso de qualidade pelos fornecedores. A competência nunca estará baseada em um só indivíduo ou equipe.

Quando uma competência afeta diretamente o atendimento às demandas dos diferentes *stakeholders*, diz-se que ela é uma competência essencial ou central (*core competence*). O impacto de uma competência essencial se manifesta em três aspectos competitivos da organização:[8]

1) *Valor percebido*: as competências essenciais são as competências que permitem o oferecimento de benefícios fundamentais para os clientes. Às vezes, os benefícios fundamentais não são percebidos desse modo porque o cliente tem sua atenção voltada para benefícios adicionais, como descontos ou a beleza da propaganda. A organização deve refletir sobre quais são os elementos de valor do produto ou serviço, isto é, pelo que o comprador realmente está pagando, quanto ele está disposto a pagar a mais para ter acesso aos benefícios, qual é a hierarquia de valor que o cliente tem relativo aos benefícios oferecidos.

[8] CHIAVENATO, Idalberto; SAPIRO, Arão. Op. cit.

2) *Diferenciação dos concorrentes*: a competência singular em relação à concorrência é considerada uma competência essencial. Nessa categoria há muitas habilidades ou recursos únicos da organização, como sua marca, tradição, curva de aprendizado, acessos únicos ou gestão além dos parâmetros do setor.

3) *Capacidade de expansão*: as competências que abrem as portas da organização para novos segmentos são consideradas competências essenciais. Essas competências têm uma força competitiva muito grande, pois viabilizam o oferecimento de novos produtos e serviços gerados a partir deles.

Flash **Competências associadas**

Os profissionais devem refletir sobre as competências associadas aos produtos e serviços oferecidos no momento e verificar como a competência relacionada poderia ser aplicada em diferentes categorias de produtos e serviços. A Nike – fabricante de tênis e roupas esportivas – criou um modelo de negócios baseado na terceirização das operações de fabricação (não é por aí que a Nike compete). Ela aplica maravilhosamente suas competências essenciais relacionadas ao *design*, logística e marketing.

Quase sempre as empresas partem de uma carteira de negócios, e não de uma carteira de competências. Isso faz com que, no curto prazo, a competitividade da empresa seja derivada de seus atributos de preço e desempenho em produtos. Ocorre que os concorrentes imitam e rapidamente convergem para padrões similares e formidáveis de custo de produto e de qualidade – que são barreiras mínimas para a competição contínua, mas cada vez menos fontes de vantagem diferenciada. Nestes termos, essa competição é passageira e fugaz.[9]

[9] Ibid.

Flash O impacto das competências essenciais

A competência essencial dá acesso potencial a uma ampla variedade de mercados. Ela é um determinante significativo para satisfação e benefício do cliente e deve ser difícil de ser copiada pelos concorrentes. Para essas três características identificadas por Prahalad e Hamel – acesso, satisfação do cliente e dificuldade de ser copiada pelos outros –, é importante verificar se a competência pode ser combinada com outras capacidades para criar uma vantagem única para os clientes. Pode ser que a própria competência não complete os critérios anteriores, mas, quando combinada com outras competências, torna-se um ingrediente essencial para definir a singularidade da organização. A habilidade crítica da gestão no futuro será identificar, cultivar e explorar as competências essenciais que fazem o crescimento possível. As competências têm que ser nutridas e amplamente difundidas na organização como base para estratégia, e a direção precisa concordar com o que elas são e agir de acordo com elas.

Podem-se identificar as competências essenciais de uma empresa por meio de quatro critérios de escolha:[10]

1) *Capacidades valiosas*: ajudam a empresa a neutralizar ameaças ambientais ou a explorar oportunidades ambientais. Elas geram valor para a empresa pois exploram oportunidades ou neutralizam ameaças externas e permitem que a empresa formule e implemente estratégias capazes de gerar valor para os clientes.
2) *Capacidades raras*: nenhum ou poucos concorrentes atuais ou em potencial possuem. Se uma capacidade for comum a muitas empresas, é improvável que venha a ser fonte de vantagem competitiva para qualquer uma delas. A vantagem competitiva ocorre quando a empresa desenvolve e explora capacidades diferentes daquelas existentes na concorrência.
3) *Capacidades difíceis de imitar*: outras empresas não conseguem desenvolver com facilidade ou rapidez.
4) *Capacidades insubstituíveis:* não possuem equivalentes estratégicos e não podem ser facilmente substituídas. Quanto mais difícil de serem substituídas, tanto maior seu valor estratégico. Quanto menos visíveis, mais difícil será para encontrar substitutos e maior será o desafio para os concorrentes que tentam imitá-las. O conhecimento corporativo e as relações de trabalho baseadas na confiança são capacidades de difícil identificação e imitação.

---

[10] BARNEY, J.B. "Firm resources and sustained competitive advantage". *Journal of Management*, v.17, 1991, p.99-120.

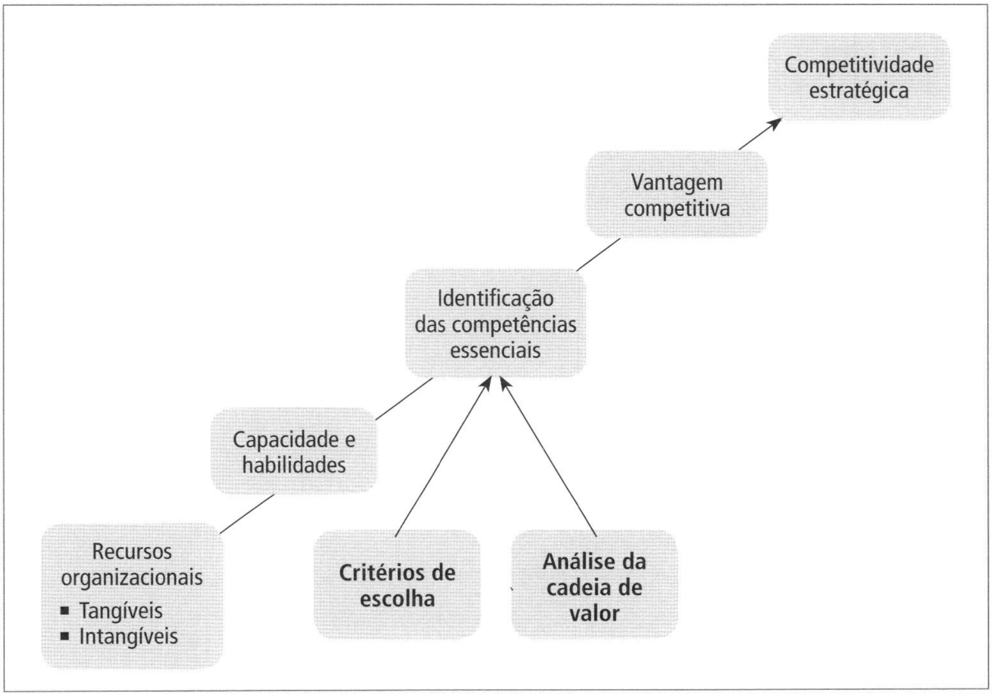

Figura II.5. – Componentes do diagnóstico estratégico da organização.

Fonte: CHIAVENATO, Idalberto; SAPIRO, Arão. *Planejamento estratégico*: da intenção aos resultados. Rio de Janeiro: Elsevier/Campus, 2004.

As competências essenciais são a base da competitividade organizacional e quase sempre dependem do talento das pessoas.

Estilos de administração

Se a estrutura organizacional é importante, a cultura organizacional não fica por menos.

A ARH é marcadamente influenciada pelas suposições reinantes na organização a respeito da natureza humana. Igualmente, as organizações são desenhadas e administradas de acordo com as teorias que prevalecem, utilizando vários princípios e pressuposições que delineiam as maneiras pelas quais as organizações e seus recursos serão administrados. Uma teoria da organização pode estabelecer, por exemplo, que o poder (autoridade) deve ser totalmente centralizado na cúpula da organização, que a informação deve seguir necessariamente o fluxo do poder e que o trabalho deve ser especializado. A aplicação desses princípios e pressuposições determina os condicionamentos para o comportamento humano que devem prevalecer dentro das organizações. Assim, é imprescindível conhecer algumas teorias que balizam e orientam o enquadramento das pessoas dentro das organizações.

A dicotomia – Teoria X e Teoria Y

Douglas McGregor, um dos mais influentes behavioristas na teoria das organizações, preocupou-se em distinguir duas concepções opostas de administração, baseadas em certas pressuposições acerca da natureza humana. Para ele, existem duas concepções sobre a natureza humana: a tradicional (Teoria X) e a moderna (Teoria Y).

1) *Teoria X*: concepção tradicional da administração. Baseia-se em certas concepções e premissas incorretas e distorcidas acerca da natureza humana e que predominaram durante décadas no passado:
   - O homem é primariamente motivado por incentivos econômicos (salário).
   - Como esses incentivos são controlados pela organização, o homem é um agente passivo que precisa ser administrado, motivado e controlado pela organização.
   - As emoções humanas são irracionais e não devem interferir no autointeresse do indivíduo.
   - As organizações podem e devem ser planejadas de tal forma que o sentimento e as características imprevisíveis possam ser neutralizados e controlados.
   - O homem é essencialmente preguiçoso e deve ser estimulado por incentivos externos.
   - Os objetivos individuais em geral se opõem aos objetivos da organização, impondo-se, pois, um controle mais rígido.
   - Em virtude de sua irracionalidade intrínseca, o homem é basicamente incapaz de autocontrole e de autodisciplina.[11]

---

[11] McGREGOR, Douglas M. "O lado humano da empresa". In: BALCÃO, Yolanda Ferreira; CORDEIRO, Laerte Leite (Org.). *O comportamento humano na empresa:* uma antologia. Rio de Janeiro: FGV, Instituto de Documentação, 1971, p.45-60.

Dentro dessa concepção tradicional do homem, a tarefa da administração torna-se restrita à aplicação e ao controle da energia humana unicamente em direção aos objetivos da organização. A concepção de administração passa a ser a seguinte:

- A administração é responsável pela organização dos elementos da empresa produtiva: dinheiro, materiais, equipamentos e pessoas, no interesse de seus fins econômicos.
- A administração também é um processo de dirigir os esforços das pessoas, motivá-las, controlar as suas ações e modificar o seu comportamento para atender às necessidades da organização.
- Sem essa intervenção ativa por parte da administração, as pessoas seriam passivas às necessidades da organização ou mesmo resistiriam a elas. As pessoas devem, portanto, ser persuadidas, recompensadas, punidas, coagidas, controladas: as suas atividades devem ser dirigidas. Esta é a tarefa da administração. Geralmente, resumimos isso dizendo que administrar consiste em conseguir que as coisas sejam feitas por meio das pessoas. Por trás dessa teoria tradicional, há diversas crenças adicionais, menos explícitas, mas largamente difundidas, como:
  - o homem é indolente por natureza: evita o trabalho ou trabalha o mínimo possível e prefere ser dirigido.
  - falta-lhe ambição: não gosta de responsabilidade e prefere ser liberado dos seus encargos.
  - é fundamentalmente egocêntrico às necessidades da organização.
  - é crédulo, não muito brilhante, e está sempre disposto a acreditar em charlatães e demagogos.
  - sua própria natureza o leva a resistir às modificações, pois procura segurança.[12]

Para McGregor, essas velhas pressuposições e crenças ainda moldam o aspecto humano de muitas organizações em que se acredita que as pessoas tendem a comportar-se conforme as expectativas da Teoria X: com indolência, passividade, resistência às mudanças, falta de responsabilidade, inclinação a acreditar em demagogia, solicitação excessiva de benefícios econômicos, etc. Segundo McGregor, esse comportamento não é causa: é efeito de alguma experiência negativa em alguma organização.

[12] McGREGOR, Douglas M. Op. cit. p.46-47.

2) *Teoria Y*: nova concepção da administração. Baseia-se em um conjunto de suposições da teoria da motivação humana:

- A aplicação de esforço físico ou mental em um trabalho é tão natural quanto jogar ou descansar. O homem médio não tem desprazer inerente em trabalhar. Dependendo de condições controláveis, o trabalho pode ser uma fonte de satisfação (e deve ser voluntariamente desempenhado) ou uma fonte de punição (e deve ser evitado, se possível).
- O controle externo e a ameaça de punição não são os únicos meios de obter o esforço de alcançar os objetivos organizacionais. O homem deve exercitar a autodireção e autocontrole a serviço dos objetivos que lhe são confiados.
- Confiar objetivos é uma função de premiar, associada com seu alcance efetivo. As mais significativas dessas recompensas, como a satisfação das necessidades do ego ou de autorrealização, são produtos diretos dos esforços dirigidos quanto aos objetivos organizacionais.
- O homem médio aprende, sob certas condições, não só a aceitar, mas também a procurar responsabilidade. A fuga à responsabilidade, a falta de ambição e a ênfase sobre a segurança pessoal são geralmente consequências da experiência de cada um, e não características humanas inerentes e universais.
- A capacidade de aplicar um alto grau de imaginação, de engenhosidade, na solução de problemas organizacionais é amplamente, e não escassamente, distribuída na população.
- Sob as condições da moderna vida industrial, as potencialidades intelectuais do homem médio são apenas parcialmente utilizadas.[13]

Em outros termos:

- O homem não é passivo, nem contraria os objetivos da organização.
- As pessoas têm motivação básica, potencial de desenvolvimento, padrões de comportamento adequados e capacitados para assumir plenas responsabilidades.[14]

Dentro da moderna concepção do homem, através da Teoria Y, a tarefa da administração torna-se muito mais ampla:

- A administração é responsável pela organização dos elementos produtivos da empresa: dinheiro, materiais, equipamentos, pessoas, para que esta atinja seus fins econômicos.

---

[13] McGREGOR, Douglas M. Op. cit. p.54.
[14] McGREGOR, Douglas M. Op. cit. p.55.

- As pessoas não são, por natureza, passivas ou resistentes às necessidades da organização. Elas podem se tornar assim como resultado de sua experiência em outras organizações.
- A motivação, o potencial de desenvolvimento, a capacidade de assumir responsabilidade, de dirigir o comportamento para os objetivos da organização, todos esses fatores estão presentes nas pessoas. Esses fatores não são criados nas pessoas pela administração. É responsabilidade da administração proporcionar condições para que as pessoas reconheçam e desenvolvam, por si próprias, essas características.
- A tarefa essencial da administração é criar condições organizacionais e métodos de operação por meio dos quais as pessoas possam atingir melhor os seus objetivos pessoais, dirigindo seus próprios esforços em direção aos objetivos da organização.[15]

Dentro dessa concepção, administrar é um processo de criar oportunidades, libertar potenciais, remover obstáculos, encorajar o crescimento, proporcionar orientação. É administração por objetivos em vez de administração por controles.

O Quadro II.1 mostra os principais pressupostos das Teorias X e Y. Complementarmente, o Quadro II.2 estabelece algumas comparações significativas entre as duas teorias.

Quadro II.2 – Teoria X e Teoria Y: diferentes concepções da natureza humana

Teoria X	Teoria Y
1) As pessoas não gostam do trabalho e o evitarão sempre que isso esteja ao seu alcance.	**1)** O trabalho pode ser uma fonte de satisfação ou de sofrimento, dependendo de certas condições.
2) Toda organização tem uma série de objetivos e, para que sejam alcançados, as pessoas que nela trabalham devem ser compelidas, controladas e mesmo ameaçadas com punições, para que seus esforços sejam orientados no sentido daqueles objetivos.	**2)** O controle externo e ameaças de punição não são os únicos meios de estimular e dirigir os esforços. As pessoas podem exercer autocontrole e autodireção desde que sejam convencidas no sentido de se comprometerem a fazê-lo.

(continua)

[15] Ibid.

Quadro II.2 – Teoria X e Teoria Y: diferentes concepções da natureza humana *(continuação)*

Teoria X	Teoria Y
3) As pessoas preferem ser dirigidas a dirigir.	**3)** As recompensas do trabalho estão em ligação direta com os compromissos assumidos. A satisfação do ego e da necessidade de autorrealização pode ser recompensa de esforços dirigidos no sentido dos objetivos da organização.
4) As pessoas procuram evitar as responsabilidades.	**4)** As pessoas podem aprender a aceitar e assumir responsabilidades.
5) As pessoas médias têm pouca ambição.	**5)** A imaginação, a criatividade e a engenhosidade podem ser largamente encontradas na população.
6) As pessoas preocupam-se com a própria segurança.	**6)** A potencialidade intelectual do ser humano médio está longe de ser totalmente utilizada. Uma utilização muito maior pode ser conseguida.

A Teoria Y propõe um estilo de administração francamente participativo e democrático, baseado nos valores humanos. McGregor recomenda uma série de ideias renovadoras e plenamente voltadas para a aplicação da Teoria Y, como:[16]

a) *Descentralização e delegação:* meios eficientes para libertar as pessoas do excessivo controle de algumas organizações tradicionais, permitindo-lhes certo grau de liberdade para dirigirem suas tarefas, assumirem responsabilidades e satisfazerem a suas necessidades egoístas.

b) *Ampliação do cargo e maior significação do trabalho*: a reorganização e a ampliação do cargo trazem inovação, encorajam a aceitação de responsabilidade na base da organização, além de proporcionarem oportunidades de satisfação das necessidades sociais e de estima.

c) *Participação e administração consultiva*: sob certas condições, encorajam as pessoas a dirigir suas energias criadoras em direção aos objetivos da organização, permitem-lhes alguma participação nas decisões que as afetam e proporcionam significativas oportunidades para a satisfação das necessidades sociais e de estima.

d) *Autoavaliação do desempenho*: para McGregor, os programas tradicionais de avaliação do desempenho são extremamente voltados para a concepção tradicional

[16] McGREGOR, Douglas M. Op. cit. p.59-60.

(Teoria X), pois a grande maioria tende a tratar o indivíduo como se fosse um produto inspecionado em uma linha de montagem. Ocorre que algumas empresas têm feito experiências com o estabelecimento, por parte dos indivíduos, de seus próprios "alvos" ou "objetivos" e com uma autoavaliação anual ou semestral de seu desempenho. O superior hierárquico tem um importante papel de liderança nesse processo, pois esse método exige maior competência por parte do administrador do que o método convencional. Entretanto, esse papel é muito mais simpático a muitos administradores do que o papel de "juiz" ou "inspetor" que são forçados a representar. Além de tudo, o indivíduo é encorajado a tomar uma responsabilidade maior de planejar e avaliar sua própria contribuição para os objetivos da organização e os consequentes efeitos sobre as necessidades de estima e de autorrealização são bastante sensíveis.

Quadro II.3 – Comparação das Teorias X e Y de McGregor com os satisfacientes e insatisfacientes de Herzberg

Suposições da Teoria X de McGregor	levam a uma → ênfase sobre	Fatores higiênicos de Herzberg
▪ Muitas pessoas não gostam de trabalhar. ▪ Muitas pessoas precisam de cargos rigidamente definidos e com supervisão cerrada. ▪ Muitas pessoas desejam segurança no cargo e com direção detalhada pela administração.		▪ Pagamento ▪ Condições de trabalho ▪ Supervisão eficaz ▪ Boas relações grupais ▪ Políticas da companhia
Suposições da Teoria Y de McGregor	**levam a uma → ênfase sobre**	**Fatores motivacionais de Herzberg**
▪ O trabalho é uma atividade humana natural. ▪ O autocontrole é eficaz quando as pessoas estão ligadas a objetivos que estão perseguindo. ▪ O relacionamento com objetivos é melhor quando as necessidades de estima e de autorrealização são satisfeitas no processo. ▪ A capacidade inovadora é distribuída na população em geral; essa capacidade é muito subutilizada nas organizações.		▪ Realização ▪ Responsabilidade ▪ Trabalho desafiante ▪ Reconhecimento ▪ Autodesenvolvimento

Fonte: adaptado de HICKS, Herbert G.; GULLETT, C. Ray. *The management of organizations*. Nova York: McGraw-Hill, 1976, p.415.

Se ideias como essas não produzirem os resultados esperados, pode ser que a administração "comprou" a ideia, mas aplicou-a dentro do esquema e das concepções tradicionais. No entanto, percebe-se que as Teorias X e Y são visualizadas como os pontos extremos e antagônicos de um *continuum* de concepções que possuem vários graus intermediários. Em outros termos, entre a Teoria X (autocrática, impositiva e autoritária) e a Teoria Y (democrática, consultiva e participativa) existem gradações contínuas e sucessivas.

Teoria Z

Recentemente, Ouchi[17] publicou um livro a respeito da concepção japonesa de administração e sua aplicação bem-sucedida em empresas americanas. A essa concepção oriental deu o nome de Teoria Z, parafraseando a contribuição de McGregor. Ao retratar o quadro cultural do Japão – valores, estilos e costumes típicos –, Ouchi mostra que lá a produtividade é muito mais uma questão de administração de pessoas do que de tecnologia, muito mais de gerenciamento humano fundamentado em filosofia e cultura organizacionais adequadas do que de abordagens tradicionais fundamentadas na organização.

Dicas | **A cultura japonesa**

No Japão, o processo decisório é participativo e consensual – toda a equipe é consultada e deve chegar a um consenso –, resultado de longa tradição de participação e envolvimento dos membros na vida da organização. Lá o emprego é vitalício, existe estabilidade e a organização funciona como uma comunidade humana em estreita vinculação e participação por meio do trabalho em equipe. Assim, a produtividade é uma questão de organização social: a maior produtividade não virá por meio de um trabalho mais árduo, mas de uma visão cooperativa associada à confiança. Ao contrário de outros países em que há um relacionamento de desconfiança entre o sindicato, o governo e a administração das organizações, a Teoria Z realça o senso de responsabilidade comunitária como base para a cultura organizacional.

---

[17] OUCHI, William. *Teoria Z:* como as empresas podem enfrentar o desafio japonês. São Paulo: Fundo Educativo Brasileiro, 1982.

Sistemas de administração das pessoas

Para analisar e comparar as maneiras pelas quais as organizações administram seus participantes, Likert adotou um interessante modelo comparativo ao qual deu o nome de sistemas de administração.[18] A ação administrativa pode assumir diferentes características, dependendo de certas condições internas e externas da empresa. Isso significa que a ação administrativa nunca é igual em todas as empresas, pois varia de acordo com um infindável número de variáveis. Para Likert, não existem políticas de administração válidas para todas as situações e ocasiões possíveis. Na realidade, o modelo de Likert é composto por quatro alternativas de sistemas administrativos avaliados em função de certas variáveis comparativas, como o processo de tomada de decisões, as comunicações, os sistemas de interação e influenciação entre os participantes, a fixação de objetivos, o controle organizacional sobre o desempenho, o relacionamento interpessoal, os sistemas de recompensas e de punições formando um perfil organizacional que pode caracterizar cada empresa. Para simplificar a metodologia de Likert, utilizaremos apenas quatro variáveis organizacionais:

1) *Processo decisório*: define como são tomadas as decisões na empresa e quem as toma. Se as decisões são centralizadas ou descentralizadas, concentradas no topo da hierarquia ou dispersas pela periferia da organização.
2) *Sistema de comunicações*: define como as comunicações são transmitidas e recebidas dentro da organização. Se o fluxo das informações é vertical e descendente, se é vertical com dupla mão de direção e se é também horizontal.
3) *Relacionamento interpessoal*: define como as pessoas se relacionam entre si na organização e qual o grau de liberdade nesse relacionamento humano. Se as pessoas trabalham isoladas entre si ou em equipes de trabalho por meio de intensa interação humana.
4) *Sistemas de recompensas e de punições*: define como a empresa motiva as pessoas a se comportarem de certa maneira e se essa motivação é positiva e incentivadora ou restritiva e inibidora.

---

[18] LIKERT, Rensis. *Novos padrões de administração*. São Paulo: Pioneira, 1971. Ver também do mesmo autor: *A organização humana*. São Paulo: Atlas, 1975.

Essas quatro variáveis apresentam-se diferentemente em cada empresa. Em seu conjunto, podem constituir quatro alternativas que recebem o nome de sistemas administrativos. Vejamos os quatro sistemas administrativos de acordo com as quatro variáveis de Likert.

Sistema 1 – Autoritário-coercitivo

É um sistema administrativo autocrático e forte, centralizador, coercitivo, arbitrário e que controla rigidamente tudo o que ocorre dentro da empresa. É o sistema mais duro e fechado. Suas principais características são:

1) *Processo decisório*: totalmente centralizado na cúpula da empresa. Todas as ocorrências imprevistas e não rotineiras devem ser levadas à cúpula para resolução, e todos os eventos devem ser exclusivamente decididos pela cúpula empresarial. Nesse sentido, o nível mais elevado se torna congestionado e sobrecarregado com a tarefa decisorial, enquanto os níveis mais baixos ignoram totalmente as decisões tomadas.
2) *Sistema de comunicações*: bastante precário e emperrado. As comunicações ocorrem sempre verticalmente, no sentido descendente, carregando exclusivamente ordens e raramente orientações ou explicações. Não existem comunicações ascendentes e muito menos laterais. As pessoas não são solicitadas a gerar informação, o que faz com que as decisões tomadas na cúpula alicercem-se unicamente em informações limitadas e geralmente incompletas e distorcidas.
3) *Relacionamento interpessoal*: o relacionamento entre as pessoas é considerado prejudicial aos interesses da empresa e ao bom andamento dos trabalhos. A cúpula empresarial vê com enorme desconfiança as conversas informais e procura coibi-las ao máximo. A organização informal é simplesmente vedada. Para evitar ou coibir as relações humanas, os cargos e as tarefas são desenhados para confinar e isolar as pessoas umas das outras.
4) *Sistemas de recompensas e de punições*: ênfase nas punições e nas medidas disciplinares, gerando um ambiente de temor e de desconfiança. As pessoas precisam obedecer fielmente às regras e aos regulamentos internos e executar suas tarefas de acordo com os métodos e procedimentos em vigor. Se as pessoas cumprem fielmente todas suas tarefas, não estão fazendo nada mais do que sua obrigação. As recompensas são raras e, quando eventualmente ocorrem, são predominante-

mente salariais e materiais e destituídas de qualquer componente simbólico ou emocional. Quando ocorrem, se é que ocorrem, são frias e impessoais.

Sistema 2 – Autoritário-benevolente

É um sistema administrativo autoritário, porém menos duro e menos fechado do que o sistema 1. Na verdade, é uma variação do sistema 1, mais condescendente e menos rígido. Suas principais características são:

1) *Processo decisório*: centralizado na cúpula da organização, porém permitindo reduzida delegação de decisões de pequeno porte e de caráter meramente repetitivo e burocrático, baseadas em simples rotinas e prescrições sujeitas a aprovação posterior, prevalecendo sempre o aspecto centralizador.
2) *Sistema de comunicações*: relativamente precário, prevalecendo as comunicações descendentes, embora a cúpula se oriente em algumas comunicações ascendentes, vindas dos escalões mais baixos, como retroação de suas decisões.
3) *Relacionamento interpessoal*: a organização tolera que as pessoas se relacionem entre si, em um clima de condescendência relativa. Contudo, a interação humana é pequena e a incipiente organização informal ainda é considerada uma ameaça aos interesses e objetivos da empresa.
4) *Sistema de recompensas e de punições*: há ênfase nas punições e nas medidas disciplinares, mas o sistema é menos arbitrário e oferece recompensas materiais e salariais mais frequentes e raras recompensas do tipo simbólico ou social.

Sistema 3 – Consultivo

É um sistema administrativo que balança mais para o lado participativo do que para o lado autocrático e impositivo. Representa um gradativo abrandamento da arbitrariedade organizacional. Suas principais características são:

1) *Processo decisório*: participativo e consultivo. É participativo porque as decisões específicas são relativamente delegadas aos diversos níveis hierárquicos; mas devem se orientar pelas políticas e diretrizes definidas pela direção da empresa para balizar todas as decisões e ações dos tomadores de decisão. É consultivo porque a opinião e os pontos de vista dos níveis inferiores são considerados na definição

das políticas e diretrizes que os afetam. Obviamente, todas as decisões são posteriormente submetidas à aprovação da cúpula empresarial.

2) *Sistema de comunicações*: proporciona comunicações verticais no sentido descendente (mais voltadas para orientação geral do que para ordens específicas) e ascendente, bem como para comunicações laterais (horizontais) entre os pares. A empresa desenvolve sistemas internos de comunicação para facilitar o fluxo informacional e como base para o alcance de seus objetivos.
3) *Relacionamento interpessoal*: a empresa cria condições favoráveis a uma organização informal sadia e positiva. A confiança depositada nas pessoas já é bem mais elevada, embora ainda não seja completa e definitiva. O trabalho permite formação de grupos e de equipes transitórias em que o relacionamento humano é privilegiado.
4) *Sistema de recompensas e de punições*: ênfase nas recompensas materiais (como incentivos salariais e oportunidades de promoção e desenvolvimento profissional) e simbólicas (como prestígio e *status*), embora eventualmente possam ocorrer punições leves e esporádicas.

Sistema 4 – Participativo

É o sistema administrativo francamente democrático e participativo. É o mais aberto de todos os sistemas. Suas principais características são:

1) *Processo decisório*: as decisões são totalmente delegadas aos níveis hierárquicos mais baixos da organização. Embora a cúpula empresarial defina as políticas e diretrizes a serem seguidas, ela apenas controla os resultados, deixando as decisões e ações totalmente a cargo dos diversos níveis hierárquicos. Apenas em ocasiões de emergência, os escalões mais altos assumem decisivamente, porém sujeitando-se à ratificação explícita dos demais níveis envolvidos. O consenso entre as pessoas passa a ser o conceito mais importante dentro do processo decisório.
2) *Sistema de comunicações*: as comunicações fluem em todos os sentidos (vertical, horizontal e lateral) e há vultosos investimentos em sistemas informacionais, pois são imprescindíveis para sua flexibilidade, eficiência e eficácia. A informação é um dos recursos mais importantes e precisa ser compartilhada por todos os membros que dela necessitem para trabalhar a fim de obter a sinergia necessária.

3) *Relacionamento interpessoal*: ênfase no trabalho em equipe. A formação de grupos espontâneos é importante para o efetivo relacionamento entre as pessoas. As relações interpessoais baseiam-se principalmente na confiança mútua, e não em esquemas formais (descrições de cargos, relações formais previstas no organograma, etc.). O sistema estimula a participação e o envolvimento grupal intensos, de modo que as pessoas se sintam responsáveis pelo que decidem e pelo que fazem em todos os níveis organizacionais.

4) *Sistema de recompensas e de punições*: forte ênfase nas recompensas, notadamente nas simbólicas e sociais, embora não sejam negligenciadas as recompensas salariais e materiais. Muito raramente ocorrem punições, as quais quase sempre são definidas e decididas pelos grupos envolvidos.

Quadro II.4 – Sistemas administrativos

Variáveis comparativas	Sistema 1 Autoritário-coercitivo	Sistema 2 Autoritário-benevolente	Sistema 3 Consultivo	Sistema 4 Participativo
Processo decisório	Totalmente centralizado na cúpula da organização, que monopoliza as decisões.	Centralização na cúpula permitindo pequena delegação de decisões simples e rotineiras.	Consulta aos níveis inferiores, permitindo delegação e participação das pessoas.	Totalmente delegado e descentralizado. Cúpula define políticas e controla resultados.
Sistema de comunicações	Bastante precário. Somente comunicações verticais, descendentes, carregando ordens.	Relativamente precário, prevalecendo as comunicações verticais descendentes sobre as ascendentes.	O fluxo de comunicações verticais (ascendentes/descendentes) e horizontais é facilitado.	As comunicações são vitais para o sucesso da empresa. A informação é totalmente compartilhada.
Relações interpessoais	Contatos entre pessoas provocam desconfiança. A organização informal é vedada e considerada prejudicial. Cargos e tarefas confinam as pessoas.	São toleradas com alguma condescendência. A organização informal é incipiente e considerada como uma ameaça à empresa.	Relativa confiança é depositada nas pessoas. A empresa incentiva uma organização informal eficaz. Trabalho de equipe ou em grupos esporádicos.	O trabalho é realizado em equipes. Formação de grupos informais é importante. Confiança mútua, participação e envolvimento grupal intensos.
Sistemas de recompensas	Ênfase nas punições e nas medidas disciplinares. Obediência estrita aos regulamentos internos. Raras recompensas (de cunho meramente salarial).	Ênfase nas punições e medidas disciplinares, mas com menor arbitrariedade. Recompensas salariais mais frequentes. Recompensas sociais raras.	Ênfase nas recompensas materiais (principalmente salários). Recompensas sociais ocasionais. Raras punições ou castigos.	Ênfase nas recompensas sociais. Recompensas materiais e salariais frequentes. Punições são raras e, quando ocorrem, são definidas pelos grupos.

À medida que se aproxima do sistema 1, a organização tende para uma administração do tipo tradicional, fechado, burocratizado, impessoal e autocrático. A aproximação do sistema 4 leva a uma administração do tipo aberto, orgânico, participativo e democrático. O grande desafio está em alterar gradativamente as quatro variáveis para sintonizá-las no nível 4, a fim de mudar o estilo de administração e a dinâmica da organização empresarial. Não se trata de virar a mesa ou quebrar cadeiras, mas de tranquilamente desenvolver uma espécie de revolução silenciosa: a mudança no tratamento das pessoas, transmitindo-lhes ampla liberdade de ação, de pensamento, de relacionamento humano e de escolha dos métodos e procedimentos de trabalho.

Existe estreita ligação entre a tecnologia utilizada pela empresa e as características das pessoas envolvidas e os sistemas administrativos apresentados. Quanto mais desenvolvida a tecnologia, maior o preparo humano e maior a necessidade de utilizar o sistema 4.

1) *Sistema 1*: geralmente encontrado nas empresas que utilizam mão de obra intensiva e adoção de tecnologia rudimentar, em que o pessoal empregado é de baixa qualificação profissional. É o sistema comumente empregado na área de produção das empresas de construção civil ou de construção industrial.
2) *Sistema 2*: frequentemente encontrado em empresas industriais que utilizam tecnologia mais apurada e mão de obra mais especializada, mas mantendo ainda alguma forma de coerção para não perder o controle sobre o comportamento das pessoas. É o caso da área de produção e de montagens da maioria das empresas industriais e dos escritórios de certas fábricas.
3) *Sistema 3*: geralmente empregado em empresas de serviços, como bancos e financeiras ou empresas industriais com tecnologias avançadas e políticas de pessoal mais abertas.
4) *Sistema 4*: menos encontrado na prática, predominando em empresas que utilizam tecnologia sofisticada e o pessoal é extremamente especializado e desenvolvido, como nas empresas de propaganda, de consultoria em engenharia, administração ou processamento de dados, etc.

O *continuum* desses sistemas está graficamente reproduzido na Figura II.6.

Uma maneira de medir o perfil organizacional da empresa é proposto por Likert da seguinte maneira:

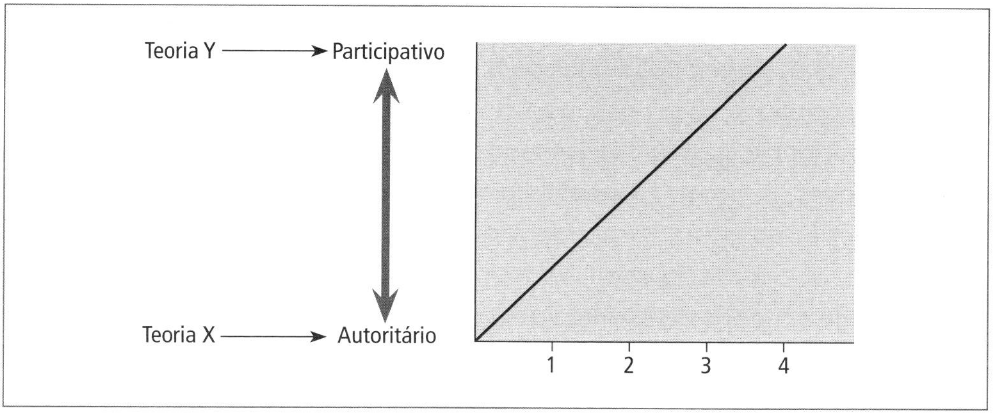

Figura II.6 – *Continuum* autoritário-participativo nos quatro sistemas e sua relação com as Teorias X e Y.

Na realidade, os quatro sistemas apresentados por Likert constituem um *continuum* que vai desde um sistema autoritário e rígido (sistema 1) até um sistema participativo e grupal (sistema 4), passando por dois sistemas intermediários. O sistema 1 corresponde, grosso modo, à Teoria X, de McGregor, enquanto o sistema 4 corresponde à Teoria Y. Obviamente, a aplicação de cada um desses sistemas depende das concepções a respeito da natureza humana que dominam os escalões hierárquicos das organizações. No entanto, dentro de uma mesma organização, é comum verificar a existência de dois ou mais sistemas em diferentes áreas de atividade. Em muitas organizações, por exemplo, utiliza-se o sistema 1 na administração do pessoal horista não qualificado, o sistema 2 é aplicado sobre o pessoal mensalista sem responsabilidade de supervisão, enquanto o sistema 3 envolve o pessoal executivo em nível de gerência da organização.

Likert constatou que, quanto mais próximo do sistema 4 estiver situado o estilo de administração, maior será a probabilidade de elevada produtividade, boas relações no trabalho e alta rentabilidade. Também, quanto mais uma organização se aproxima do sistema 1, maior a probabilidade de ser ineficiente e de se deparar com repetidas crises internas. A verificação empírica, segundo Likert, tem demonstrado que a administração por meio do sistema 1 (políticas coercitivas de redução de custos, por exemplo) produz resultados desejados a curto prazo (em forma de numerário, e não de lucro),

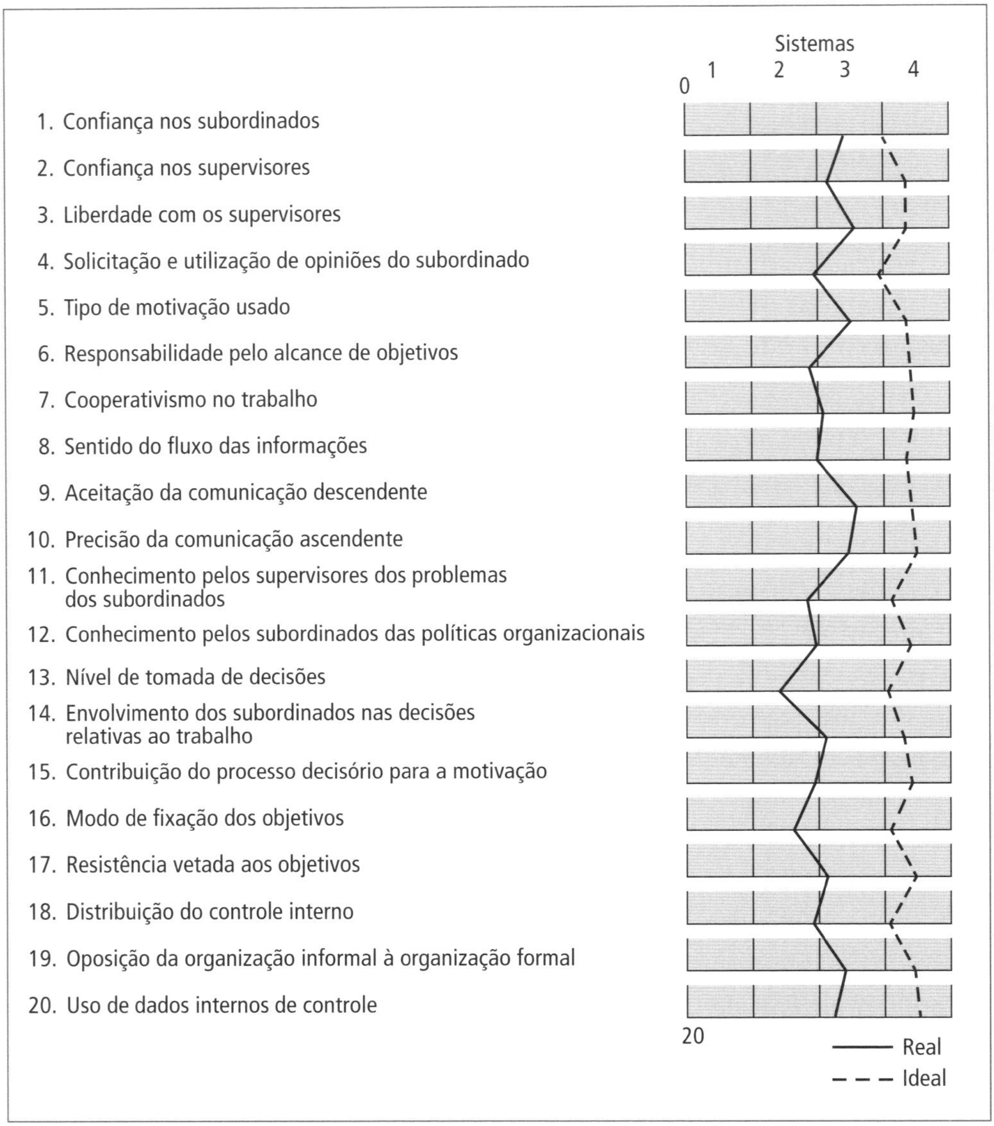

Figura II.7 – Média dos perfis organizacionais reais e ideais em 13 bancos brasileiros.

Fonte: BUTTERFIELD, D. Anthony; FARRIS, George F. "O perfil organizacional de Likert: análise metodológica e teste da teoria do sistema 4 no Brasil". *Revista de Administração Pública* v.7, n.3. Rio de Janeiro, jul.-set. 1973, p.23.

mas evidencia desvantagens (insatisfação e frustração no pessoal) a longo prazo. Assim, a aplicação do sistema 1 provoca no pessoal uma influência tão negativa que faz com que o sistema não funcione.

Todavia, uma transformação de estilo que visa a chegar ao sistema 4 não produz efeitos rápidos de aumento do numerário ou de disponibilidades financeiras da empresa. A rentabilidade inicialmente poderá até mesmo piorar, em vez de melhorar. O importante é que o sistema 4 constrói uma estrutura firme de espírito de equipe, flexível e responsável, e que pode levar a uma lenta, mas firme e elevada rentabilidade da organização, pois esse estilo administrativo funciona como uma "variável-guia" que serve para orientar as modificações nas atitudes dos empregados. Por intermédio do sistema 4, pode-se aproveitar integralmente a potencialidade dos recursos humanos em vez de se lutar tenazmente contra eles para colocá-los no cabresto sob controle. O sistema 4 apoia-se em três princípios básicos:[19]

1) Utilização dos mais modernos princípios e técnicas de motivação, em vez de utilização da combinação tradicional de recompensas e ameaças. Para isso, é necessário aplicar inteiramente o princípio de relações de apoio, que consiste basicamente em lidar com as pessoas de modo tal que haja sempre respeito e contribuição para o desenvolvimento de seus próprios sentimentos de dignidade pessoal, no que se refere às suas necessidades, aos seus desejos e aos seus valores.
2) Montagem de uma organização composta de grupos altamente motivados, estreitamente entrelaçados e capazes de se empenhar totalmente para alcançar os objetivos da organização. A competência técnica também não deve ser esquecida.
3) O terceiro princípio deriva do "princípio de relações de apoio" em que a administração adota metas de alto desempenho para si e para todos os empregados, e deixa bem claro que elas precisam ser atingidas. Essas metas de eficiência e produtividade podem ser mais bem alcançadas se for utilizado um sistema de administração que funcione em condições de satisfazer aos verdadeiros desejos dos indivíduos.

Para Likert, a análise dos estilos de administração, das atitudes e das motivações do pessoal serve de barômetro para indicar se a capacidade produtiva dos recursos humanos de uma organização tende a aumentar ou a diminuir.

---

[19] LIKERT, Rensis. Op. cit. Caps. 8 e 12.

Abordagem sistêmica e contingencial da administração

As ideias de McGregor e Likert estão muito voltadas para o comportamento organizacional, procurando comparar o estilo tradicional de administração com o moderno estilo baseado na compreensão dos conceitos comportamentais e motivacionais. Os behavioristas estudam a organização sob o prisma de um sistema de trocas de alicientes e de contribuições dentro de uma complexa rede de decisões. A abordagem desses autores ainda está muito voltada apenas para dentro das organizações, como se fossem unidades absolutas, totais e únicas. Na teoria de sistemas, inicia-se a preocupação fundamental com a construção de modelos abertos que interagem dinamicamente com o ambiente e cujos subsistemas operam em uma complexa interação igualmente interna e externa. Os subsistemas que formam uma organização são interligados e inter-relacionados, enquanto o suprassistema ambiental interage com os subsistemas e com a organização como um todo. Na teoria da contingência ocorre o deslocamento da visualização de dentro para fora da organização, e a ênfase é colocada no ambiente e nas demandas ambientais sobre a dinâmica organizacional. A abordagem contingencial salienta que são as características ambientais que condicionam as características organizacionais. É no ambiente que se pode localizar as explicações causais das características das organizações. Não há uma única maneira melhor (*the best way*) de se organizar ou de se administrar uma organização. Tudo depende (*it depends*) das características ambientais relevantes para a organização. Os sistemas culturais, políticos, econômicos, etc. afetam intensa e continuamente as organizações, ao mesmo tempo em que se encontram em dinâmica interação, influenciando-se reciprocamente. As características organizacionais somente podem ser entendidas pela análise das características ambientais às quais elas procuram corresponder. A teoria da contingência é basicamente situacional, circunstancial e condicional: nada há de absoluto nas organizações e em sua administração. Tudo é relativo. A maneira de se administrar uma organização difere no tempo e no espaço (ambiente).

Organizações de aprendizagem

As mudanças contínuas e drásticas que ocorrem no mundo exterior – que caracterizam o turbulento ambiente de negócios da atualidade – exigem contínua gestão da mudança dentro da organização, ou seja, mudanças fundamentais e constantes nas estruturas internas, nos comportamentos de seus membros, nos processos internos, nos sistemas e nas tecnologias utilizados, nos produtos e serviços. Em suma, cada organização precisa desenvolver a capacidade de aprender continuamente e cada vez mais.

Para enfrentar o mundo de negócios em constante mudança e ebulição, a organização precisa desenvolver a capacidade de migrar e mudar, de criar e alavancar novas habilidades e atitudes, de inovar incessantemente. Muitas organizações tradicionais estão se transformando em verdadeiras organizações de aprendizagem.

A organização que aprende é aquela que desenvolve capacidade contínua de adaptação e mudança. Todas as organizações aprendem – escolham elas conscientemente ou não –, este é o requisito fundamental para sua existência.[20] Algumas organizações fazem isso melhor do que outras. Assim, a organização de aprendizagem é a que está continuamente desenvolvendo e mudando a forma de manter a empresa competitiva no futuro. Isso requer uma visão comum e uma estratégia que esteja na cabeça de todas as pessoas em termos tangíveis e compreensíveis para todas elas. São as pessoas que transformam as visões e estratégias em ações específicas. E esse processo sempre requer mudança comportamental e o desenvolvimento gradativo de competências individuais ao longo do tempo.

Quadro II.5 – Cinco disciplinas de uma organização que aprende[21]	
Domínio pessoal	Disciplina de aspiração. Consiste em aprender a gerar e manter tensão criativa para que as pessoas tenham visão pessoal (o que desejam alcançar) e a sua realidade atual (o que estão fazendo). Isso aumenta a capacidade de fazer melhores escolhas e alcançar melhor os resultados escolhidos.
Modelos mentais	Disciplina de reflexão e questionamento. Os modelos mentais condicionam nossas percepções. As pessoas precisam ajustar suas imagens internas do mundo para melhorar suas decisões e ações.

(continua)

[20] SENGE, Peter M. *The fifth discipline:* the art and practice of the learning organization. Nova York: Doubleday, 1991.

[21] Ibid.

Quadro II.5 – Cinco disciplinas de uma organização que aprende *(continuação)*

Visão compartilhada	Disciplina coletiva que visa a estabelecer objetivos comuns. As pessoas devem ter senso de compromisso em grupo ou organização. Além disso, precisam criar imagens do futuro que pretendem criar.
Aprendizagem em equipe	Disciplina de interação grupal para aprendizagem em grupo. A aprendizagem é feita por meio de equipes e utiliza técnicas como diálogo e discussão para desenvolver o pensamento coletivo para alcançar objetivos comuns e desenvolver inteligência e capacidade maior do que a soma dos talentos individuais.
Raciocínio sistêmico	Disciplina de aprendizagem que busca a visão da globalidade. A atividade organizacional é sistêmica, interligada por relações que ligam ações interdependentes. As pessoas precisam ter visão global do sistema e de suas partes para poderem mudar sistemas em sua totalidade, e não apenas detalhes deles.

A essência do aprendizado é mudar a própria estrutura interna para permanecer em harmonia com o ambiente que se modifica a cada instante. Isso nos leva a um imperativo para o sucesso organizacional: a organização bem-sucedida é a que pode efetivamente aprender. Dentro dessa definição, as pessoas se tornam fundamentais para o sucesso das empresas.

A organização de aprendizagem é um conceito recente na teoria administrativa e pode ser conceituada como "uma organização habilitada para criar, adquirir e transferir o conhecimento e modificar seu comportamento, a fim de refletir o conhecimento e os *insights* novos".[22] Na verdade, a organização que aprende é uma metáfora, cujas raízes estão na visão e na busca de uma estratégia para promover o autodesenvolvimento individual dentro de uma organização em contínua autotransformação.[23]

Em outras palavras, uma organização de aprendizagem melhora sua capacidade de reagir às mudanças em suas interações internas e externas, adaptar-se a elas e capitalizá-las. A palavra aprendizagem quer dizer foco sobre o conhecimento e competência. Isso significa que, na organização

---

[22] OLVE, Nils-Goran; ROY, Jan; WETTER, Magnus. *Condutores da performance:* um guia prático para o uso do balanced scorecard. Rio de Janeiro: Qualitymark, 2001, p.268.

[23] STARKEY, Ken. *Como as organizações aprendem:* relatos do sucesso das grandes empresas. São Paulo: Futura, 1997.

de aprendizagem, são as pessoas que aprendem individualmente. No entanto, embora a aprendizagem individual seja importante como base para a aprendizagem coletiva, ela tem valor limitado para a empresa no longo prazo. O que é aprendido deve também estar acessível a outras pessoas na empresa e, preferivelmente, ficar vinculado a ela de maneira mais duradoura.[24] Se a aprendizagem individual aumenta o capital humano, sua acessibilidade organizacional aumenta o capital estrutural. Esses dois conceitos fundamentais para o capital intelectual – capital humano e capital estrutural – precisam trabalhar juntos para que cada um deles proporcione valor agregado ao outro.

Características de uma organização que aprende

As características de uma organização que aprende continuamente são:[25]

1) Há uma visão compartilhada com a qual todos os membros concordam.
2) As pessoas descartam suas velhas maneiras de pensar e abandonam as rotinas padronizadas que usam para resolver problemas ou executar seus trabalhos.
3) Os membros pensam em todos os processos, atividades, funções e interações organizacionais com o ambiente como parte de um sistema de inter-relações.
4) As pessoas comunicam-se abertamente umas com as outras – por meio de fronteiras verticais e horizontais – sem medo de crítica ou de castigo.
5) As pessoas sublimam seus interesses pessoais e interesses departamentais fragmentados para trabalharem juntas com o objetivo de alcançar a visão partilhada da organização.

As organizações de aprendizagem proporcionam enormes vantagens em relação às organizações tradicionais. Elas derrubam as tradicionais paredes funcionais e divisionais que constituem barreiras internas que inibem a

---

[24] KIM, D.H. "The link between individual and organizational learning". *Sloan Management Review*, 1993, p.37.

[25] SENGE, Peter M. Op. cit.

cooperação; estimulam o compartilhamento de recursos e o debate interno que promovem o pensamento para adiante, o aprendizado de novas competências gerenciais e a adoção de comportamentos de assunção de riscos. Hoje, é tremendamente importante contar com uma equipe gestora rejuvenescida que cultive uma nova cultura, que enfatiza compartilhamento do conhecimento, comunicações abertas, espírito de equipe e ampla difusão de novas ideias em toda a organização.[26]

Quadro II.6 – Comparação entre organização tradicional e de aprendizagem[27]

Função	Organizações tradicionais	Organizações de aprendizagem
Determinação da direção geral	A visão é proporcionada pela cúpula da empresa.	A visão é compartilhada e emerge de muitos lugares, mas a cúpula é responsável por assegurar que essa visão existe e deve ser alcançada.
Formulação e implementação de ideias	A cúpula decide o que deve ser feito e o restante da empresa trabalha com essas ideias.	A formulação e a implementação de ideias ocorrem em todos os níveis da organização.
Natureza do pensamento organizacional	Cada pessoa é responsável pelas atividades de seu cargo e o foco está no desenvolvimento de suas competências individuais.	As pessoas conhecem suas atividades e como elas se inter-relacionam com as demais dentro da organização.
Resolução de conflitos	Os conflitos são resolvidos por meio do uso do poder e da influência hierárquica.	Os conflitos são resolvidos por meio da aprendizagem colaborativa e integração dos pontos de vista das pessoas da organização.
Liderança e motivação	O papel do líder é definir a visão organizacional, providenciar recompensas e punições adequadas e manter o controle das atividades das pessoas.	O papel do líder é construir uma visão compartilhada, empoderar as pessoas, inspirar compromisso e encorajar decisões eficazes na empresa.

A aprendizagem tem lugar em diferentes níveis em uma organização, por meio de indivíduos, equipes, unidades, redes internas, bem como de redes de clientes, fornecedores e outros grupos. A organização de aprendizagem oferece um ambiente social de aprendizado no qual as pessoas aprendem à medida que trabalham com as outras no alcance de objetivos. Na verdade, a organização de aprendizagem é um sistema complexo. As relações entre

---

[26] LEI, David; SLOCUM, John W.; PITTS, Robert A. "Designing organizations for competitive advantage: the power of learning and unlearning". *Organizational Dynamics*, 1999, p.25.
[27] OLVE, Nils-Goran; ROY, Jan; WETTER, Magnus. Op. cit. p.268-269.

indivíduos e organização dentro desse sistema têm impacto direto sobre como e o que a organização aprende.

Para criar uma organização que aprende continuamente, as empresas passam a depender mais e mais de estilos de gestão democráticos e modos participativos de liderança. Muito mais do que isso, se é que se deseja impulsionar e fazer crescer as pessoas e, assim, agregar qualidade, serviço, inovação, flexibilidade, agilidade e velocidade de maneira crescentemente crítica, as organizações de aprendizagem destacam-se pelo que elas sabem e pela forma como conseguem utilizar esse conhecimento para agregar valor ao cliente, ao acionista, aos empregados, à comunidade e à sociedade.

Capítulo 4

Administração de recursos humanos

Tópicos deste capítulo

- Caráter multivariado da ARH
- Caráter contingencial da ARH
- ARH como responsabilidade de linha e função de staff
- ARH como processo
- Políticas de recursos humanos
- Objetivos da ARH
- Dificuldades básicas da ARH
- Capital humano e capital intelectual
- Papel da ARH
- Tendências na ARH
- Tópicos principais
- Resumo
- Caso nº 4

A Administração de Recursos Humanos (ARH) é uma área de estudos extremamente fértil, dinâmica e mutável. O profissional de RH ainda é um executivo encontrado somente nas grandes organizações e, excepcionalmente, nas médias organizações. Todavia, a ARH é perfeitamente aplicável a qualquer tipo ou tamanho de organização. Lidar com pessoas faz parte do núcleo de desafios de uma organização.

Caráter multivariado da ARH

A ARH é uma área interdisciplinar: envolve necessariamente conceitos de Psicologia Industrial e Organizacional, Sociologia Organizacional, Engenharia Industrial, Direito do Trabalho, Engenharia de Segurança,

Medicina do Trabalho, Engenharia de Sistemas, Cibernética, Fisiologia Humana, etc. Os assuntos normalmente tratados em ARH referem-se a uma enorme multiplicidade de campos de conhecimentos: fala-se em aplicação e interpretação de testes psicológicos e entrevistas, tecnologia de aprendizagem individual e de mudança organizacional, nutrição e alimentação, medicina e enfermagem, serviço social, plano de carreiras, desenho de cargos, satisfação no trabalho, absenteísmo, salários e encargos sociais, mercado, lazer, incêndios e acidentes, disciplina e atitudes, interpretação de leis trabalhistas, eficiência e eficácia, estatísticas e registros, transporte para o pessoal, alimentação e nutrição, responsabilidade no nível de supervisão, auditoria, e um sem número de assuntos extremamente diversificados.

Os assuntos tratados pela ARH referem-se tanto a aspectos internos da organização (abordagem introversiva da ARH), como a aspectos externos ou ambientais (abordagem extroversiva da ARH). O Quadro 4.1 dá uma ideia das técnicas utilizadas nos ambientes interno e externo da organização.

Quadro 4.1 – Vinculação das técnicas de ARH com o ambiente interno e externo da organização

Técnicas utilizadas no ambiente externo	Técnicas utilizadas no ambiente interno
■ Pesquisa de mercado de recursos humanos	■ Análise e descrição de cargos
■ Recrutamento e seleção	■ Avaliação de cargos
■ Pesquisa de salários e benefícios	■ Treinamento
■ Relações com sindicatos	■ Avaliação de desempenho
■ Relações com entidades de formação profissional	■ Plano de carreiras
■ Legislação trabalhista, etc.	■ Plano de benefícios sociais
	■ Política salarial
	■ Higiene e segurança, etc.

Algumas técnicas de ARH são aplicadas diretamente a pessoas que constituem os sujeitos de sua aplicação. Outras técnicas, como as resumidas na Figura 4.1, são aplicadas indiretamente às pessoas, seja por meio dos cargos que ocupam, seja por meio de planos ou programas globais ou específicos.

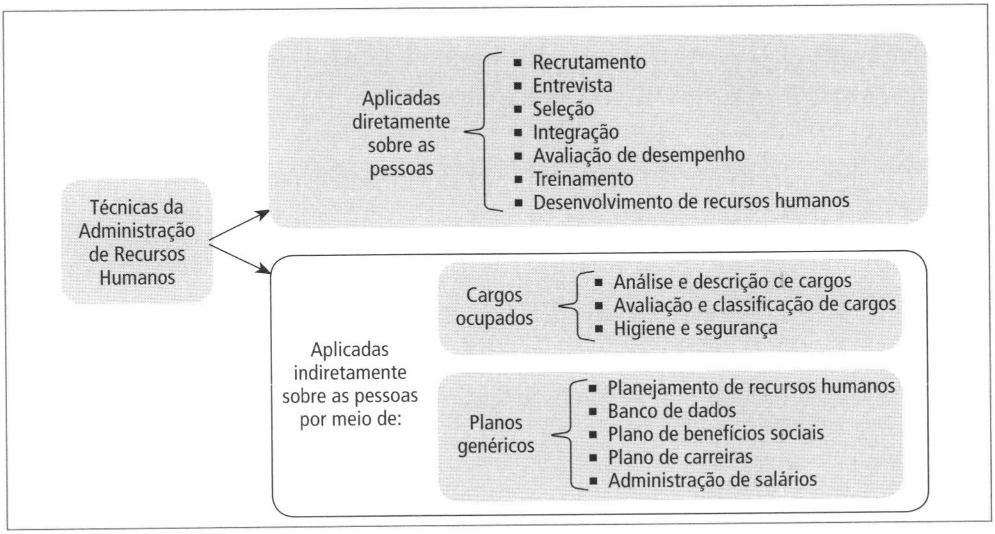

Figura 4.1 – Técnicas da ARH aplicadas diretamente sobre pessoas ou indiretamente por meio dos cargos ocupados ou dos planos globais ou específicos.

Como a Figura 4.2 ilustra, algumas técnicas de ARH visam à obtenção e ao fornecimento de dados, enquanto outras são basicamente decisões tomadas sobre dados.

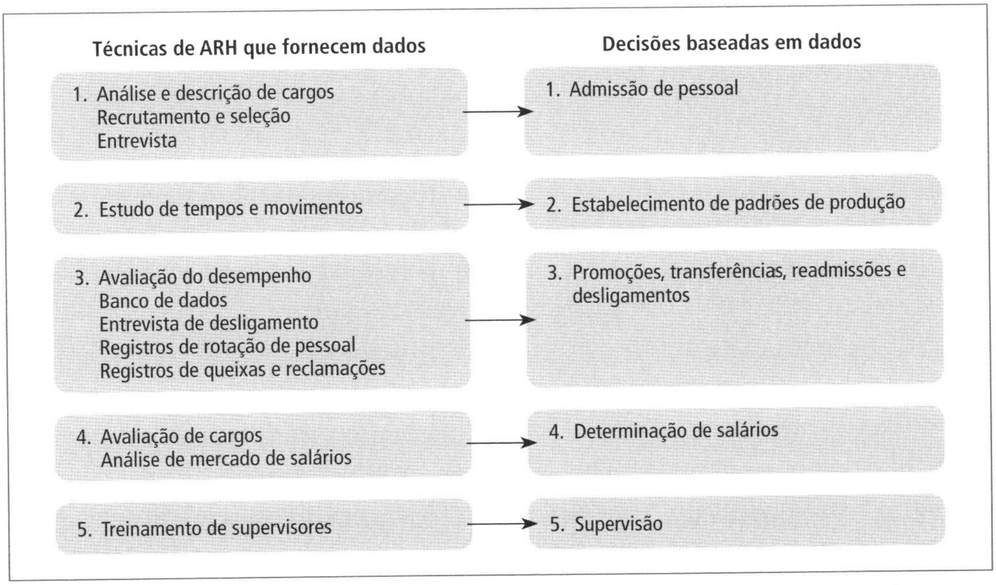

Figura 4.2 – Técnicas da ARH que fornecem dados e decisões de ARH baseadas em dados.

Por outro lado, como mostra a Figura 4.3, a ARH tanto pode referir-se ao nível individual, como ao nível grupal, departamental, organizacional e mesmo ambiental da organização.

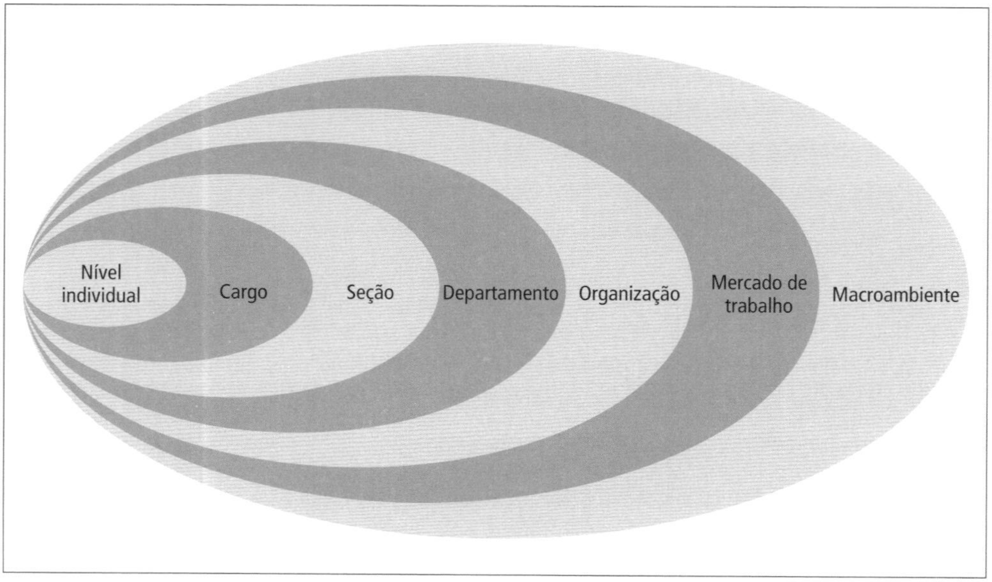

Figura 4.3 – Diversos níveis de referência da ARH.

Caráter contingencial da ARH

Não há leis ou princípios universais para a administração das pessoas. Nem normas para lidar com elas. A ARH é contingencial, ou seja, depende do contexto situacional de cada organização: do seu ambiente externo, da cultura e mentalidade preponderante, do estilo de gestão adotado, da tecnologia utilizada pela organização, das políticas e diretrizes vigentes, da filosofia administrativa preponderante, da concepção a respeito das pessoas que existe na organização e, sobretudo, da qualidade e quantidade dos recursos humanos disponíveis. À medida que mudam esses elementos, muda também a maneira de administrar os recursos humanos da organização. Daí o caráter contingencial ou situacional da ARH. Esta não se compõe de técnicas rígidas e imutáveis, mas altamente flexíveis e adaptáveis e sujeitas a um dinâmico desenvolvimento. Um esquema de ARH bem-sucedido em uma organização em certa época pode não sê-lo em outra organização ou na mesma organização em época diferente, pois as coisas mudam, as necessidades sofrem alterações e a ARH deve levar em consideração a mudança constante que ocorre nas organizações e em seus ambientes. Por outro lado, a ARH não é um fim em si, mas um meio de alcançar a eficácia e a eficiência das organizações por meio das pessoas, permitindo condições favoráveis para que elas alcancem seus objetivos pessoais.

Dicas — **Ter pessoas ou necessitar de pessoas**

Nenhuma organização existe somente e tão somente para ter pessoas. Ter pessoas é uma consequência, e não um objetivo da organização. Como dizia Theodore Levitt: o cliente não quer a furadeira; ele quer o furo. Para ele, o cliente somente compra uma furadeira quando precisa fazer um furo. Tão logo consiga fazê-lo, guarda a furadeira para outra ocasião que pode não mais acontecer. Guardadas as devidas proporções, as organizações somente querem pessoas à medida que precisam de suas habilidades e competências para alcançar seus objetivos e sucesso no mercado. Pessoas são necessárias, mas não são o objetivo principal das organizações. Assim, as pessoas precisam necessariamente ser dotadas de habilidades e competências capazes de impulsionar a organização. Somente assim elas serão consideradas elementos estratégicos e vantagem competitiva para uma organização.

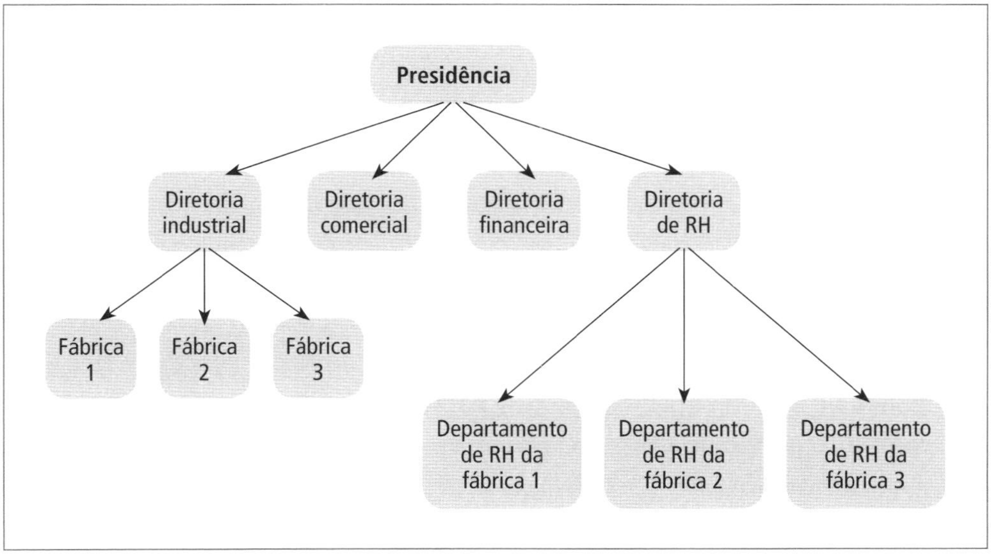

Figura 4.4 – Estrutura organizacional em que a função de RH é centralizada.

Em algumas organizações dispersas geograficamente, a ARH pode ser centralizada, da forma indicada na Figura 4.4. Os departamentos de RH localizados em cada fábrica ou unidade, embora situados em locais diferentes, são subordinados diretamente à diretoria de RH, que tem a autoridade centralizada sobre aqueles departamentos. Estes são prestadores de serviços às respectivas fábricas ou unidades.

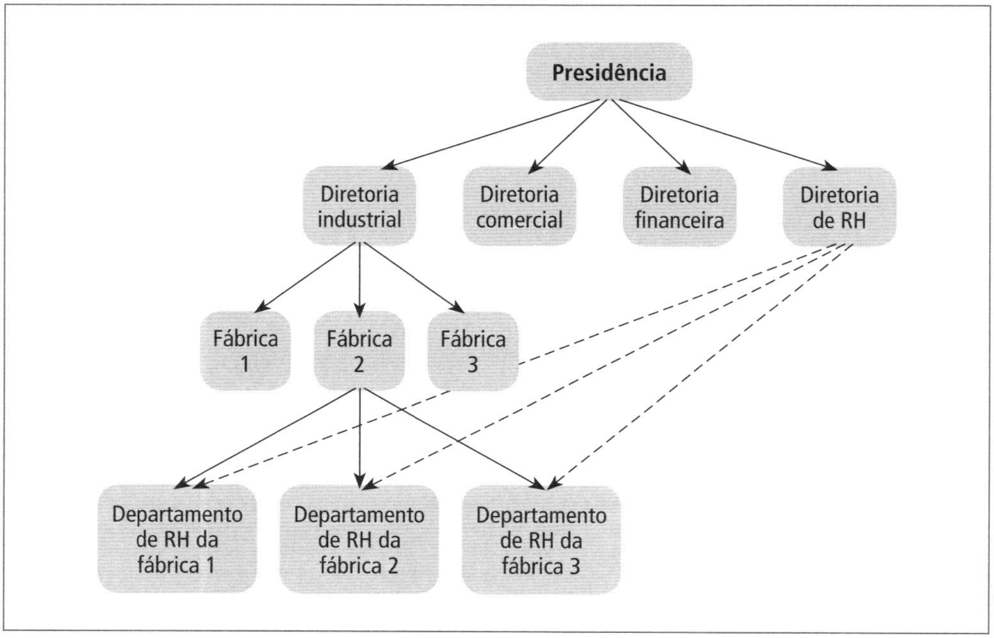

Figura 4.5 – Estrutura organizacional em que a função de RH é descentralizada.

Essa situação tem a vantagem de proporcionar unidade de funcionamento e uniformidade de critérios na aplicação das técnicas em locais diferentes. Contudo, apresenta a desvantagem de a vinculação e as comunicações serem feitas à distância: além da demora das comunicações, as decisões tomadas pelo órgão superior são tomadas à distância e, muitas vezes, sem um profundo conhecimento dos problemas locais.

Em outras organizações dispersas geograficamente, a ARH pode ser descentralizada, da forma indicada na Figura 4.5. Os departamentos de

RH localizados em cada fábrica ou unidade reportam-se diretamente ao responsável pela fábrica ou unidade, mas recebem assessoria e consultoria da diretoria de RH, que planeja, organiza, controla e assessora os órgãos de RH, que, por sua vez, recebem ordens dos responsáveis pelas fábricas ou unidades. Essa situação tem a vantagem de proporcionar rapidez e adequação na solução dos problemas locais, recebendo assessoria técnica e planos montados na matriz, ajustando-os às necessidades da fábrica ou unidade em que estão localizados. Contudo, apresenta a desvantagem da heterogeneidade e diferenciação de critérios, à medida que são ajustados às necessidades locais.

Em algumas organizações, o órgão de ARH está situado em nível institucional: sua colocação na estrutura organizacional corresponde, no caso, ao nível hierárquico de diretoria e, portanto, decisório, como na Figura 4.6.

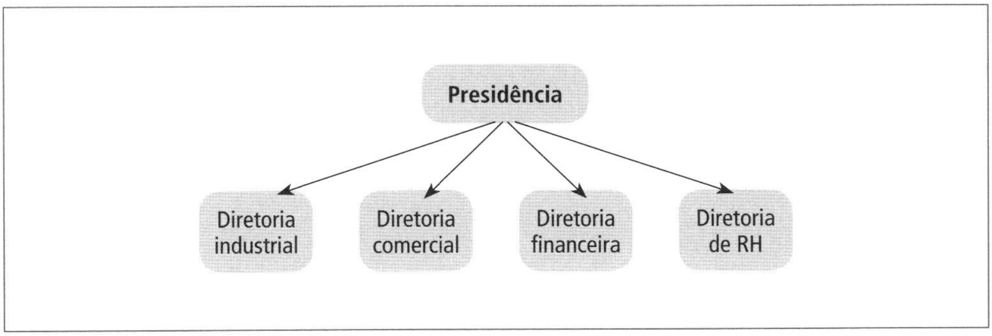

Figura 4.6 – Estrutura organizacional simples com a função de RH em nível institucional.

Em outras organizações, o órgão de recursos humanos situa-se em nível intermediário e, portanto, não decisório, reportando-se a um órgão decisório geralmente estranho às suas atividades, como na Figura 4.7. As decisões tomadas na cúpula nem sempre consideram os aspectos relacionados aos recursos humanos por falta de um profissional à altura. Os assuntos de pessoal são resolvidos por um elemento de diretoria que desconhece a complexidade do problema.

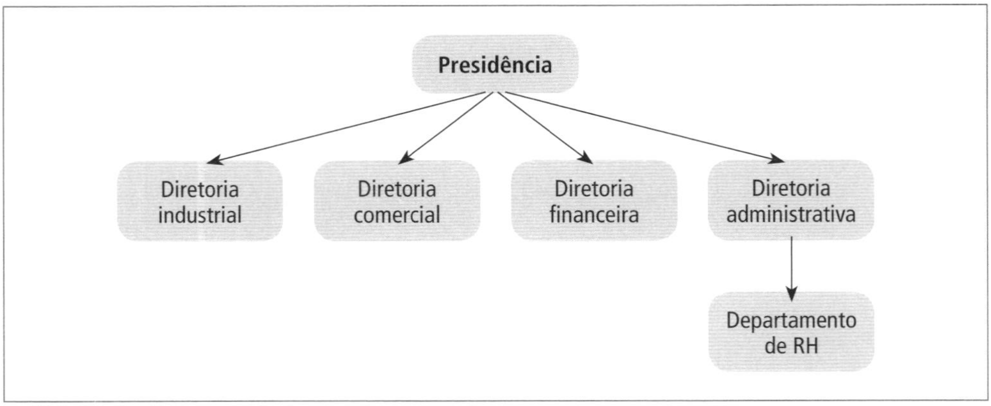

Figura 4.7 – Estrutura organizacional simples com a função de RH em nível intermediário.

Em outras organizações, ainda, a ARH é um órgão de assessoria da presidência, prestando-lhe consultoria e serviços de *staff*. No caso reproduzido na Figura 4.8, o departamento de RH (em nível intermediário) está vinculado à presidência da organização: todas as políticas e procedimentos elaborados e desenvolvidos pelo órgão de ARH necessitam do aval e da comunicação da presidência para sua implementação na organização. Uma vez aprovados, passam a ser aplicados nas diversas áreas pelas respectivas diretorias.

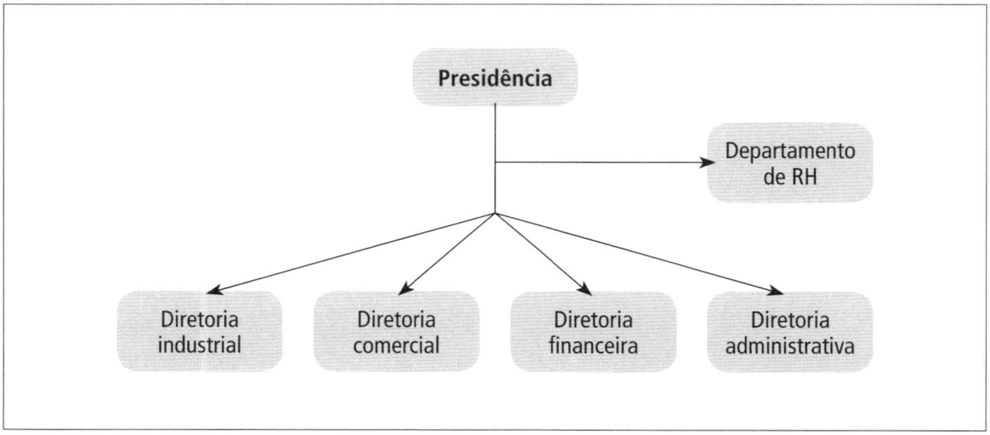

Figura 4.8 – Estrutura organizacional simples com a função de RH em posição de assessoria.

Realmente, localização, nível, subordinação, volume de autoridade e responsabilidade do órgão de ARH dependem não somente da racionalidade que predomina na organização, mas também de diversos fatores envolvidos, vistos anteriormente. As concepções a respeito da natureza das pessoas são também condicionantes importantes do papel que a ARH tem em cada organização.

Todavia, o que ressalta ainda mais o caráter multivariado e contingencial da ARH é que tanto as organizações – tanto quanto as pessoas – são diferentes. Da mesma forma como ocorrem diferenças individuais entre pessoas, ocorrem também diferenças entre organizações, o que faz com que a ARH tenha necessariamente que se defrontar com essas diferenças.

ARH COMO RESPONSABILIDADE DE LINHA E FUNÇÃO DE *STAFF*

A responsabilidade básica pela ARH em nível institucional cabe ao executivo máximo da organização: o presidente. De um ponto de vista mais amplo, cabe ao presidente a responsabilidade pela organização toda. É ao presidente que cabem as decisões sobre a dinâmica e os destinos da organização e dos recursos disponíveis ou necessários. Em nível departamental ou divisional, a responsabilidade pela ARH cabe a cada executivo de linha, como o chefe ou o gestor responsável pelo órgão. Assim, cada chefe ou gestor é responsável pelos recursos humanos alocados em seu órgão – qualquer que ele seja, de linha ou de assessoria, de produção, de vendas, de finanças, de pessoal, etc. Em suma, a responsabilidade pela ARH é compartilhada por toda a organização.

Tanto o presidente como cada chefe ou gestor devem saber o essencial sobre recursos humanos, embora realmente não tenham condições de conhecê-los profundamente. Todavia, o que devem conhecer é de enorme e vital importância para a organização.

A primeira função do presidente é fazer com que a organização tenha êxito constante em todos os aspectos possíveis. No entanto, quanto maior a organização, maior o número de níveis hierárquicos e, portanto, maior a defasagem entre a decisão na cúpula e a ação em qualquer dos escalões abaixo. Isso explica que o esforço do presidente em obter participantes somente se aplica no futuro, e não no presente. Quanto mais distanciados das operações rotineiras, menor efeito cotidiano pode ter sobre elas. Suas decisões influem sobre o futuro, e não sobre o presente, afetam o que acontecerá, e não o que está acontecendo.

Assim, o presidente precisa compartilhar com sua equipe as decisões a respeito da organização e dos seus recursos. O mesmo ocorre com a ARH: ela é uma responsabilidade de linha e uma função de *staff*. Isso significa que quem administra o pessoal é cada gerente ou chefe dentro de sua área de atuação. É o chefe quem toma decisões a respeito de seus subordinados: é ele quem decide sobre novas admissões, promoções e transferências, avaliação do desempenho, mérito, treinamento, desligamentos, disciplina, métodos e processos de trabalho, etc. É o chefe quem supervisiona, dá ordens, informações e orientação e recebe dos subordinados as informações, solicitações e esclarecimentos. É o chefe quem transmite aos subordinados as expectativas e planos da organização e é ele quem recebe as expectativas e sentimentos dos subordinados. Além do mais, para que o princípio da unidade de comando – ou da supervisão única – funcione adequadamente, é necessário não dividir a autoridade de cada chefe. Dessa maneira, cada chefe tem autoridade de linha sobre seus subordinados, isto é, autoridade para decidir, agir e comandar. Consequentemente, tem também responsabilidade de linha pelos seus subordinados. Assim, a ARH é uma responsabilidade de linha, ou seja, uma responsabilidade de cada chefe.

Todavia, para que as chefias atuem de maneira uniforme e padronizada em relação aos seus subordinados, é necessário um órgão de *staff* de assessoria e consultoria, para proporcionar às chefias a devida orientação, as regras e regulamentos, as normas e procedimentos, sobre como administrar seus subordinados. Além dessa assessoria, aconselhamento e consultoria, o órgão de *staff* deve também prestar serviços especializados – como serviços de recrutamento, seleção, treinamento, análise e avaliação de cargos, etc. – e suprir as chefias com propostas e recomendações deles decorrentes para que as chefias possam tomar decisões adequadas.

Dentro dessas condições, a ARH é uma responsabilidade de linha – de cada chefe – e uma função de *staff* – assessoria que o órgão de RH presta a cada chefe. O órgão de ARH posiciona-se aqui como um órgão de *staff*. Assim:

1) O *staff* de RH assessora o desenvolvimento de diretrizes na solução de problemas específicos de pessoal, o suprimento de dados que possibilitarão decisões ao chefe de linha e a execução de serviços especializados, devidamente solicitados.
2) O chefe de linha, sob essas condições, tende a considerar o especialista de RH como uma fonte de ajuda, e não como um intruso que interfere em suas responsabilidades. Fricções entre linha e *staff* jamais desaparecerão, mas podem ser minimizadas quando os chefes de linha e os especialistas de *staff* pensarem em divisões de responsabilidade e funções em um esforço para atingir mutuamente o melhor arranjo organizacional.

O sucesso de um órgão de ARH depende, na razão direta, de ser considerado pelos chefes de linha como uma fonte de ajuda. Assim, a assessoria de pessoal deve ser procurada, jamais imposta. O administrador de RH não transmite ordens aos membros de linha da organização ou aos empregados, exceto dentro de seu próprio departamento. Assim, a responsabilidade pelo alcance de determinados resultados por meio dos membros de seu grupo de trabalho pertence ao chefe, não ao administrador de RH.

A Figura 4.9 mostra a ARH como responsabilidade de linha e função de *staff*, com o exemplo de fluxograma envolvendo requisição, recrutamento, seleção, decisão e admissão de um candidato e participação do órgão requisitante e do órgão de RH.

A ARH como responsabilidade de linha faz com que os gerentes se tornem os gestores de pessoas em um processo de descentralização e delegação das decisões e ações de RH. Por outro lado, a ARH como função de *staff* faz com que a ARH deixe de ser uma área operacional de execução burocrática de serviços – como seleção, treinamento, avaliação do desempenho, remuneração – para se tornar uma área estratégica de consultoria interna, a fim de ensinar e orientar os gerentes a lidar com todos os assuntos de gestão de seus subordinados. Isso significa que os gerentes estão se tornando responsáveis pela execução de serviços, como seleção, treinamento, avaliação do desempenho, remuneração, etc., com a assessoria e a consultoria interna da área de ARH.

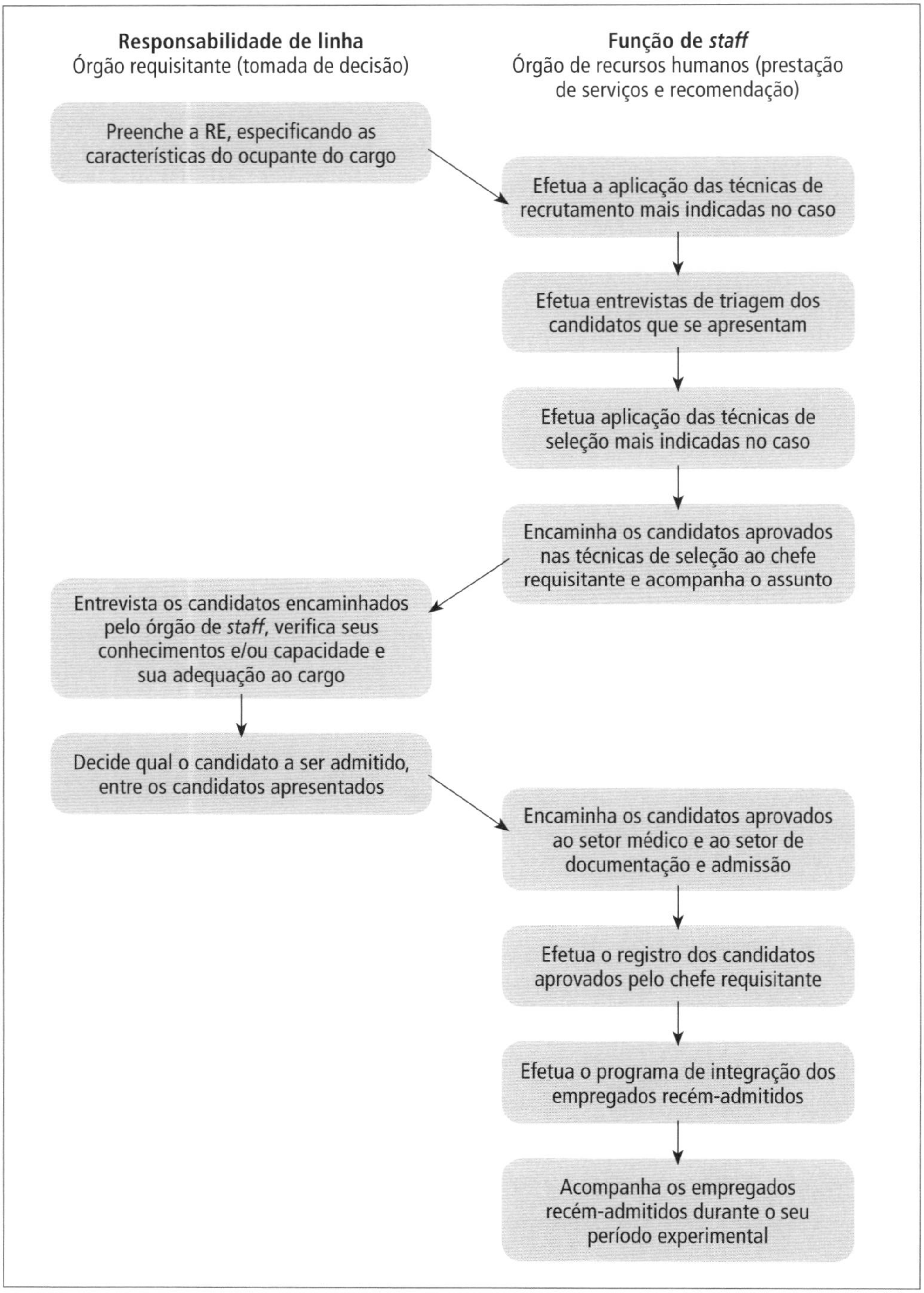

Figura 4.9 – ARH como responsabilidade de linha e função de *staff*: exemplo de uma requisição de empregado (RE).

Por outro lado, para fazer frente a essa forte mudança cultural dentro da organização, a ARH está deixando de lado seu tradicional formato estrutural em departamentos para abraçar a estrutura em equipes de consultoria interna de RH para o trabalho de campo ao lado de uma equipe corporativa de RH. Enquanto as equipes de campo proporcionam orientação e apoio aos gerentes como gestores de pessoas, a equipe corporativa de RH incumbe-se de traçar as políticas e as diretrizes, a estratégia de RH e fazer seu trabalho de participação na estratégia organizacional.

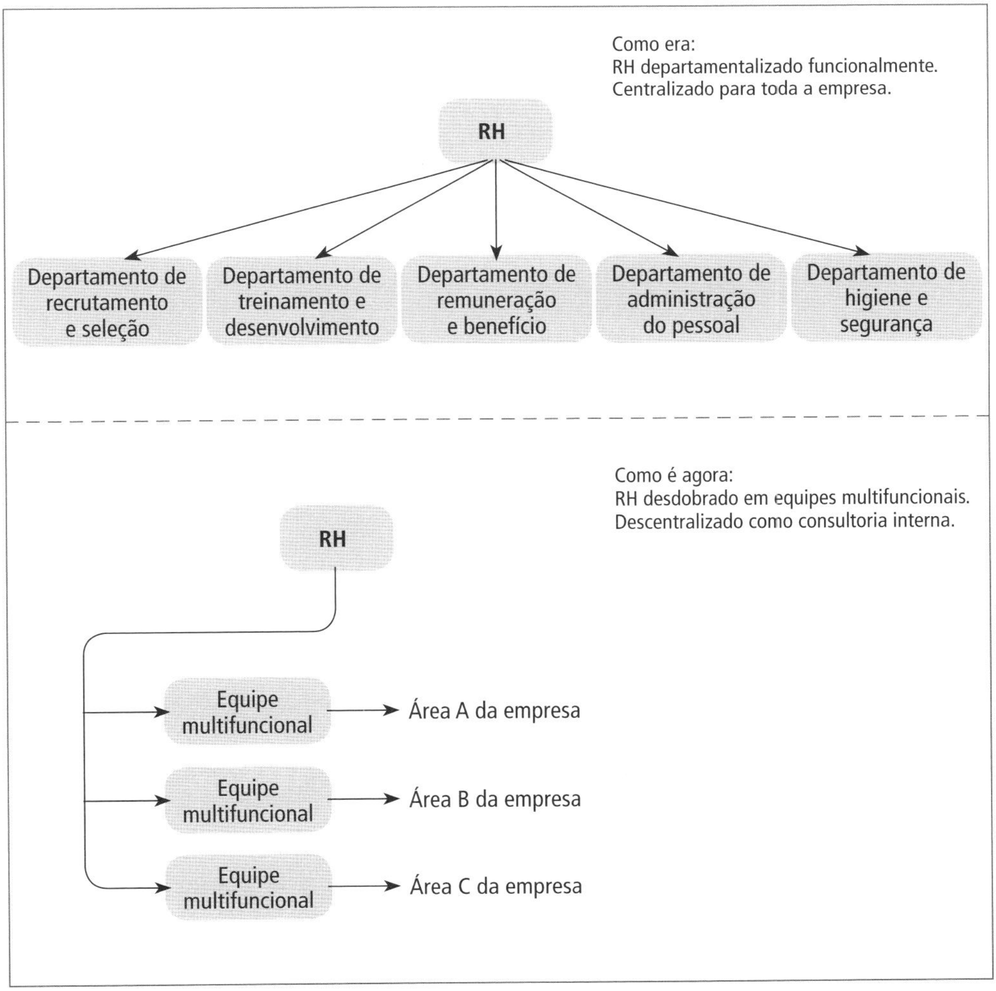

Figura 4.10 – A nova organização da ARH.

ARH COMO PROCESSO

A ARH provoca impactos nas pessoas e nas organizações. A maneira de lidar com as pessoas, de buscá-las no mercado, de integrá-las e orientá-las, fazê-las trabalhar, desenvolvê-las, recompensá-las ou monitorá-las e controlá-las – ou seja, a qualidade da maneira como as pessoas são geridas na organização – é um aspecto crucial na competitividade organizacional.

Os processos básicos na gestão de pessoas são cinco: prover, aplicar, manter, desenvolver e monitorar as pessoas. O ciclo da ARH se fecha em cinco processos básicos: provisão, aplicação, manutenção, desenvolvimento e controle de pessoas. Vejamos:

1) *Subsistema de provisão de recursos humanos*: planejamento de RH, pesquisa de mercado de mão de obra, recrutamento e seleção.
2) *Subsistema de aplicação de recursos humanos*: análise e descrição de cargos, integração ou indução, avaliação de mérito ou do desempenho, movimentação de pessoal (tanto nos sentidos horizontal, vertical ou diagonal).

Processo:	Objetivo:	Atividades envolvidas:
Provisão	Quem irá trabalhar na organização	Pesquisa de mercado de RH Recrutamento de pessoas Seleção de pessoas
Aplicação	O que as pessoas farão na organização	Integração de pessoas Desenho de cargos Descrição e análise de cargos Avaliação de desempenho
Manutenção	Como manter as pessoas na organização	Remuneração e compensação Benefícios e serviços sociais Higiene e segurança do trabalho Relações sindicais
Desenvolvimento	Como preparar e desenvolver pessoas	Treinamento Desenvolvimento organizacional
Monitoração	Como saber o que são e o que fazem as pessoas	Banco de dados/sistemas de informação – controles – frequência – produtividade – balanço social

Figura 4.11 – Processos básicos na ARH.

3) *Subsistema de manutenção de recursos humanos*: remuneração (administração de salários), planos de benefícios sociais, higiene e segurança do trabalho, registros, controles de pessoal e relações trabalhistas.
4) *Subsistema de desenvolvimento de recursos humanos*: treinamento e planos de desenvolvimento do pessoal.
5) *Subsistema de monitoração de recursos humanos*: banco de dados, sistemas de informações de recursos humanos (coleta e tratamento de dados, estatísticas, registros, relatórios, mapas e demonstrativos) e auditoria de recursos humanos.

Prover, aplicar, manter, desenvolver e monitorar as pessoas. Esses cinco processos são intimamente inter-relacionados e interdependentes. Sua interação faz com que qualquer alteração ocorrida em um deles passe a provocar influências sobre os demais, os quais realimentarão novas influências nos outros, e assim reciprocamente, gerando acomodações e ajustamentos no sistema todo. Dentro de uma visão sistêmica, os cinco processos podem ser abordados como subsistemas de um sistema maior, como mostra a Figura 4.12.

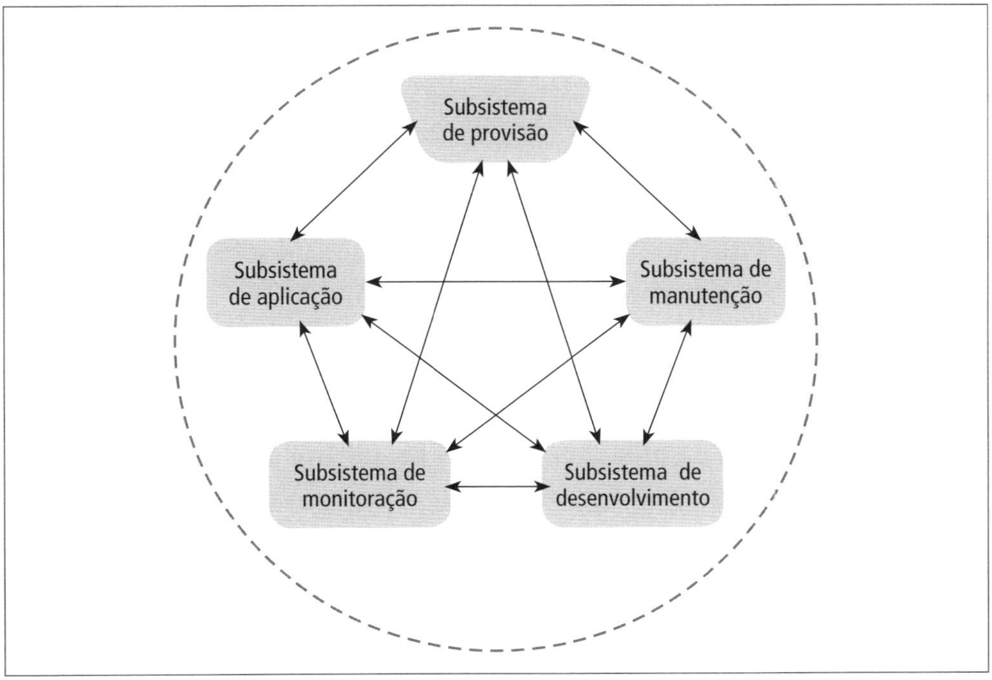

Figura 4.12 – Subsistemas do sistema de ARH e sua interação.

Por outro lado, esses subsistemas formam um processo integrado por meio do qual os recursos humanos são captados e atraídos, aplicados, mantidos, desenvolvidos e controlados pela organização. O processo não segue obrigatória e frequentemente a sequência em virtude da interação entre os subsistemas. A sequência pode variar profusamente de acordo com a situação. A Figura 4.13 dá uma ideia das alternativas.

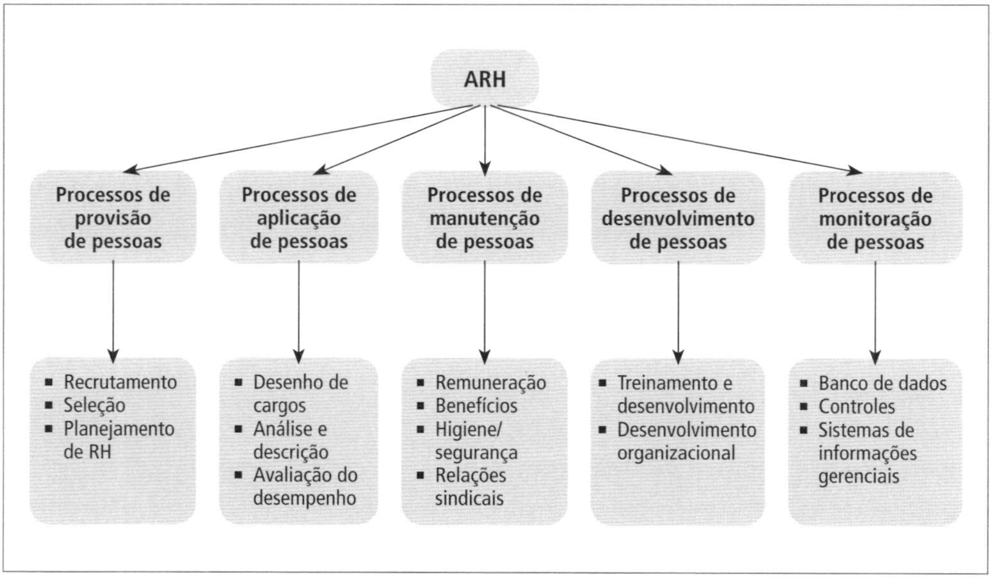

Figura 4.13 – Processos e subprocessos de ARH.

Os cinco subsistemas formam um processo global e dinâmico pelo qual as pessoas são captadas e atraídas, aplicadas em suas tarefas, mantidas na organização, desenvolvidas e monitoradas pela organização. O processo global nem sempre apresenta a sequência, em razão da íntima interação entre os subsistemas e pelo fato de esses cinco subsistemas não estarem relacionados entre si de uma única e específica maneira.

Eles são contingentes ou situacionais: variam conforme a organização e dependem de fatores ambientais, organizacionais, humanos, tecnológicos, etc. São extremamente variáveis e, embora interdependentes, o fato de um deles mudar ou desenvolver-se em uma direção não significa que os outros mudem ou se desenvolvam também exatamente na mesma direção e na

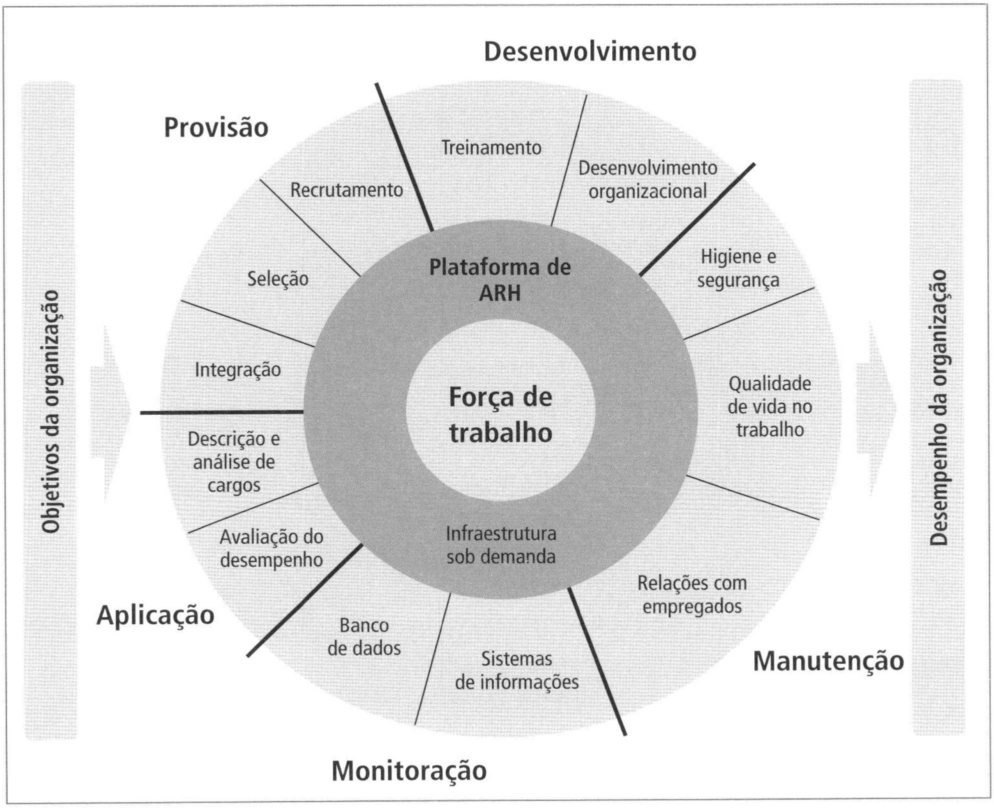

Figura 4.14 – Uma nova visão da ARH.

mesma medida. A Figura 4.15 mostra claramente esse aspecto da ARH: à direita, uma situação de superdesenvolvimento e sofisticação de cada um dos subsistemas de ARH; à esquerda, uma situação de subdesenvolvimento e rudimentarismo, em um *continuum*, envolvendo gradações intermediárias.

As notas de 1 a 10 na escala servem para localizar a situação em que se encontra a organização. Para tanto, a preocupação básica é deslocar as características da ARH da esquerda do quadro para o lado direito, buscando chegar ao grau 10 da escala. Mover a situação da ARH da esquerda para a direita: esta será a principal tarefa dos executivos de ARH no novo milênio. O patamar da área na virada do milênio será, sem dúvida alguma, o extremo direito do *continuum*. É para lá que devem ser destinados os esforços para mudar e modernizar a área.

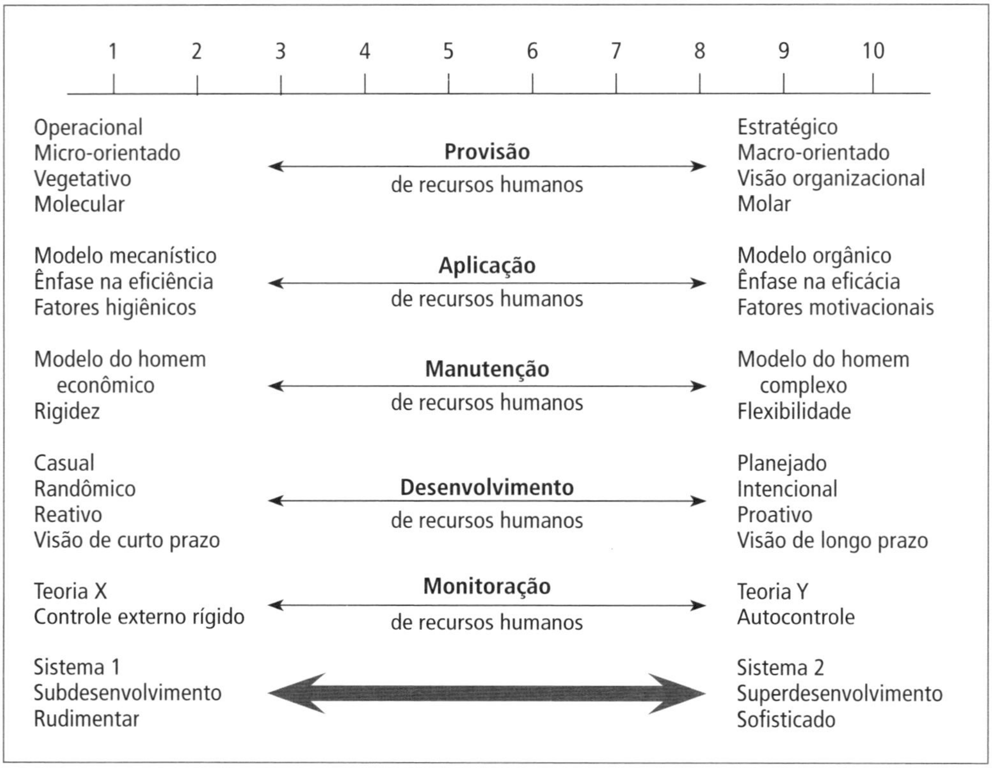

Figura 4.15 – *Continuum* de sistemas de ARH.

Em função da Figura 4.15, qual seria a nota que você daria à área de ARH de sua organização?

Políticas de recursos humanos

Em função da racionalidade organizacional e da filosofia e cultura organizacional surgem as políticas. Políticas são regras estabelecidas para governar funções e assegurar que elas sejam desempenhadas de acordo com os objetivos desejados. Constituem orientação administrativa para impedir que empregados desempenhem funções indesejáveis ou ponham em risco o sucesso de funções específicas. Assim, políticas são guias para a ação. Servem para prover respostas às questões ou aos problemas que podem ocorrer com certa frequência, fazendo com que os subordinados procurem, desnecessariamente, seus supervisores para esclarecimento ou solução de cada caso.

As políticas de RH referem-se às maneiras pelas quais a organização pretende lidar com seus membros e, por intermédio deles, atingir os objetivos organizacionais, permitindo condições para o alcance de objetivos individuais.

As políticas de RH variam enormemente conforme a organização, graças aos seguintes fatores:

1) Antecedentes históricos da organização.
2) Cultura organizacional e racionalidade.
3) Estrutura organizacional adotada.
4) Contexto ambiental: fatores econômicos, políticos, sociais, culturais e tecnológicos.
5) Localização geográfica.
6) Relações com sindicatos.
7) Políticas e restrições governamentais.

No longo prazo, as políticas de RH, quando bem delineadas e desenvolvidas, podem levar às seguintes consequências:

1) Aprimoramento gradativo das técnicas de administração de recursos humanos.
2) Aplicação de sadios princípios de administração, desde o topo à base da organização, principalmente no que se refere às necessidades de relacionamentos e interações humanas de boa qualidade.
3) Adequação de salários e benefícios sociais às necessidades do pessoal.
4) Retenção de talentos qualificados e altamente motivados dentro da organização.
5) Garantia da segurança pessoal do trabalhador em relação ao emprego e às oportunidades dentro da organização.
6) Obtenção de efetiva participação e engajamento das pessoas.

Cada organização desenvolve a política de RH mais adequada à sua filosofia e às suas necessidades. A rigor, uma política de RH deve abranger o que a organização pretende acerca dos seguintes aspectos principais:

1) Políticas de provisão de recursos humanos:
   a) Onde recrutar (fontes de recrutamento dentro ou fora da organização), em que condições e como recrutar os recursos humanos necessários à organização (técnicas de recrutamento preferidas pela organização para abordar o mercado de recursos humanos).
   b) Critérios de seleção de recursos humanos e padrões de qualidade para admissão, quanto às aptidões físicas e intelectuais, experiência e potencial de desenvolvimento, tendo-se em vista o universo de cargos dentro da organização.
   c) Como integrar os novos participantes ao ambiente interno da organização, com rapidez e eficácia.
2) Políticas de aplicação de recursos humanos:
   a) Como determinar os requisitos básicos da força de trabalho (requisitos intelectuais, físicos, etc.), para o desempenho das tarefas e atribuições do universo de cargos da organização.
   b) Critérios de planejamento, alocação e movimentação interna de recursos humanos, considerando-se o posicionamento inicial e o plano de carreiras, definindo as alternativas de oportunidades futuras possíveis dentro da organização.
   c) Critérios de avaliação da qualidade e da adequação dos recursos humanos por meio da avaliação do desempenho.
3) Políticas de manutenção de recursos humanos:
   a) Critérios de remuneração direta dos participantes, tendo-se em vista a avaliação do cargo e os salários no mercado de trabalho, e posição da organização diante dessas duas variáveis.
   b) Critérios de remuneração indireta dos participantes, tendo-se em vista os programas de benefícios sociais mais adequados à diversidade de necessidades existentes no universo de cargos da organização, e considerando a posição da organização diante das práticas do mercado de trabalho.
   c) Como manter uma força de trabalho motivada, de moral elevado, participativa e produtiva dentro de um clima organizacional adequado.
   d) Critérios relativos às condições físicas ambientais de higiene e segurança que envolvem o desempenho das tarefas e atribuições do universo de cargos da organização.
   e) Relacionamento de bom nível com sindicatos e representações do pessoal.

4) Políticas de desenvolvimento de recursos humanos:
   a) Critérios de diagnóstico e programação de preparação e reciclagem constantes da força de trabalho para o desempenho de suas tarefas e atribuições dentro da organização.
   b) Critérios de desenvolvimento de recursos humanos a médio e longo prazos, visando à contínua realização do potencial humano em posições gradativamente elevadas na organização.
   c) Criação e desenvolvimento de condições capazes de garantir a saúde e excelência organizacional por meio da mudança do comportamento dos participantes.
5) Políticas de monitoração de recursos humanos:
   a) Como manter um banco de dados capaz de fornecer as informações necessárias para as análises quantitativa e qualitativa da força de trabalho disponível na organização.
   b) Critérios para auditoria permanente da aplicação e adequação das políticas e dos procedimentos relacionados com os recursos humanos da organização.

As políticas de RH situam o código de valores éticos da organização que, por meio delas, governa suas relações com os empregados, acionistas, consumidores, fornecedores, etc. A partir das políticas, podem-se definir os procedimentos a serem implantados, que são cursos de ação predeterminados para orientar o desempenho das operações e atividades, tendo-se em vista os objetivos da organização. Os procedimentos são uma espécie de plano permanente que serve para orientar as pessoas na execução de suas tarefas dentro da organização. No fundo, servem para guiar as pessoas na realização desses objetivos. Visam a dar consistência à execução das atividades, garantindo um tratamento equitativo para todos os participantes e uniforme para todas as situações. O Quadro 4.2 traz um exemplo de uma política global de RH.

Políticas de:

Políticas de		
Provisão de recursos humanos	Pesquisa de mercado de recursos humanos	▪ Pesquisa e análise do mercado de recursos humanos ▪ Onde recrutar (fontes de recrutamento)
	Recrutamento	▪ Como recrutar (técnicas de recrutamento) ▪ Prioridade do recrutamento interno sobre o externo
	Seleção	▪ Critérios de seleção e padrão de qualidade ▪ Grau de descentralização das decisões acerca da seleção de pessoal ▪ Técnicas de seleção
	Integração	▪ Planos e mecanismos (centralizados e descentralizados) de integração de novos participantes no ambiente interno da organização
Aplicação de recursos humanos	Análise e descrição de cargos	▪ Determinação dos requisitos básicos da força de trabalho (requisitos intelectuais, físicos, responsabilidades envolvidas e condições de trabalho) para o desempenho do papel
	Planejamento e alocação de recursos humanos	▪ Determinação da quantidade de recursos humanos necessária e alocação desses recursos em termos de posicionamento em cargos dentro da organização
	Plano de carreiras	▪ Determinação da sequência ótima das carreiras, definindo as alternativas de oportunidades possíveis dentro da organização
	Avaliação do desempenho	▪ Planos e sistemáticas para a contínua avaliação da qualidade e adequação dos recursos humanos
Manutenção de recursos humanos	Administração de salários	▪ Avaliação e classificação de cargos visando ao equilíbrio salarial interno ▪ Pesquisas salariais visando ao equilíbrio salarial interno ▪ Política salarial
	Plano de benefícios sociais	▪ Planos e sistemáticas de benefícios sociais adequados à diversidade de necessidades dos participantes da organização
	Higiene e segurança do trabalho	▪ Critérios de criação e desenvolvimento das condições físicas ambientais de higiene e segurança que envolvem os cargos
	Relações sindicais	▪ Critérios e normas de procedimentos sobre relações com empregados e com sindicatos
Desenvolvimento de recursos humanos	Treinamento	▪ Diagnóstico e programação da preparação e reciclagem constante dos recusos humanos para o desempenho dos cargos
	Desenvolvimento de recursos humanos	▪ Aprimoramento a médio e longo prazos dos recursos humanos disponíveis, visando à contínua realização do potencial existente em posições mais elevadas na organização
	Desenvolvimento organizacional	▪ Aplicação de estratégias de mudança visando à saúde e excelência organizacional
Monitoração de recursos humanos	Banco de dados	▪ Registros e controles para a devida análise quantitativa e qualitativa dos recursos humanos disponíveis
	Sistemas de informação	▪ Meios e veículos de informação adequados às decisões sobre recursos humanos
	Auditoria de recursos humanos	▪ Critérios de avaliação e adequação permanentes das políticas e dos procedimentos de recursos humanos

Figura 4.16 – Bases da política de recursos humanos.

Quadro 4.2 – Exemplo de uma política global de recursos humanos

1) Recrutamento esmerado. Recrutar o melhor potencial humano disponível na localidade, considerando preferencialmente pessoas da própria organização.
2) Seleção adequada e voltada para o futuro. Selecionar adequadamente, levando em conta não só um bom ajustamento à função imediata, mas também tendo em vista particularmente o aproveitamento do elemento humano em um processo de carreira dentro das diversas áreas da organização.
3) Integração, treinamento e aperfeiçoamento amplos. Proporcionar aos funcionários orientação para perfeita integração na organização, treinamento e aperfeiçoamento para o bom desempenho de suas funções e desenvolvimento de suas carreiras, além de oportunidades para aprimoramento técnico, cultural, social, funcional e progresso financeiro.
4) Avaliação funcional e eficiente. Manter avaliação eficiente e sistemática dos membros da força de trabalho, a fim de assegurar um bom aproveitamento e desenvolvimento das capacidades individuais, mantendo, assim, sempre vivo um espírito de segurança em todos os níveis.
5) Remuneração adequada. Remunerar de maneira justa e adequada, considerando o mérito individual e a situação dos mercados de trabalho locais.
6) Manutenção de boas relações humanas. Manter um ambiente de boas relações, estabelecendo condições humanas e materiais adequadas ao bom desempenho do trabalho. Nas condições humanas, inclui-se o direito de apelo e, nas condições materiais, incluem-se benefícios educacionais, médico-hospitalares e financeiros.
7) Comunicações e criatividade. Possibilitar meio e clima para o desenvolvimento amplo de comunicações e informações, e incentivar sugestões, a fim de conseguir a participação integral dos funcionários no espírito e nos objetivos básicos da organização, por meio de novas ideias, de aperfeiçoamento dos métodos de trabalho e de novas oportunidades de negócio.
8) Participação integral. Criar e manter condições para a participação do pessoal no progresso financeiro da organização.
9) Estabilidade e aposentadoria. Tornar estável na organização todo indivíduo eficiente e com potencial de desenvolvimento ou condições de ajustamento. Assegurar aos funcionários veteranos um plano especial de aposentadoria.

As políticas relacionadas com a ARH devem ter as seguintes características:

1) *Estabilidade*: suficiente grau de permanência para evitar alterações muito grandes.
2) *Consistência*: congruência em sua aplicação, não importam os níveis ou áreas afetados.
3) *Flexibilidade*: possibilidade de suportar correções, ajustamentos e exceções, quando necessários.
4) *Generalidade*: possibilidade de aplicação global e compreensiva para toda a organização.
5) *Clareza e simplicidade*: de definição e de entendimento.

Quadro 4.3 – Exemplo de normas básicas de pessoal

1) Preencher preferencialmente as funções da organização com pessoas da própria empresa.
2) Recrutar pessoal melhor ou igual ao existente.
3) Recrutá-lo, sempre que possível, no próprio local em que o trabalho será prestado.
4) Manter registro do potencial humano destinado a suprir possíveis vagas ou preencher novas funções.
5) Utilizar, para o preenchimento de toda e qualquer função, a pessoa mais adequada; todo empregado admitido deverá ter, em potencial, aptidões para outros acessos, além da função em que iniciar.
6) Admitir somente as pessoas que, além de atenderem aos requisitos básicos da função, satisfaçam aos padrões de saúde estabelecidos, e cujos antecedentes morais e comerciais em nada as desabonem.
7) Admitir e manter empregados menores de 18 anos somente se estiverem matriculados em curso secundário e apresentarem progresso nos estudos e que provenham de meio com bons antecedentes familiares.
8) Admitir e manter parentes próximos de funcionários (consanguíneos ou afins) somente em funções que não haja relação de subordinação direta.
9) Proporcionar a todo funcionário recém-admitido orientação adequada para perfeita integração na companhia e no grupo.
10) Proporcionar cursos e treinamento adequados a todas as pessoas para o bom desempenho de suas funções e para seu desenvolvimento contínuo, buscando o progresso técnico, funcional e econômico do funcionário.
11) Manter uma força de trabalho que satisfaça quantitativa e qualitativamente as necessidades da empresa a curto, médio e longo prazos.
12) Avaliar continuamente o desempenho de todos os seus funcionários para fins de transferências, promoções, treinamento e conhecimento, de forma geral, da qualidade do potencial humano da empresa.
13) As transferências para outra cidade, a não ser em casos especiais, somente devem ser feitas quando implicarem promoção.
14) Nas transferências entre as companhias associadas, caberá àquela que recebe o funcionário o ônus de salário e de contagem de tempo.
15) Efetuar todas as promoções em caráter interino, obedecendo ao limite máximo de 3 meses; toda promoção deve implicar aumento de ganho, como incentivo.
16) Remunerar da forma mais adequada, considerando o valor individual, os serviços a serem prestados pelos funcionários, a oferta e procura no mercado de mão de obra e as disponibilidades financeiras da empresa para esse fim.
17) Manter uma equitativa inter-relação salarial entre as diversas funções, respeitando as variações do mercado de trabalho nas diversas áreas geográficas.
18) Desenvolver planos que visem a proporcionar aos empregados benefícios educacionais, financeiros, médico-hospitalares e previdenciais.
19) Proporcionar aos empregados condições materiais adequadas ao desempenho das respectivas funções.
20) Aproveitar, do melhor modo possível, as capacidades e habilidades individuais.
21) Comunicar aos funcionários os assuntos, os regulamentos e as normas que, por força de suas funções ou de sua própria condição de funcionários da empresa, devam conhecer.
22) Facultar a qualquer funcionário o exercício do direito de apelo e de fazer sugestões construtivas.
23) Assegurar um ambiente de boas relações no trabalho.
24) Desenvolver continuamente entre funcionários o espírito de equipe e manter o moral elevado.
25) Estimular a participação nos empreendimentos da empresa.
26) Possibilitar meios e clima para desenvolvimento de ideias e troca de informações através da companhia.
27) Analisar e avaliar continuamente as normas de pessoal.

A operacionalização dessas características, combinada com a política global adotada, deve levar a um conjunto de normas básicas relacionadas no Quadro 4.3.

Objetivos da ARH

A ARH consiste no planejamento, organização, desenvolvimento, coordenação e no controle de técnicas capazes de promover o desempenho eficiente das pessoas, ao mesmo tempo em que a organização representa o meio que permite às pessoas que com ela colaboram alcançar os objetivos individuais relacionados direta ou indiretamente com o trabalho. A ARH significa conquistar e manter pessoas na organização, trabalhando e dando o máximo de si, com uma atitude positiva e favorável. Representa todas aquelas coisas não só grandiosas, que provocam euforia e entusiasmo, como também as muito pequenas e numerosas, que frustram ou impacientam, ou que alegram e satisfazem, mas que levam as pessoas a desejar permanecer na organização. Há mais coisas em jogo quando se fala em ARH: a espécie e qualidade de vida que a organização e seus participantes levam e o tipo de participantes que a organização pretende cultivar.

Os objetivos da ARH derivam dos objetivos da organização inteira. Toda organização tem como um de seus principais objetivos a criação e distribuição de algum produto (como um bem de produção ou de consumo) ou de algum serviço (como uma atividade especializada). Ao lado dos objetivos organizacionais, a ARH deve considerar os objetivos pessoais dos participantes.

Os principais objetivos da ARH são:

1) Criar, manter e desenvolver um contingente de recursos humanos com habilidade e motivação para realizar os objetivos da organização.
2) Criar, manter e desenvolver condições organizacionais de aplicação, desenvolvimento e satisfação plena dos recursos humanos, e alcance dos objetivos individuais.
3) Alcançar eficiência e eficácia por meio dos recursos humanos disponíveis.

Para chegar a esses objetivos principais da ARH, poderíamos afirmar seguramente que os passos para isso são:

1) Transformar pessoas em talentos.
2) Transformar talentos em capital humano.
3) Transformar capital humano em capital intelectual.
4) Transformar capital intelectual em resultados tangíveis para a organização e seus *stakeholders*.

Dificuldades básicas da ARH

O que distingue a ARH das outras áreas da organização é o seu singular ambiente de operações. Administrar recursos humanos é diferente de administrar qualquer outro recurso organizacional, porque envolve algumas dificuldades. As dificuldades básicas da ARH são:

1) A ARH lida com meios, com recursos intermediários, e não com fins. É uma função de assessoria, cuja atividade fundamental consiste em planejar, prestar serviços especializados, assessorar, recomendar e controlar.
2) A ARH lida com recursos vivos, extremamente complexos, diversificados e variáveis – as pessoas. Esses recursos são importados do ambiente para dentro da organização, crescem, desenvolvem-se, mudam de atividade, de posição e de valor.
3) Os recursos humanos não estão somente dentro da área de ARH, mas principalmente alocados nos diversos órgãos da organização e sob a autoridade de diversos chefes ou gestores. Assim, cada chefe ou gestor é o responsável direto por seus subordinados. A ARH é uma responsabilidade de linha e uma função de *staff*.
4) A ARH preocupa-se fundamentalmente com a eficiência e com a eficácia. No entanto, o fato mais concreto de sua existência é que ela não pode controlar facilmente os eventos ou as condições que produzem eficiência e eficácia, pois os principais eventos ou condições de suas operações são as atividades das diversas áreas da organização e o comportamento heterogêneo dos participantes.
5) A ARH trabalha em ambientes e em condições que não determinou e sobre os quais possui um grau de poder e controle muito pequeno. Daí estar geralmente destinada à acomodação, adaptação e transigência. Somente com uma clara noção da finalidade principal da organização, com muito esforço e perspicácia, o executivo de RH poderá conseguir – se é que consegue – razoável poder e controle sobre os destinos da organização.
6) Os padrões de desempenho e de qualidade dos recursos humanos são extremamente complexos e diferenciados, variando de acordo com o nível hierárquico, a

área de atividade, a tecnologia aplicada e o tipo de tarefa ou atribuição. O controle de qualidade é feito desde o processo inicial de seleção do pessoal e estende-se continuamente ao longo do desempenho cotidiano.

7) A ARH não lida diretamente com fontes de receita. Aliás, ocorre algum preconceito de que ter pessoal forçosamente implica ter despesa. Muitas empresas ainda convencionam restritivamente seus recursos humanos em termos reducionistas de pessoal produtivo e pessoal improdutivo, ou pessoal direto e pessoal indireto. A grande maioria das empresas ainda aloca os seus recursos humanos em termos de centros de custos, e não em termos de centros de lucro, como realmente devem ser considerados.

8) Um dos aspectos mais críticos da ARH está na dificuldade de se saber se ela está fazendo ou não um bom trabalho. A ARH é cheia de desafios e de riscos não controlados ou não controláveis, não padronizados e imprevisíveis. É um terreno pouco firme e de visão nebulosa em que se pode cometer erros desastrosos, ainda que na certeza de se estar jogando corretamente. As estratégias e decisões relacionadas com a ARH – uma vez que se referem a variáveis complexas e diferenciadas – exigem muito mais visão profética, prudência e julgamento intuitivo do que realmente raciocínio dedutivo, cuidadoso ou análise minuciosa meramente quantificadora. Muitas vezes, a falta de experiência e de sensibilidade em assuntos de RH pode levar o presidente da organização a rejeitar providências recomendadas pelo executivo de RH ou a apoiar enfaticamente o que não deveria ser apoiado ou, ainda, a tomar decisões erradas sobre coisas de que pouco entende e, diante das quais, dificilmente admitiria sua ignorância ou insegurança.

Assim, a ARH nem sempre recebe o apoio significativo da alta direção, o qual é transferido para outras áreas que adquirem enganosamente maior prioridade e importância. Isso nem sempre pode ser bom para a organização como um todo: o que é bom para um segmento da organização não é necessariamente bom para toda a organização.

Capital humano e capital intelectual

Em todo o decorrer da Era Industrial, as organizações bem-sucedidas eram aquelas que incorporavam o capital financeiro – traduzido em edifícios, fábricas, máquinas, equipamentos, investimentos financeiros – e faziam-no crescer e expandir. O retrato do sucesso organizacional era representado pelo tamanho da organização e de suas instalações físicas, por seu patrimônio contábil e, sobretudo, pela riqueza financeira. As organizações procuravam acumular ativos tangíveis, físicos e concretos como base de seu sucesso e de sua força e poder no mercado. A acumulação de recursos – financeiros e materiais – era um dos objetivos organizacionais mais importantes. Isso já se foi. Hoje, as organizações bem-sucedidas são extremamente ágeis e inovadoras e, por essa razão, independem de seu porte ou tamanho. Em outras palavras, ser uma grande organização não significa hoje ser uma organização bem-sucedida. Existem organizações pequenas que alcançam enorme sucesso e proporcionam retornos maiores do que organizações maiores. Qual a razão? Simples. Ela se chama inovação. É a capacidade de uma organização produzir bens e serviços criativos e inovadores que transformam os demais produtos e serviços em coisas obsoletas e ultrapassadas. É a capacidade de uma organização antecipar-se às demais organizações e conquistar clientes e consumidores antes delas, oferecendo-lhes satisfações maiores por suas compras.

Na Era da Informação, o capital financeiro está deixando de ser o recurso mais importante da organização. Outros ativos intangíveis e invisíveis estão assumindo rapidamente seu lugar e relegando-o a um plano secundário. Estamos referindo-nos ao capital intelectual.

O capital intelectual de uma organização é constituído por ativos intangíveis, como:[1]

1) *Capital interno*: estrutura interna da organização, conceitos, modelos e sistemas administrativos e de informática. A estrutura interna e as pessoas constituem, juntas, o que geralmente chamamos de organização. Além disso, a cultura ou o espírito organizacional também faz parte dessa estrutura interna.
2) *Capital externo*: estrutura externa da organização, ou seja, as relações com clientes e fornecedores, bem como marcas, marcas registradas, patentes e a reputação ou imagem da empresa. O valor desses ativos é determinado pelo grau de satisfatoriedade com que a empresa soluciona os problemas de seus clientes.

---

[1] SVEIBY, Karl Erik. *A nova riqueza das organizações:* gerenciando e avaliando patrimônios de conhecimento. Rio de Janeiro: Campus, 1998, p.11-12.

3) *Capital humano*: capital de gente, talentos e competências. A competência de alguém envolve a capacidade de agir em diversas situações, tanto para criar ativos tangíveis como intangíveis. Não basta ter pessoas. São necessários uma plataforma que sirva de base e um clima que impulsione as pessoas e utilize os talentos existentes. Assim, o capital humano é basicamente constituído por talentos e competências. Sua plena utilização requer uma estrutura organizacional adequada e uma cultura democrática e impulsionadora.

Assim, organização, clientes e pessoas constituem o tripé do capital intelectual. O conhecimento é fundamental nesse jogo. Enquanto o capital físico deprecia-se com o uso, o conhecimento valoriza-se cada vez mais. O cabedal de conhecimentos de uma pessoa não diminui se ela o compartilha com outras.

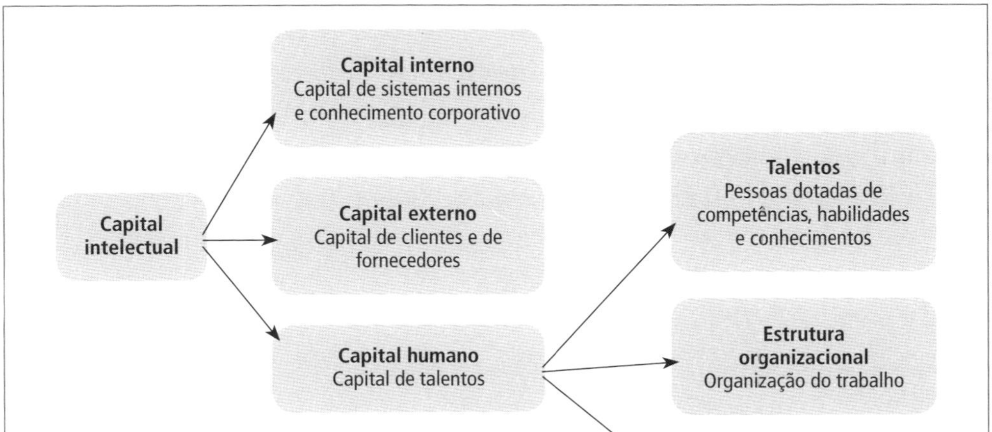

Figura 4.17 – Desdobramentos do capital intelectual.
Fonte: CHIAVENATO, Idalberto. *Construção de talentos*: coaching & mentoring. Rio de Janeiro: Elsevier/Campus, 2002.

Dicas **A perspectiva do capital intelectual**

A perspectiva do capital intelectual mostra que:

1) Para reter e desenvolver o conhecimento, as organizações devem oferecer um trabalho desafiante que agregue experiências e conhecimentos às pessoas.
2) O conhecimento proporcionado por seus funcionários é a riqueza mais importante das organizações.
3) As organizações precisam desenvolver estratégias claras de ARH para conquistar, reter e motivar seus funcionários.
4) Os funcionários que detêm o conhecimento são os principais contribuintes para o sucesso da organização.
5) As organizações precisam transformar-se rapidamente em organizações de aprendizagem para aplicarem adequadamente o conhecimento.
6) Para serem bem-sucedidas na Era da Informação, as organizações devem adotar a perspectiva do conhecimento e investir pesadamente nele.

Para incrementar seu capital intelectual, as organizações estão transformando-se em verdadeiras organizações do conhecimento ou agências de conhecimento e de aprendizado. Qual é o motivo? Simples. Transformar e converter a informação em conhecimento, utilizando suas próprias competências e tornar o conhecimento rentável por meio de sua conversão em novos produtos, novos serviços, novos processos internos, novas soluções e, principalmente, em criatividade e inovação. O ambiente em que as pessoas irão trabalhar no futuro já foi descrito exaustivamente por muitos autores. Alguns lhe dão o nome de terceira onda,[2] sociedade da informação,[3] sociedade do conhecimento[4] ou era pós-capitalista.[5] Será possivelmente a era virtual[6]

---

[2] TOFFLER, Alvin. *The third wave.* Nova York: Morrow, 1980.

[3] MASUDA, Yoneji. *The information society as post-industrial society.* Tóquio: Institute for the Information Society, 1980.

[4] Ibid.; NAISBITT, John. *Megatendências:* as dez grandes transformações ocorrendo na sociedade moderna. São Paulo: Abril/Círculo do Livro, 1982.

[5] DRUCKER, Peter F. *Sociedade pós-capitalista.* São Paulo: Pioneira, 1993.

[6] RHEINGOLD, Howard. *The virtual community:* homesteading on the electronic frontier. Reading: Addison-Wesley, 1993.

ou a era do conhecimento,[7] caracterizada pela máquina inteligente[8] e pela irracionalidade.[9] De qualquer forma, o conhecimento já é hoje o recurso produtivo mais importante das organizações e a tendência é que se torne cada vez mais importante para o sucesso organizacional.

Boa parte do capital intelectual é representada pelo capital humano, constituído por pessoas que fazem parte de uma organização. Capital humano significa talentos que precisam ser mantidos e desenvolvidos. Mais do que isso, significa capital intelectual. Um capital invisível composto de ativos intangíveis. A contabilidade tradicional, preocupada unicamente com ativos tangíveis e físicos, está às voltas com um fenômeno inesperado: o valor de mercado das organizações não depende mais apenas do seu valor patrimonial físico, mas principalmente do seu capital intelectual. Na Era da Informação, o conhecimento está se transformando no recurso organizacional mais importante das empresas. Uma riqueza muito mais importante e crucial do que o dinheiro.

Dicas | **A nova riqueza do século XXI**

Gradativamente, o capital financeiro – que caracterizou a Era Industrial – está cedendo lugar para o capital intelectual como a base fundamental das operações empresariais. Em um mundo em que os tradicionais fatores de produção – natureza, capital e trabalho – já esgotaram e exauriram sua contribuição para os negócios, as empresas estão investindo pesadamente no capital intelectual para aumentar sua vantagem competitiva. Criatividade e inovação por meio de ideias. E ideias provêm do conhecimento. E o conhecimento está na cabeça das pessoas. O fato é que as empresas bem-sucedidas estão se transformando em organizações educadoras e de conhecimento, nas quais a aprendizagem organizacional é incrementada e desenvolvida por meio de processos inteligentes de gestão do conhecimento. Nessas empresas, a ARH está totalmente comprometida em incrementar o capital intelectual e aplicá-lo cada vez mais.

---

7 SAVAGE, Charles. *Fifth generation management:* co-creating through virtual enterprising, dynamic teaming, and knowledge networkin. Boston: Butterworth-Heinemann, 1996.

8 ZUBOFF, Shoshana. *In the age of the smart machine:* the future of work and power. Nova York: Basic Books, 1988.

9 HANDY, Charles B. *The age of unreason.* Boston: Harvard Business School Press, 1989.

PAPEL DA ARH

Em um mundo de negócios caracterizado pela explosão da inovação tecnológica, pela globalização dos mercados, pela forte competição entre organizações, pela gradativa e intensa desregulamentação dos negócios e pelas mudanças demográficas, políticas e culturais – que provocam mudanças rápidas, turbulência e incerteza –, as organizações precisam ser rápidas, ágeis, eficazes em custos e, sobretudo, expeditas, como mostra a figura a seguir. Para tanto, as organizações devem possuir recursos, conhecimentos, habilidades e competências e – acima de tudo – pessoas que incorporem essas novas características.

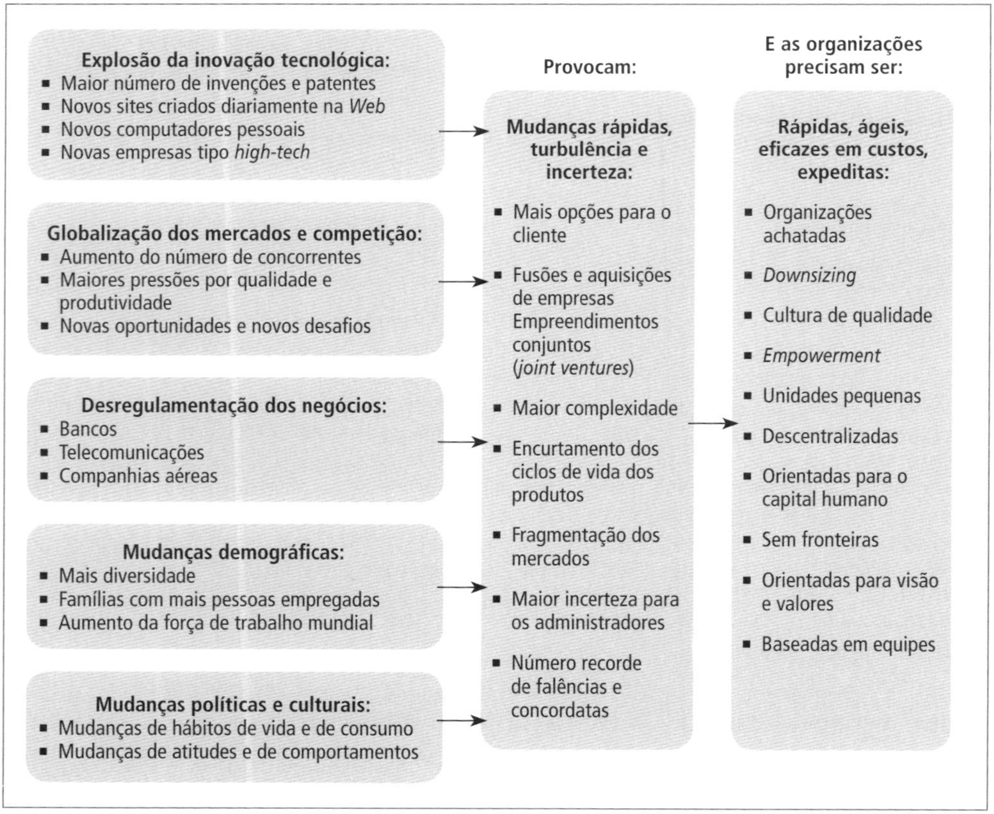

Figura 4.18 – Mudanças que impõem desafios às organizações.
Fonte: adaptada de DESSLER, Gary. *Human resource management*. Upper Saddle River: Prentice Hall, 2000, p.14

Tudo isso requer novas práticas administrativas e a contínua redefinição e realinhamento das práticas e políticas de RH para criar novos comportamentos e competências dos colaboradores.

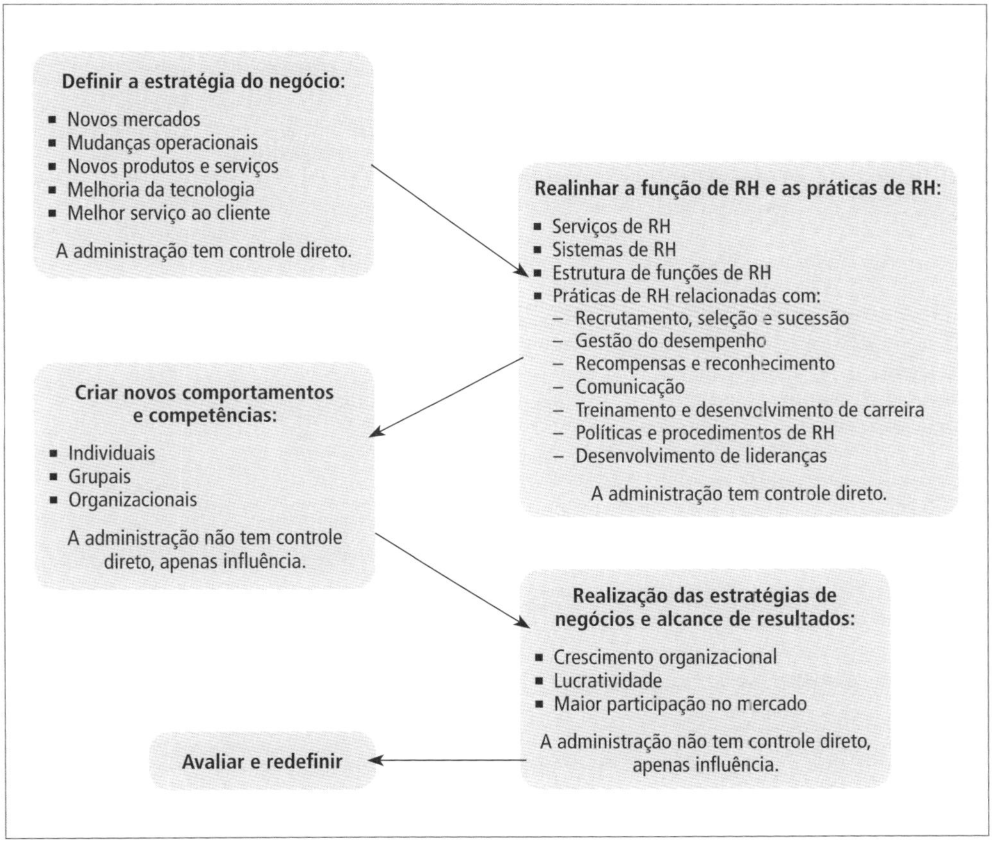

Figura 4.19 – Componentes básicos da estratégia de ARH.
Fonte: adaptada de DESSLER, Gary. *Human resource management*. Upper Saddle River: Prentice Hall, 2000, p.22.

Assim, o papel da ARH deixa de ser a simples manutenção do *status quo* para se transformar gradativamente na área capaz de criar organizações melhores, mais rápidas, proativas e competitivas.

Discussão — A competência organizacional da Kodak[10]

O conceito fundamental do planejamento de RH da Eastman Kodak é a "competência organizacional", ou seja, a capacidade para agir e mudar para o alcance da vantagem competitiva. A companhia utiliza um processo de quatro etapas para desenvolver a estratégia de RH que apoia sua estratégia organizacional:

Passo 1 – Definir as competências organizacionais gerais

Os executivos da linha e os gestores de RH em conjunto definem as competências organizacionais requeridas para implementar a estratégia de negócios da Kodak. Os executivos acreditam que a competência organizacional é uma função de nove competências específicas:

1) *Responsabilidade*: ajudar indivíduos, equipes e departamentos a serem responsáveis em seus trabalhos.
2) *Orientação para a ação*: reduzir o ciclo de tempo para todas as atividades.
3) *Aprendizagem contínua*: melhorar constantemente o modo de trabalho e gerar novas ideias.
4) *Foco no cliente*: abordar tudo sob o ponto de vista do cliente (interno e externo).
5) *Diversidade*: valorizar diferenças e encorajar novas maneiras de trabalhar com os outros.
6) *Empowerment*: encorajar decisões nos níveis apropriados pelos funcionários com autonomia e competência.
7) *Globalização*: examinar linhas de produtos, fornecedores e consumidores em um contexto global.
8) *Integração*: reconhecer como as peças da organização trabalham juntas.
9) *Liderança*: assegurar que os funcionários de desempenho superior estejam em posições-chave.

Passo 2 – Definir um conjunto de práticas de RH para cada competência

Após identificar as competências, os gerentes da Kodak devem identificar como as práticas de RH – provisão, treinamento, avaliação e recompensas – podem ser usadas para habilitar seu desenvolvimento. As equipes de gestores de linha e de profissionais de RH são colocadas juntas para construir uma matriz de práticas de RH e competências. Os gestores discutem quais as práticas adequadas de RH e tentam integrar e consolidar as práticas de RH entre as competências.

Passo 3 – Integrar as competências

A fim de integrar as competências, os gestores da Kodak procuram eliminar redundâncias, definir prioridades entre as práticas de RH e desenvolver programas baseados nos seguintes critérios:

1) Impacto.
2) Viabilidade.

---

[10] SMITH, Brian J.; BOROSKI, John W.; DAVIS, George E. "Human resource planning". *Human Resource Management*, v.31, n.1/2, 1992, p.81-83.

3) Sinergia com crenças básicas.
4) "Linkagem" com o cliente.
5) Custo/valor do benefício.
6) Riscos.
7) Mensurabilidade.
8) Recursos necessários.

Passo 4 – Desenhar os planos de implementação

Os planos de ação são desenhados para estabelecer programas, resultados, papéis e responsabilidade dos gestores de linha e de RH. A seguir, define-se uma estratégia de implementação integrada, bem como os indicadores de eficácia. O processo requer que os gestores de linha e os especialistas de RH trabalhem lado a lado no planejamento de RH.

Quais sugestões você daria para melhorar a estratégia de RH da Kodak?

Tendências na ARH

O mundo dos negócios está mudando, as organizações também e a ARH não pode ficar atrás. É como se tudo estivesse em um acelerado movimento de mudança e a área tivesse de configurar-se e reconfigurar-se continuamente para acompanhar essas mudanças. Ou, de preferência, antecipar-se a elas para assegurar a competitividade da organização. As principais tendências na área de ARH são:[11]

1) *Nova filosofia de ação*: o conceito de ARH deve desaparecer e ceder lugar a uma nova e recente abordagem: a gestão de pessoas. Para ser mais preciso, gerenciar pessoas é cada vez mais uma responsabilidade da gerência de linha. Nessa abordagem, as pessoas são consideradas seres humanos, e não simples recursos empresariais. Suas características e diferenças individuais são consideradas e respeitadas, pois elas são dotadas de personalidades singulares, inteligência e aptidões diferenciadas, conhecimento e habilidades específicos. Nas organizações bem-sucedidas, já não se fala em administrar ou gerenciar pessoas, pois isso poderia significar que as pessoas são meros agentes passivos e dependentes das

[11] CHIAVENATO, Idalberto. *Gestão de pessoas:* o novo papel dos recursos humanos nas organizações. 4.ed. Barueri: Manole, 2014.

decisões vindas de cima. Fala-se em administrar com as pessoas, como se elas fossem parceiras do negócio, e não elementos estranhos e separados da organização. Isso tem um novo significado. As pessoas, em todos os níveis da organização, são consideradas os parceiros que conduzem os negócios da empresa, utilizam a informação disponível, aplicam seus conhecimentos e habilidades e tomam as decisões adequadas para garantir os resultados desejados. Este passa a ser o grande diferencial, a vantagem competitiva obtida por meio das pessoas. Existe um consenso de que o principal cliente da empresa é seu próprio funcionário. Daí o surgimento do endomarketing, o marketing interno cujo objetivo é manter os funcionários informados sobre as filosofias, políticas e objetivos da empresa, integrá-los por meio de programas amplos e abrangentes, assisti-los em suas necessidades e aspirações e desenvolver esforços para que as pessoas se sintam orgulhosas de pertencer e colaborar com a organização por meio de dinâmicas relações de intercâmbio. Daí também a administração holística, que visualiza cada pessoa dentro de um contexto organizacional humano e social, e não mais como peça ou componente do sistema produtivo. Administrar com as pessoas é sinalizar uma nova mentalidade empresarial.

2) *Nítida e rápida tendência para o downsizing*: é o gradativo e sistemático desmantelamento da área de ARH, sua redefinição e descentralização rumo às outras áreas da organização. A área de ARH está sendo reestruturada, reduzida e enxugada ao essencial ou básico. Ou seja, seu *core business* específico. Com o enxugamento, os executivos e especialistas de RH estão mudando radicalmente suas atribuições. O enxugamento da estrutura organizacional da empresa, redução de níveis hierárquicos, descentralização das decisões, desburocratização, desregulamentação, desmembramento em unidades estratégicas de negócios, os programas de melhoria contínua e de qualidade total e outras tendências da administração moderna das empresas estão sendo acompanhados de perto por mudanças paralelas e equivalentes na gestão das pessoas. A busca por uma empresa ágil e flexível, criativa e inovadora, que privilegia a qualidade total e a participação e o comprometimento de todos os seus membros tem sido a meta perseguida pela ARH. Dessa forma, há forte tendência para reduzir e flexibilizar a área. Contudo, o *downsizing* é mais um adjutório para os problemas de hoje do que uma diretriz para a empresa de amanhã. Serve como corretivo dietético para ajustar as operações do passado à realidade de hoje, mas não é uma rota que norteie o futuro da área. Põe apenas a casa em ordem, mas é o que as organizações estão fazendo.

3) *Transformação de uma área de serviços em uma área de consultoria interna*: a estrutura departamental da ARH está cedendo lugar para unidades estratégicas voltadas para processos e focalizadas nos clientes e usuários internos. A antiga organização funcional e departamentalizada está dando lugar para a organização por processos. Em vez de órgãos ou departamentos, a ARH está coordenando processos ou subsistemas. A mudança da cultura focada na função está dando lugar para a cultura focada no processo. De um órgão prestador de serviços para uma consultaria interna voltada para resultados finais da organização. Além disso, a ARH está transferindo para terceiros parte de suas atribuições rotineiras e burocráticas em nível operacional, em um nítido processo de terceirização de atividades não essenciais na busca da transformação de custos fixos em custos variáveis. Ou seja, de focalização no essencial e desativação de recursos físicos dispensáveis para melhorar a relação de custos/benefícios. A terceirização é um esforço para utilizar intensivamente recursos externos, já que os processos terceirizados são executados por outras empresas mais bem preparadas para fazê-los melhor do que a própria empresa conseguiria. Contudo, ela não significa melhoria do sistema de RH se não vier acompanhada de efetiva mudança de enfoque.
4) *Gradativa transferência de decisões e ações da ARH para gerência de linha*: deslocamento de atividades antes centradas na ARH para os gestores das demais áreas das empresas. Seleção, treinamento e remuneração são as principais. Administrar pessoas é um componente estratégico, uma tarefa importante demais para ser centralizada e confiada a apenas um departamento da empresa. Os gerentes de linha tornam-se gestores de pessoas e ganham plena autonomia nas decisões e ações a respeito de seus subordinados. Os gestores tornam-se multiplicadores do processo de preparar e desenvolver pessoas. O treinamento gerencial passa a ser intensivo e contínuo. Isso significa um compromisso da alta direção: confiar nas gerências e delegar parte das decisões e responsabilidade e forte necessidade de desenvolvimento gerencial para abrigar as novas habilidades não técnicas e conceituais e interpessoais na conduta gerencial cotidiana. Com isso, a ARH passa a se preocupar com a produtividade do capital intelectual da empresa, com o desempenho gerencial e com as contribuições das pessoas aos objetivos organizacionais. Isso é o essencial: a busca da eficácia e da excelência a partir das pessoas.
5) *Intensa ligação com o negócio da empresa*: a ARH está se ligando ao planejamento estratégico da empresa e desenvolvendo meios pelos quais as pessoas caminhem proativamente em direção aos objetivos organizacionais. Significa focalização

nas áreas de resultado da empresa e impõe o comprometimento pessoal de cada funcionário com as metas da organização. Educação, comunicação e comprometimento passam a ser os fatores fundamentais nesse processo. A filosofia de RH é amplamente declarada e praticada por todos. O planejamento de RH é vinculado ao planejamento estratégico dos negócios para que os planos de RH apoiem e incentivem os negócios da empresa. Os objetivos de RH são focalizados em objetivos organizacionais, como lucratividade, crescimento, produtividade, qualidade, competitividade, mudança, inovação e flexibilidade. O impacto do processo de gerenciamento de RH nas pessoas é avaliado para proporcionar os constantes ajustes necessários em um mundo em constante mudança.

6) *Ênfase na cultura participativa e democrática nas organizações*: participação das pessoas nos processos de tomada de decisão, consulta contínua, oportunidades de diálogo, comunicações diretas, programas de sugestão, utilização de convenções e comemorações, liberdade na escolha das tarefas e dos métodos para executá-las, trabalhos em equipe, opções de horários de trabalho, planos de sugestões, disponibilidade de informações *on-line* estão consolidando a administração consultiva e participativa, por meio da qual as pessoas trabalham dentro de uma cultura democrática e impulsionadora. Há preocupação com o clima organizacional e com a satisfação das pessoas. A qualidade de vida passou a ser uma obsessão: ela significa bons salários, bons benefícios, cargos bem desenhados, clima organizacional sadio, estilo de liderança eficaz, motivação intensiva, retroação contínua, recompensas pelo bom desempenho como reforço psicológico, intensa comunicação e interação, educação continuada, etc. Um funcionário não pode ter qualidade de vida na empresa se não tiver todas essas coisas. É a qualidade de vida que lhe permite condições de proporcionar à empresa a qualidade de trabalho como retribuição. O retorno vale todo o investimento efetuado: um empregado feliz trabalha melhor e produz muito mais do que um empregado insatisfeito e revoltado. Para amparar essa nova cultura, surge uma nova estrutura enxuta com poucos níveis hierárquicos para aproximar a base organizacional no que concerne a ações disciplinares e punitivas. A área está perdendo seus antigos ares duros e sombrios de verdugo para ganhar nova postura arejada, amigável e de apoio e suporte às pessoas.

7) *Utilização de mecanismos de motivação e de realização pessoal*: os objetivos e as necessidades individuais das pessoas estão sendo realçados e valorizados e as empresas estão buscando meios para oferecer oportunidades de plena realização pessoal. As

pessoas são realçadas como pessoas, e não como recursos produtivos. Para tanto, o levantamento de necessidades de treinamento é efetuado entre funcionários e gestores com base nas carências e necessidades dos negócios e dos funcionários. Estes se tornam conscientes da importância de seu autodesenvolvimento e, como reforço, são utilizadas práticas de gestão por objetivos participativos, nas quais gestor e subordinado traçam metas e objetivos a atingir em conjunto, enquanto se utiliza a remuneração variável para abranger bônus e participação nos resultados alcançados. A velha APO ressurge valorizada. A remuneração variável é a recompensa material direta pelo sobre-esforço e tem sido feita sem custos adicionais, aproveitando a alavancagem obtida e beneficiando a ambos, empresa e empregado, nos ganhos obtidos pelo sistema. A administração participativa por objetivos utiliza também a avaliação do desempenho. Os sistemas de reconhecimento são abundantes e variados e fartamente utilizados e comemorados dentro das empresas.

8) *Adequação das práticas e políticas de RH às diferenças individuais*: a antiga tendência à padronização das regras e dos procedimentos cede lugar a práticas alternativas desenhadas de acordo com os desejos e as necessidades individuais dos funcionários. Em vez de esquemas genéricos e abrangentes, as empresas estão utilizando menus, opções e alternativas para a escolha das pessoas. A ARH está oferecendo pacotes e menus alternativos, na área de benefícios e serviços, ou treinamento, encarreiramento, etc. Em vez de um plano único e fixo de assistência médica, os funcionários podem optar, entre duas ou mais alternativas, por aquela que melhor atenda às suas necessidades ou preferências.

9) *Completa virada em direção ao cliente, seja ele interno ou externo*: a ARH está voltando-se para o usuário. Os gestores e funcionários estão sendo orientados para a satisfação dos clientes. O treinamento em qualidade e produtividade é intensivo, obrigatório e cíclico. A qualidade é reconhecida e premiada. Círculos de qualidade, grupos multitarefas, equipes autônomas, células de produção, times e comitês são amplamente estimulados pelas empresas. O trabalho confinado e isolado cedeu lugar ao trabalho em equipe, como meio de interação social, e o desenho de cargos e tarefas utiliza intensamente a chamadas dimensões motivacionais. A satisfação do cliente cede lugar ao esforço impecável de encantar o cliente e ultrapassar suas expectativas. A busca da excelência é a norma e a ARH está embarcando nessa busca.

10) *Forte preocupação com a criação de valor dentro da empresa*: ou criação de valor para o cliente. Ou, ainda, o aumento de valor para o contribuinte. Há preocupa-

ção quanto ao alcance contínuo de ganhos incrementais por meio da contínua geração de riqueza. Isso pode ser chamado de emergente sistêmico ou efeito sinergístico ou, ainda, maximização do lucro. Mas o que interessa é que, com base nesse conceito, o presidente preocupa-se em tornar a empresa cada vez mais valiosa, cada gestor preocupa-se em fazer as pessoas cada vez mais capacitadas e cada pessoa preocupa-se em aumentar o valor dos produtos e serviços que executa para o cliente. O que se pretende é aumentar a riqueza dos acionistas, a satisfação dos clientes e o valor do patrimônio humano. É essa cadeia de valores que proporciona aumento da riqueza patrimonial e intelectual da organização e a constante melhoria do negócio. A ARH tem muito a ver com a educação das pessoas e com sua conscientização no sentido de gerar continuamente valor dentro da organização.

11) *Preocupação em preparar a empresa e as pessoas para o futuro*: a ARH está abandonando seu comportamento passivo e reativo para adotar uma postura proativa e voltada para o futuro, no sentido de antecipar-se às demandas e necessidades da organização. Deixa de preservar o passado para começar a criar o futuro. Nas organizações mais avançadas, a ARH adota uma postura de inconformismo com o presente e um sentido de provisoriedade da situação atual, considerando que tudo pode e deve ser melhorado e desenvolvido ainda mais, não obstante o nível de excelência já conquistado. Está considerando que a qualidade de vida pode melhorar mais. Que a empresa pode alcançar resultados ainda melhores. Não dormir placidamente sobre os louros da vitória, mas elevá-la cada vez mais. Este é o novo impulso que a ARH tem trazido para as empresas. Um sopro de renovação e vitalidade.

12) *Utilização intensiva do benchmarking como estratégia para a constante melhoria dos processos e serviços:* o *benchmarking* reflete uma visão voltada para o ambiente externo e para o que nele existe de excelente. Na área de ARH, o *benchmarking* veio para valer, seja ele interno, externo ou internacional. A necessidade de comparar as operações e os processos de uma referência passou a ser uma atividade normal dentro da ARH. Tem se revelado um poderoso instrumento de aprendizagem gerencial e de ajustamento à medida que aponta os marcos de referência das empresas excelentes na área e mostra os caminhos para alcançá-los. Por trás disso, há forte competição entre empresas excelentes para oferecer as melhores práticas de gestão de RH, não apenas no sentido de conquistar e reter os melhores talentos, mas também para obter o máximo em termos de eficiência e de eficácia das pessoas para alcançar sucesso nos negócios.

Todas essas macrotendências não ocorrem por acaso. Elas refletem, de um lado, a necessidade de competitividade das organizações em um mundo turbulento e cheio de desafios, e de outro, a necessidade de contar irrestritamente com o apoio e o suporte dos parceiros internos na consecução dos negócios e no alcance de resultados. Refletem a visão negociável de investimentos que certamente trarão retornos garantidos para a organização. Uma visão que considera a tremenda capacidade de desenvolvimento e de criação de valor que as pessoas podem aportar para a organização e a necessidade de contar com todo esse aporte para o sucesso organizacional.

Tópicos principais

- ARH.
- Centralização.
- Competências essenciais.
- Descentralização.
- Estilos de administração.
- Função de *staff*.
- Responsabilidade de linha.
- Sistemas de administração.
- Teoria X.
- Teoria Y.

Resumo

Para poderem operar, as organizações aglutinam recursos materiais, financeiros, humanos, mercadológicos e administrativos, cada qual administrado por uma especialidade da administração. Contudo, a administração dos recursos humanos depende de alguns fatores complexos. Entre eles, ressalta-se o estilo de administração que a organização pretende adotar: baseado na Teoria X ou baseado na Teoria Y. Outra maneira de enxergar os estilos administrativos reside na análise dos sistemas de administração: um *continuum* que vai desde o sistema 1 (autoritário e rígido) até o sistema 4 (participativo e grupal). Daí resulta o caráter multivariado da ARH e, principalmente, o seu caráter contingencial. Além disso, a ARH é uma responsabilidade de linha (de cada chefia) e uma função de *staff*. Na realidade, a ARH pode ser visualizada como um sistema, cujo processo envolve cinco subsistemas interdependentes: provisão, aplicação, manutenção, desenvolvimento e, finalmente, controle de recursos humanos. As políticas de recursos humanos estão geralmente assentadas em como cuidar de cada um desses cinco subsistemas. Contudo, em função de seus objetivos e da sua permeabilidade dentro das diversas áreas da organização, as dificuldades com que a ARH se defronta são enormes.

Caso nº 4

Raimundo Correia, diretor-presidente da Metalúrgica Santa Rita S.A. (Mesarisa), dedicou grande parte do ano para estabelecer e definir as bases para uma política geral de sua empresa, bem como os detalhes das principais políticas específicas, como vendas, preços, produção, investimentos, financeira, estoques, etc. No que tange à política de recursos humanos, o diretor-presidente procurou a assessoria do gerente de recursos humanos, sr. Alberto Oliveira. Raimundo ficou sabendo que, entre todos os recursos da sua empresa – físicos, financeiros, tecnológicos e mercadológicos –, os únicos geridos ao nível gerencial, e não ao nível de diretoria, são os recursos humanos. Raimundo soube também que a administração dos recursos humanos não era área privativa do GRH, mas uma responsabilidade de linha e uma função de *staff*. Tomou conhecimento que, na fábrica, os operários não qualificados são tratados dentro de um sistema autoritário e rígido (sistema 1). Ainda na fábrica, os operários qualificados, os especializados e os mensalistas são tratados dentro de um sistema autoritário e benevolente (sistema 2). No escritório central da empresa – em que estão as áreas administrativa, financeira e comercial –, os funcionários são tratados dentro de um sistema nitidamente consultivo (sistema 3). O pessoal de vendas e o pessoal de processamento de dados, bem como os gestores de departamentos, são tratados dentro de um sistema participativo grupal (sistema 4) bastante liberal.

Diante de todas essas características, Alberto Oliveira procurou demonstrar ao diretor-presidente que, para estabelecer as políticas de RH, era imprescindível estabelecer antes os objetivos que a empresa pretendia alcançar por meio dos seus recursos humanos.

Ponha-se na posição de Alberto Oliveira e esquematize os objetivos da ARH na Mesarisa e, em função desses objetivos, trace as linhas gerais de uma política de RH para toda a organização. Além disso, apresente um organograma do departamento de RH adequado para a implementação dessa política.

Referências bibliográficas

ARGYRIS, Chris. *Personalidade e organização*: o conflito entre o indivíduo e o sistema. Rio de Janeiro: Renes, 1968.

_______. *A integração indivíduo-organização*. São Paulo: Atlas, 1975.

ATKINSON, J.W. *As introduction to motivation*. Princeton: Vali Nostrand, 1964.

ATKINSON, J.W. et al."The achievement motive, goal setting, and probability preferences". *Journal of Abnormal and Social Psychology*, v.60, 1960, p.27-36.

BAKKE, E.W. *The fusion process*. New Haven: Labor and Management Center, Vale University, 1953.

BALCÃO, Yolanda Ferreira; CORDEIRO, Laerte Leite (Org.). *O comportamento humano na empresa*: uma antologia. Rio de Janeiro: Fundação Getulio Vargas, Instituto de Documentação, 1971.

BALES, Robert E. *Interaction process analysis*. Cambridge: Addison-Wesley, 1950.

BARNARD, Chester I. *As funções do executivo*. São Paulo: Atlas, 1971.

BARNEY, J.B. "Firm resources and sustained competitive advantage". *Journal of Management*, v.17, 1991, p.99-120.

BASS, Bernard M.; VAUGHN, James A. *Training in industry*: the management of learning. Belmont: Brooks/Cole Publishing, 1966.

BEACH, Dale Stuart. *Personnel*: the management at work. Londres: Macmillan, 1971.

BEATTY, Richard W.; SCHEINEIER, Craig Eric. *Personnel administration*: an experimental skill building approach. Reading: Addison-Wesley, 1977.

BEER, M. *Leadership, employees needs and motivation*. Columbus Bureau of Business Research, 1966.

BENNIS, Warren G. *Changing organizations*: essays on the development and evaluation of human organization. Nova York: McGraw-Hill, 1966.

BORUS, Michael E.; TASH, William R. *Measuring the impact of manpower programs*: a primer. Ann Arbor, Institute of Labor and Industrial Relations, The University of Michigan-Waye State University, 1970.

BOULDING, Kenneth E. *The organizational revolution*. Chicago: Quadrangle, 1968.

BRUNER, J.S. "Personality dynamics and the process of perceiving". In: BLAKE, R.R.; RAMSEY, G.V. *Perception*: an approach to personality. Nova York: Ronald Press, 1951.

BRYANT, D.T.; Pollard, J. de B. "Manpower planning: a review of current practice". In: HEALD, Gordon (Org.). *Approaches to the study of organizational behavior*: operational research and the behavioral sciences. Londres: Tavistock, 1970.

BUCKLEY, Walter. "Society as a complex adaptative system". In: BUCKLEEY, Walter (Org.). *Modern systems research for the behavioral scientist*. Chicago: Aldine, 1968.

BURNS, Tom; STALKER, G.M. *The management of innovation*. Londres: Tavistock Institute, 1961.

BUTTERFIELD, D. Anthony; FARRIS, George F. "O perfil organizacional de Likert: análise metodológica e teste da teoria do sistema 4 no Brasil". *Revista de Administração Pública*, v.7, n.3. Rio de Janeiro, jul.-set. 1973, p.23.

CAPLOW, Theodore. *Principles of organization*. Nova York: Harcourt Brace Jovanovich, 1964.

CARZO JR., Rocco; YANOUZAS, John N. *Formal organiaztions*: a systems approach. Homewood: Richard D. Irwin and The Dorsey Press, 1971.

CHIAVENATO, Idalberto. *Como transformar RH – de um centro de despesa – em um centro de lucro*. São Paulo: Makron Books, 2000.

_______. *Construção de talentos*: coaching & mentoring. Rio de Janeiro: Elsevier/Campus, 2002.

_______. *Administração nos novos tempos*. Os novos horizontes em administração. 3.ed. Barueri: Manole, 2014.

_______. *Gestão de pessoas*: o novo papel dos recursos humanos nas organizações. 4.ed. Barueri: Manole, 2014.

_______. *Introdução à teoria geral da administração*. 9.ed. Barueri: Manole, 2014.

_______. *Administração*: teoria, processo e prática. 5.ed. Barueri: Manole, 2014.

_______. *Comportamento organizacional*: a dinâmica do sucesso das organizações. 3.ed. Barueri: Manole, 2015.

_______. *Gerenciando com as pessoas*: transformando o executivo em um excelente gestor de pessoas. 5.ed. Barueri: Manole, 2014.

CHIAVENATO, Idalberto; SAPIRO, Arão. *Planejamento estratégico*: da intenção aos resultados. Rio de Janeiro: Elsevier/Campus, 2004.

CLARK, J.V. "Motivation in work groups, a tentative view". *Human Organization*, v.19, 1960, p.199-208.

DAVIS, Keith. *Human relations at work*: the dynamics of organizational behavior. Nova York: McGraw-Hill, 1972.

_______. *Human behavior at work*. Nova York: McGraw-Hill, 1972.

_______. *Human behavior at work*: human relations and organizational behavior. Nova York: McGraw-Hill, 1977.

DENNING, Basil W. (Org.). *Corporate planning selected readings*. Londres: McGraw-Hill Book, 1971.

DESSLER, Gary. *Human resource management*. Upper Saddle River: Prentice Hall, 2000.

DOWLING, William F.; SAYLES, Leonard R. *How managers motivate*: the imperatives of supervision. Nova York: McGraw-Hill, 1971.

DRUCKER, Peter F. *Prática de administração de empresas*. Rio de Janeiro: Fundo de Cultura, 1962.

_______. *Sociedade pós-capitalista*. São Paulo: Pioneira, 1993.

_______. *Uma era de descontinuidade*: administrando em tempos de grandes mudanças. São Paulo: Pioneira, 1995.

DUBRIN, Andrew J. *Fundamentals of organizational behavior*: an applied perspective. Nova York: Pergamon Press, 1974.

DUNN, J.D.; STEPHENS, Elvis C. *Management of personnel*: manpower management and organizational behavior. Nova York: McGraw-Hill, 1972.

DUNNETTE, M.D.; CAMPBELL, J.P.; HAKEL, M.D. "Factors contributing to job satisfaction and job dissatisfaction in six occupational groups". In: *Organizational behavior and human perfomance*, v.2, 1967, p.143-174.

EDWARDS, W. "Behavioral decision theory". *Annual Review of Psychology*. Palo Alto, 1961, p.473-499.

ELLUL, Jacques. *The technological society*. Nova York: Alfred A. Knopf, 1964.

EMERY, F.E.; TRIST, E.L. "Socio-technical systems". In: CHURCHMAN, C. West; VERHULST, Michel (Org.). *Management sciences*: models and techniques. Nova York: Pergamon Press, 1960.

ETZIONI, Amitai. "Two approaches to organization analysis: a critique and a sugestion". *Administrative Science Quarterly* n.5, 1960, p.257-8.
_______. *Organizações complexas*. São Paulo: Atlas, 1967.
_______. *Organizações modernas*. São Paulo: Pioneira, 1967.
EVAN, William M. "The organization-set: toward a theory of interorganization relations". In: THOMPSON, James D. (Org.). *Approaches to organization design*. Pittsburgh: University of Pittsburgh, 1966.
FAMULARO, Joseph J. (Org.). *Handbook of modern personnel administration*. Nova York: McGraw-Hill, 1972.
FARES, José Antonio; VICENTINI, Antonio Marcos. *Relato Bosch*. Disponível em: http://www.revistadivulgar.com.br.
FESTINGER, Leon. *A theory of cognitive dissonance*. Stanford: Stanford University, 1957.
FISHBEIN, M. "An operational definition of belief and attitude". *Human Relations*, v.15, 1962, p.35-43.
FORDYCE, J.K.; WEIL, R. *Managing with people*. Reading: Addison-Wesley, 1971.
FOULKES, Fred. "The expanding role of the personnel function". *Harvard Business Review*, mar.-abr. 1975.
FOULKES, Fred; MORGAN, Henry M. Organizing and staffing the personnel function. *Harvard Business Review*, v.55, n.3, mai.-jun. 1977, p.142-154.
FROOMAN J. "Stakeholder influence strategies". *Academy of Management Review*, v.24, 1999, p.191-205.
GALBRAITH, J.; CUMMINGS, L. "An empirical investigation on the motivational determinants of task performance interative effects between instrumentality-valence and motivation-ability". *Organizational Behavior and Human Performance*, n.2, 1967, p.237-57.
GEORGOPOULOS, Basil S. "An open-system theory model for organization research". In: NEGHANDI, Anant R.; SCHWITTER, Joseph P. (Org.). *Organization behavior models*. Kent: Comparative Administrative Research Institute, Bureau of Economic and Business Research, Kent State University, 1970.
GEORGOPOULOS, Basil S.; MAHONEY, G.M.; JONES, N.W. "A path-goal approach to productivity". *Journal of Applied Psychology*, n.41, 1957, p.345-53.
GIBSON, James L.; IVANCEVICH, John M.; DONNELLY JR., James H. *Organizações*: comportamento, estrutura, processos. São Paulo: Atlas, 1981.
GOLEMBIEWSKI, Robert T. *Men, management and morality*. Nova York: McGraw-Hill, 1965.
GORE, William J. *Administrative decision-making*. Nova York: John Wiley, 1964.
GOULDNER, Alvin W. "Organizational analysis". In: MERTON, Robert K.; BROOM, Leonard; COTTRELL, Leonard S. (Org.). *Sociology today*. Nova York: Basic Books, 1959.
_______. "The norm of reciprocity". *American Sociological Review*, v.25, 1960, p.161-78.
GROSS, Bertram M. "What are your organization's objectives?" *Human Relations*, ago. 1965, p.197.
_______. *As empresas e sua administração*: um enfoque sistêmico. Petrópolis: Vozes, 1973.
HAAS, J. Eugene; DRABECK, Thomas E. *Complex organizations*: a sociological perspective. Nova York: Macmillan, 1973.
HACON, Richard (Org.). *Personal and organizational effectiveness*. Londres: McGraw-Hill, 1972.
HALL, Richard H.; HASS, J. Eugene; JOHNSON, Norman J. "Organizational size, complexity and formalization". *American Sociological Review*, n.32, dez. 1967, p.903-12.
HAMEL, G.; PRAHALAD, C.K. "The core competence of corporation". *Harvard Business Review*, Boston, v.68, mai.-jun. 1990, p.79-91.
HAMNER, M. Clay. "Reinforcement theory and contingency management in organizational settings". In: TOSI, Henry L.; HAMNER, Clay (Org.). *Organizational behavior and management*: a contigency approach. Chicago: St. Clair Press, 1974.
HAMPTON, David R. *Contemporary management*. Nova York: McGraw-Hill, 1977.
HANDY, Charles B. *The age of unreason*. Boston: Harvard Business School Press, 1989.

HARRIS JR., O. Jeff. *Managing people at work*: concepts and cases in interpersonal behavior. Nova York: John Wiley, 1976.

HEALD, Gordon (Org.). *Approaches to the study of organizational behavior*: operational research and the behavioral sciences. Londres: Tavistock, 1970.

HELLRIEGEL, Don; SLOCUM JR., John W. *Management*: a contingency approach. Reading: Addison Wesley, 1974.

HERZBERG, Frederick. "O conceito de higiene como motivação e os problemas do potencial humano de trabalho". In: HAMPTON, David R. (Org.). *Conceitos de comportamento na administração*. São Paulo: EPU, 1973.

_______. *Work and nature of man*. Cleveland: The World Publishing, 1966.

HERZBERG, Frederick; MAUSNER, Bernard; SNYDERMAN, Barbara B. *The motivation to work*. Nova York: John Willey, 1959.

HICKS, Herbert G.; GULLETT, C. Ray. *Organizations*: theory and behavior. Tóquio: McGraw-Hill Kogakusha, 1975.

_______. *The management of organizations*. Nova York: McGraw-Hill, 1976.

HICKS, Herbert G.; POWELL, James D. *Management organizations human resources*: selected reading. Nova York: McGraw-Hill, 1976.

HINRICHS, J.R.; MISCHKING, L.A. "Empirical and theoretical limitations of the two fartar hypothesis". *Journal of Applied Psychology*, v.51, 1967, p.191-200.

HULIN, C.L.; SMITH, P.A. "An empirical investigation of two implications of the two-factor theory of job satisfaction". *Journal of Applied Pssychology*, v.51, 1967, p.396-402.

HUNT, James. *Leadership*: a new synthesis. Thousand Oaks: Sage Publ., 1991.

HUNT, J.G.; HILL, J.W. "The new look in motivacional theory of organizational research". In: DALTON, Gene W.; LAWRENCE, Paul R. (Org.). *Motivation and control in organizations*. Homewood: Richard D. Irwin and The Dorsey Press, 1973.

HUSE, Edgar F.; BOWDITCH, James L. *Behavior in organizations*: a systems approach to managing. Reading: Addison-Wesley, 1973.

JACQUES, Eliott. *Equitable payment*. Nova York: John Wiley, 1961.

JONES T.M.; WICKS A.C. "Convergent stakeholder theory". *Academy of management Review*, v.24, 1999, p.206-221.

KAST, Fremont E.; ROSENZWEIG, James E. *Organization and management*: a systems approach. Nova York: McGraw-Hill, 1970.

_______. *Organization and Management*: a system approach. Tóquio: McGraw-Hill Kogakusha, 1970.

_______. "General systems theory: applications for organization and management". *Academy of Management Journal*, dez. 1972, p.450.

KATZ, Daniel; KAHN, Robert L. *Psicologia social das organizações*. São Paulo: Atlas, 1970.

KIM, D.H. "The link between individual and organizational learning". *Sloan Management Review*, 1993, p.37.

KINGDON, Donald Ralph. *Matrix organization, information technologies*. Londres: Tavistock, 1973.

KOHN, Mervin. *Dynamic managing*: principles, process, practice. Menlo Park: Cummings Publishing, 1977.

KOLB, David A.; RUBIN, Irwin M.; MCINTYRE, James M. *Organizational psychology*: a book of readings. Englewood Cliffs: Prentice-Hall, 1971.

_______. *Psicologia organizacional*: uma abordagem vivencial. São Paulo: Atlas, 1978.

KORMAN, Abraham K. *Industrial and organizational psychology*. Englewood Cliffs: Prentice Hall, 1971.

KOTLER, Philip. *Marketing*: edição compacta. São Paulo: Atlas, 1980.

KRECH, David; CRUTCHFIELD, Richard S.; BALLACHEY, Egerton L. *Individual in society*. Nova York: McGraw-Hill, 1962.

LAWLER III, Edward E. *Pay and organizational effectiveness*. Nova York: McGraw-Hill, 1971.

LAWLER III, E.E.; PORTER, L.W. "The effect of perfomance on job satisfaction". *Industrial Relations* v.7, n.1, 1967, p.20-28.

_______. *Managerial attitudes and perfomance*. Homewwod: Richard D. Irwin and The Dorsey Press, 1968.

LAWRENCE, Paul R.; LORSCH, Jay W. *O desenvolvimento de organizações*: diagnóstico e ação. São Paulo: Edgar Blücher, 1972.

LEAVITT, Harold J. *Managerial psychology*. Chicago: University of Chicago, 1964.

LEAVITT, Harold J.; DILL, William R.; EYRING, Henry B. *The organizational world*: a systematic view of managers and management. Nova York: Harcourt Brace Jovanovich, 1973.

LEAVITT, Theodore. "Marketing myopia". *Harvard Business Review*. Boston, 1981.

LEI, David; SLOCUM, John W.; PITTS, Robert A. "Designing organizations for competitive advantage: the power of learning and unlearning". *Organizational Dynamics*, 1999, p.25.

LEVINSON, Harry. "Reciprocation: the relationship between man and organization". *Administrative Science Quarterly*, v.IX, n.4, mar. 1965, p.373.

_______. *The exceptional executive*. Cambridge: Harvard University Press, 1968.

LEWIN, Kurt. *A dynamic theory of personality*. Nova York: McGraw-Hill, 1935.

_______. *Principles of topological psychology*. Nova York: McGraw-Hill, 1936.

LIKERT, Rensis. *Novos padrões de administração*. São Paulo: Pioneira, 1971.

_______. *A organização humana*. São Paulo: Atlas, 1975.

LINDAY, C.A.; MARKS, E.; GORLOW, L. "The Herzberg theory: a critique and reformulation". *Journal of Applied Psychology*, v.51, 1967, p.330-339.

LINDESMITH, Alfred R.; STRAUSS, Anselm L. *Social psychology*. Nova York: Holt, Rinehart and Winston, 1968.

LIPPITT, Gordon L. *Management development and training handbook*. Nova York: McGraw-Hill, 1975.

LITWIN, George H. "Climate and motivation: an experimental study". In: KOLB, David A.; RUBIN, Irwin M.; MCINTYRE, James M. *Organizational psychology*: a book of readings. Englewood Cliffs: Prentice Hall, 1971.

LITWIN, George H.; STRINGER JR., R.A. *Motivation and organizational climate*. Boston: Division of Research, Harvard Business School, 1968.

LODAHL, T.M. "Patterns of job attitudes in two assembly technologies". *Administrative Science Quarterly*, v.9, 1964, p.482-519.

LUFT, J. "Of human interaction". *National Press Books*, Palo Alto, 1961.

_______. "The Johari Window". *Human Relations Training News*, v.5, 1961, p.6-7.

LUTHANS, Fred. *Organizational behavior*. Nova York: McGraw-Hill Higher Education, 2002.

MADDI, Salvatore R. *Personality theories*: a comparative analysis. Homewood: The Dorsey Press, 1976.

MARCH, James G.; SIMON, Herbert A. *Teoria das organizações*. Rio de Janeiro: FGV, Serviço de Publicações, 1966.

MASLOW, Abraham H. "A theory of human motivation". *Psychological Review*, jul. 1943, p.370-396.

_______. *Motivation and personality*. Nova York: Harper & Row, 1954.

MASSARIK, Fred; WESCHLER, Irving R. "Empathy revisited: the process of understanding people". In: KOLB, David A.; RUBIN, Irwin M.; MCINTYRE, James M. Organizational psychology: a book od readings. Englewood Cliffs: Prentice-Hall, 1971.

MASUDA, Yoneji. *The information society as post-industrial society*. Tóquio: Institute for the Information Society, 1980.

MAYO, Elton. *The human problems of an industrial civilization*. Boston: Harvard University Press, 1933.

MCCLELAND, David C. *The achieving society*. Nova York: D. Van Nostrand, 1961.

MCGREGOR, Douglas M. "Characteristics of an organization". *Management Review*, jul. 1957, p.80.

_______. "O lado humano da empresa". In: BALCÃO, Yolanda Ferreira; CORDEIRO, Laerte Leite (Org.). *O comportamento humano na empresa*: uma antologia. Rio de Janeiro: FGV, Instituto de Documentação, 1971.

_______. In: DAVIS, Keith. *Organizational behavior*: a book of readings. Nova York: McGraw-Hill, 1974.

MEGGINSON, Leon C. *Personnel*: a behavioral approach to admministration. Homewood: Richard D. Irwin, 1972.

MENTAL Health is 1 – 2 – 3. National Association jor Mental Health. Nova York, v.10, Columbus Circle.

MILLER, E.J.; RICE, A.K. "System of an organization". *Management Review*, jul. 1957, p.80.

MINER, John B. *Personnel and industrial relations*: a management approach. Nova York: Macmillan, 1969.

MONTGOMERY, Cynthia A.; PORTER, Michael (Org.). *Estratégia*: a busca da vantagem competitiva. Rio de Janeiro: Campus, 1998.

MYERS, M. Scott. "Who are your motivated workers?". *Harvard Business Review*, v.42, jan.-fev. 1964.

_______. Every employee a manager: more meaningful work through job enrichment. Nova York: McGraw-Hill, 1970.

_______. "Quem são seus trabalhadores motivados?". In: HAMPTON, David R. (Org.). *Conceitos de comportamento na administração*. São Paulo: EPU, 1973.

NADLER, I. *Development human resources*. Houston: Gulf, 1970.

NAISBITT, John. *Megatendências*: as dez grandes transformações ocorrendo na sociedade moderna. São Paulo: Abril/Círculo do Livro, 1982.

NEGANDHI, Anant R. "A model for analysing organizations in cross-cultural settings". In: _______. (Org.). *Modern organization theory*: contextual environmental, and socio-cultural variables. Center for Business and Economic Research, The Kent State University Pres, 1993.

OLVE, Nils-Goran; ROY, Jan; WETTER, Magnus. *Condutores da performance*: um guia prático para o uso do balanced scorecard. Rio de Janeiro: Qualitymark, 2001.

OUCHI, William. *Teoria Z*: como as empresas podem enfrentar o desafio japonês. São Paulo: Fundo Educativo Brasileiro, 1982.

PEAK, H. "Attitude and motivation". *Nebraska Symposium on Motivation*. Lincoln: University of Nebraska Press, 1955.

PICKLE, Hal; FRIEDLANDER, Frank. "Seven societal criteria of organizational success". In: BASS, Bernard M.; DEEP, Samuel D. *Studies in organizational psychology*. Boston: Ally and Bacon, 1972.

PIGORS, Paul; MYERS, Charles A. *Personnel administration*: a point of view and a method. Nova York: McGraw-Hill, 1965.

PINTER, Rudolf et al. *Educational psychology*. Nova York: Harper & Row, 1970.

PORTER, L.W. *Organizational patterns of managerial job attitudes*. Nova York: American Foundation for Management Research, 1964.

PORTER, Lymam W.; LAWLER III, Edward E.; HACKMAN, J. Richard. *Behavior in organizations*. Tóquio: McGraw-Hill Kogakusha, 1975.

PRAHALAD, C.K.; HAMEL, Gary. "A competência essencial da corporação". In: MONTGOMERY, Cynthia A.; PORTER, Michael (Org.). *Estratégia*: a busca da vantagem competitiva. Rio de Janeiro: Campus, 1998.

PRICE, James L. *Organizational effectiveness*: an inventory of propositions. Homewood: Richard D. Irwin, 1968.

REDDIN, William J. *Administração por objetivos*: o método 3D. São Paulo: Atlas, 1978.

RHEINGOLD, Howard. *The virtual community*: homesteading on the eletronic frontier. Reading: Addison-Wesley, 1993.

RICE, A.K. *The enterprise and its environments*. Londres: Tavistock, 1963.

ROETHLISBERGER, Fritz J.; DICKSON, William J. *Management and the worker*. Cambridge: Harvard University Press, 1939.

ROME, Beatrice K.; ROME, Sidney C. "Leviathan: an experimental study of large organizations with the aid of computers". In: BOWERS, Raymond V. (Org.). *Studies on behavior in organizations*: a research symposium. Athens: University of Georgia Press, 1966.

ROSENBERG, M. "Cognitive structure and attitudinal effect". *Journal of Abnormal and Social Psychology*, v.53, 1956, p.367-372.

ROSENBURG, Cynthia; MANO, Christiane. "O que faz a diferença?". *Exame*, 807.ed., 10 dez. 2003, p.140-141.

SAVAGE, Charles. *Fifth generation management*: co-creating through virtual enterprising, dynamic teaming, and knowledge networkin. Boston: Butterworth-Heinemann, 1996.

SCHEIN, Edgar H. *Organizational psychology*. Englewood Cliffs: Prentice Hall, 1970.

_______. *Consultoria de procedimentos*: seu papel no departamento organizacional. São Paulo: Edgard Blücher, 1972.

_______. *Organizational culture and leadership*. São Francisco: Jossey-Bass, 1992.

SCOTT, Walter Dill; CLOTHIER, Robert C.; SPRIEGEL, William R. *Personnel management*. Nova York: McGraw-Hill, 1961.

SELZNICK, Philip. "Foundations of the theory of organizations". *American Sociological Review*, n.13, 1948, p.25-35.

SENGE, Peter M. *The fifth discipline*: the art and practice of the learning organization. Nova York: Doubleday, 1991.

SHANNON, Claude E.; WEAVER, Warren. *The mathematical theory of comunication*. Urbana: University of Illinois Press, 1949.

SIKULA, Andrew F. *Personnel administration and human resources management*. Nova York: John Wiley, 1976.

SIMON, Herbert A. *O comportamento administrativo*. Rio de Janeiro: FGV, Serviço de Publicações, 1965.

SKINNER, B.E. *Contigencies of reinforcement*. Nova York: Appleton-Century-Crofts, 1969.

SMITH, Brian J.; BOROSKI, John W.; DAVIS, George E. "Human resource planning". *Human Resource Management*, v.31, n.1/2, 1992, p.81-83.

SPENCER, Herbert. *Autobiography*. Nova York: McMillan, v.2, 1904, p.56.

STARKEY, Ken. *Como as organizações aprendem*: relatos do sucesso das grandes empresas. São Paulo: Futura, 1997.

STRINGER JR., Robert A. "Achievement motivation and management control". In: DALTON, Gene W.; LAWRENCE, Paul R. (Org.). *Motivation and control in organizations*. Homewood: Richard D. Irwin and The Dorsey Press, 1971.

SVEIBY, Karl Erik. *A nova riqueza das organizações*: gerenciando e avaliando patrimônios de conhecimento. Rio de Janeiro: Campus, 1998.

SWEET, Donald H. *Modern employment function*. Reading: Addison-Wesley, 1973.

TANNENBAUM, Arnold S. *Psicologia social da organização do trabalho*. São Paulo: Atlas, 1977.

THOMPSON, James D. *Dinâmica organizacional*: fundamentos sociológicos da teoria administrativa. São Paulo: McGraw-Hill do Brasil, 1976.

THOMPSON, James D.; MCEWEN, William J. "Organizational goals and environment". *American Sociological Review*, v.XXIII, n.1, fev. 1958, p.24.

TOFFLER, Alvin. *The third wave*. Nova York: Morrow, 1980.

TORGERSEN, Paul E.; WEINSTOCK, Irwin T. *Management*: an integrated approach. Englewood Cliffs: Prentice Hall, 1972.

TOSI, Henry L.; HOUSE, Robert J.; DUNNETTE, Marvin D. (Org.). *Managerial motivation and compensation*: a selection of readings. East Lansing: Michigan State University, 1972.

VASSALO, Cláudia. "O futuro mora aqui". *Exame*, 734.ed., 21 fev. 2001, p.35-54.

VERHULST, Michel (Org.). *Management sciences*: models and techniques. Nova York: Pergamon Press, 1960.

VIANNA, Marco Aurélio Ferreira. *Capital intelectual, um futuro que já chegou*. Disponível em: http://www.guiarh.com.br/PAGINA21B.htm.

VOICH, D.; WREN, D.A. *Principles of management*: resources and systems. Nova York: The Ronald Press, 1968.

VROOM, Victor H. *Work and motivation*. Nova York: John Wiley, 1964.

WALKER, Charles R. *Modern technology and civilization*. Nova York: McGraw-Hill, 1962.

WIND, Jerry Yoram; MAIN, Jeremy. *Driving change*: how the best companies are preparing for the 21st century. Nova York: The Free Press, 1998.

YODER, Dale; HENEMAN JR.; H.G.; TURNBULL, John; Stone, C. Harold. *Handbook of personnel management and labor relations*. Nova York: McGraw-Hill, 1958.

ZALKIND, Sheldon S.; COSTELLO, Timothy W. "Perception implications for administration". In: KOLB, David A.; RUBIN, Irwin M.; MCINTYRE, James M. *Organizational psychology*: a book of readings. Englewood Cliffs: Prentice-Hall, 1971.

ZUBOFF, Shoshana. *In the age of the smart machine*: the future of work and power. Nova York: Basic Books, 1988.

Índice remissivo

Índice de autores

G

H

I

J

K

L

M

N

O

P

R

S

T

V

W

Y

Z